中国国家治理实践案例系列丛书

华南理工大学公共管理学院出版基金资助

本书为教育部哲学社会科学研究重大课题攻关项目：重大突发公共卫生事件背景下的城市治理研究（21JZD037）的阶段性研究成果

PHILOSOPHY

人民日报学术文库

中国城乡基层社会治理图景

理论与实践

文 宏 编著

人民日报出版社

北 京

图书在版编目（CIP）数据

中国城乡基层社会治理图景：理论与实践／文宏编
著 . － － 北京：人民日报出版社，2023. 12
ISBN 978 - 7 - 5115 - 6838 - 0

Ⅰ . ①中… Ⅱ . ①文… Ⅲ . ①社会管理—研究—中国
Ⅳ . ①D63

中国国家版本馆 CIP 数据核字（2023）第 229187 号

书　　　名：**中国城乡基层社会治理图景：理论与实践**
　　　　　　 ZHONGGUO CHENGXIANG JICENG SHEHUI ZHILI TUJING：LILUN YU
　　　　　　 SHIJIAN
作　　　者：文　宏

出 版 人：刘华新
责任编辑：曹　腾　季　玮

出版发行：人民日报出版社
社　　　址：北京金台西路 2 号
邮政编码：100733
发行热线：（010）65369509　65369527　65369846　65369512
邮购热线：（010）65369530　65363527
编辑热线：（010）65369523
网　　　址：www. peopledailypress. com
经　　　销：新华书店
印　　　刷：三河市华东印刷有限公司
法律顾问：北京科宇律师事务所　010-83622312

开　　　本：710mm×1000mm　1/16
字　　　数：314 千字
印　　　张：17. 5
版次印次：2024 年 5 月第 1 版　　2024 年 5 月第 1 次印刷

书　　　号：ISBN 978 - 7 - 5115 - 6838 - 0
定　　　价：95. 00 元

目　录
CONTENTS

旧貌换新颜："领导挂点调研"
何以激活基层治理"一池春水"？

文　宏　李风山*

【编者语】

　　正所谓"老大难，老大难，老大关注就不难"。如何分析领导高度重视情境下基层治理难题的解决机制，是中国公共管理实践和学术研究的重要议题。但已有研究对"领导高度重视"这一颇具中国特色的议题关注不够，缺乏翔实、立体的案例支撑，对于"领导高度重视"的认识仍然停留在规范讨论和政策话语当中。因此，我们一直都想对"领导重视"的相关案例展开研究，通过"解剖麻雀"的方式，描绘中国城乡基层治理的丰富图景，探索深层次的机制性问题。

　　为此，我们调研了广州、深圳、东莞、佛山、阳江等多个地市，希望立足中国城乡基层社会治理实践，解码中国城乡基层社会治理。幸运的是，在我们的调研过程中，发现了 Q 市大运村"领导挂点调研"的案例。具体来看，在2018 年之前，大运村还是一个典型问题村，面临着"街指挥不了村、村指挥不了经济社"；环境污染严重、村庄容貌较差；治安力量薄弱、各种警情多发；城市建设无序、出租市场混乱；产业结构低端、经营相对无序等问题。然而，自2018 年以来，Q 市委书记亲自挂点调研大运村，希望解剖大运村这只"小麻雀"，树典型、解难题，大运村就此发生了翻天覆地的变化。市委书记挂点后，按照"摸清底数、以打开路、综合整治、规划发展"的工作思路，对大运村的组织建设、经济发展、基础设施、人居环境、社会治理、三资管理等方面开展综合整治。目前的大运村已经被评为"全国乡村治理示范村"，整个村庄焕发新

---

　　* 文宏，华南理工大学公共管理学院教授，博士生导师，华南理工大学社会治理研究中心主任；李风山，华南理工大学公共管理学院博士研究生。

的生机与活力，展现新的面貌，实现了从"乱"到"治"的"蝶变"，吸引了来自全国各地政府领导的学习调研。这种"蝶变"包括基层党组织作用得到较好发挥，党建阵地体系得到完善，网格化管理成效显著，实现了"小事不出网格、大事不出社区"；人居环境得到很大改善，村风村貌焕然一新；技术赋能基层社会治理，社会治理更加精准化、智慧化和信息化……

这种蝶变引发我们的思考：领导挂点调研是如何推动大运村发生如此之大的变化的？该如何理解这种颇具中国特色的治理机制？为此，我们深入大运村展开了长时间的深度调研。在调研过程中，每看一处都有触动，每走一步都有亮点。经过扎实的调研和细致的梳理，最终形成了一个集真实性、有趣性、丰富性的案例研究报告《旧貌换新颜："领导挂点调研"何以激活基层治理"一池春水"？》。

历时许久，十易其稿，当最终完成案例文本时，笔者难掩澎湃的心潮，见证着"城中村"蝶变为"明星村"一路的历程，不免十分感慨：感慨大运村的治理问题，实际上就是中国当下很多城市基层治理的缩影；感慨大运村的领导挂点方案，实际上也是中国特色治国理政的一个工具；感慨我们站在两个百年的交汇点上，站在"十四五"新征程的道路上，基层治理无疑还有很长很长的路要走，但大运村的治理，不也为全国基层治理指明了一条康庄大道吗？

最后，需要说明的是，本案例的核心内容曾参加由中国学位与研究生教育学会、中国科协青少年科技中心主办，全国公共管理专业学位研究生教育指导委员会联合主办的第六届中国研究生公共管理案例大赛，并在上千个案例文本中脱颖而出，获得了全国"特等奖"的成绩，得到了全国专家的高度认可。

摘　要：本案例取材自Q市大运村"领导挂点调研"的案例，经过长时间、跟踪式调研，对市、区、镇、村中的干部和村民进行了大量访谈，获取了丰富、真实的调研材料。总体而言，本案例采取"起承转合"的结构和倒叙的叙事方式，力图通过"有张力、有冲突、有情节"的事件，以"规范性、生动性、清晰性和可读性"为写作导向，描绘大运村"六治难安"与"一次契机"的案例。具体而言，大运村治理是一个典型的"老大难"问题，经过了六次专项整治，均走向失败。2018年，Q市委书记正式将大运村作为挂点所在地，经过三年的攻坚整治，实现了"由乱到治"的转变。然而，小小的大运村为什么会发生如此翻天覆地的变化？是什么能量激活了基层治理这"一池春水"？大运村能否一直保持"大运"？领导挂点调研能否一直持续？大运村的成功经验是否能够有效地在全国推广开来？……结合"注意力分配"和"运动式治理"理论，在

"结构—过程"的分析范式下,建构"权威嵌入—资源下沉—借势联结"的分析框架,分析了"领导挂点调研"式问题解决的内在逻辑,超越了以往简单套用西方理论模型的窠臼。最后,我们认为,"领导挂点调研"式问题解决,仍然可以为基层治理提供经验启示,包括抓紧抓牢党的领导,强化党建引领;抓实抓严实际问题,推动多方参与;抓微抓细未来支撑,做好顶层设计。

关键词:领导挂点调研;领导高度重视;六治难安;一次契机;大运村

一、案例正文

0 引言

基层治理是整个国家治理体系的终端,事关千万人民群众的切身利益,须处理来自方方面面的信息和各种复杂的治理问题,这决定了基层治理的特殊性和复杂性。2020年10月,党的十九届五中全会指出:"十四五"期间要努力实现社会治理特别是基层治理水平明显提高。

2021年4月28日,《中共中央 国务院关于加强基层治理体系和治理能力现代化建设的意见》强调:"基层治理是国家治理的基石,统筹推进乡镇(街道)和城乡社区治理,是实现国家治理体系和治理能力现代化的基础工程。"这对加强和创新社会治理提出了新的要求,把推进国家治理体系和治理能力现代化提升到了新的高度。作为基层治理的末梢和基础,社区治理要求主体多元化、过程协商化、资源广泛化、结果持续化。然而,由于基层治理自身的复杂性,我国目前村镇街道的基层治理仍面临着诸多难题和挑战。基层干部治理压力大、治理内容繁琐、治理事件往往具有突发性及综合性,这些构成了基层治理难点。如何有效解决基层治理难题,持续考验着基层政府治理能力和智慧。

本案例以大运村为切入,探究城市化进程下城中村基层治理蝶变的成功经验,全面展现基层治理的"大运模式",重点关注领导挂点调研对基层治理的作用,以深刻阐释基层治理问题解决的内在机制。

1 故事缘"起":小村大运旧貌改换新颜,需念领导挂点之策

1.1 小村大运今非昔比,引无数英雄竞相参观学习

朦胧的远山,影影绰绰。

近处，蜿蜒着条条绿道，可见苍翠欲滴的浓绿。

脚旁，清水潺潺，水草摇曳、鱼虾漫游。

大运村内，依稀传来广场舞上"夕阳红"老年艺术团，正在排练当地最近流行的新歌："大运整个新面貌~河涌两边来改造~派来干部领导好~河涌两边种花草……"

大运村，地处 Q 市 T 区 S 镇东部，东南与 Q 市国民生产总值最高的 P 区接壤，东西两面傍山，辖内有水库，周边有多条快速路和国省道，区位优势显著。总面积 25 平方公里，比 T 区绝大多数街道的面积还要大，生态用地占村域面积的 60% 以上。

但基层治理曾是大运村老大难问题，城中村典型的脏乱差、治安乱象等等问题都聚集在大运村治理上，可谓矛盾的综合体。村内四处可见的垃圾总是扫之不尽，污水横流。进入大运村，仿佛踏入无人管理之地，使人内心慌乱惶恐。

表 1-1　2017 年大运村治安基本情况

辖区面积	户籍人口	外来人口	房屋	总警情	社区民警	村安管员	黑恶势力侵占土地
25 平方公里	9816 人	15.6 万人	8 万多套	6826 宗	7 名	5 名	9000+平方米

2018 年 4 月，Q 市正式启动大运村综合整治行动，由 Q 市委书记直接挂点调研，坚持党建引领，强化党对一切工作的领导，用 3 年时间开展综合整治，力争一年达到干净整洁平安有序的基本目标，三年取得明显成效、发生根本性改变，为 Q 市破解城市化发展过程中的难题提供借鉴方案和经验。

这小小村在领导挂点多次调研之后时来运转，摇身一变拥有了大大的运气，"忽如一夜春风来，千树万树梨花开。"

经过了三年的持续治理，如今的大运村门庭若市，各兄弟县（区）纷至沓来、竞相拜访学习调研成功经验。

如今的大运村，皆是安居乐业之景，河涌两岸风光秀丽，街巷整洁有序。盛夏中的大运河涌，草木青葱、流水潺潺、鸟语花香，每一丝呼吸都透露着勃勃生机，仿佛在轻轻诉说着一个蝶变的故事，一个其所在村庄——大运村旧貌换新颜的传奇……

1.2　绿水青山喜笑颜开，翻天覆地蝶变之记

"大运村真是有大运气！"

王大爷在大运村新建的文化广场上下棋时说道。

然而，回忆起三年前，王大爷却也不禁感叹……

三年前，作为全国十大淘宝村的大运村，虽拥有着表面的头衔和风光，却是一个Q市本地人敬而远之、避而躲之、谈之变色之地。

且不说以电商、物流业为主发展的大运村，无牌无证小工厂、小作坊居多，产业整体低端。就说那远近闻名的"黑臭江"，一提及众人便会纷纷下意识皱起眉。

但经过三年的攻坚整治，河道、出租屋、小企业等都纷纷得到了治理和变化。

然而，小小的大运村为什么会发生如此翻天覆地的变化？

是什么能量激活了基层治理这"一池春水"，使其焕发勃勃生机？

这一切还要从三年前大运村"六治难安"和"一次契机"的故事说起……

2 难点相"承"：六轮整治六次败走麦城，小村庄终成巨无霸

大运村是典型的城中村，呈现"大、难、密、乱、脏"特征：建筑密度大、人口密集、外来人口多、社会管理难、基础设施配套不足，产业低端，违建繁多，安全隐患严重，社会治理难度极大。

多年来，尽管经过多轮专项治理，但收效甚微。

T区有干部表示："就像牛皮癣一样，反反复复多轮整治，都没什么成效，更有甚者，越治越乱，一度都有失控的现象，真是太难了。"

2.1 信号的"屏蔽仪"？第1轮专项整治失败

2.1.1 村委能力较有限，领头羊难以领头

"阎王好见，小鬼难缠，大运村的小鬼难上难。"

按照我国基层民主管理相关要求，村集体事务由村民民主集体管理。然而大运村曾一度存在着基层政权被宗族、黑恶势力把控的现象。村支书大搞"抱团取暖""近亲繁殖"，把控基层政权，村民提事议事渠道少、无规范程序，民主议事决策制度和议事规则不健全，村民切身民生诉求难以获得回应。

对此，大运村村民王大爷说：

"村里干部既吃又要，不给干事还瞎胡闹，也不管老百姓死活，把一个好好的村子祸害得不成样子。村里人要办个什么事，都得靠关系，跟村干部沾亲带故的那就一路绿灯，要是没点关系的，就得又跑又送，但村干部还不一定愿意动。"

根据调研发现，当时的大运村存在着明显的基层政权被宗族、黑恶势力把

控，漠视民生的现象。镇里指挥不动村里，村干部俨然一副土皇帝做派，部分基层组织一度被宗族、黑恶势力等把持，无视民生诉求。查办一个人就得罪一个家族，而且整个家族就世代与你为敌。

2.1.2　多轮整治终无效，泥牛入海无踪迹

作为"巨无霸村"，大运村实际管理服务超 17 万人口。配套资源与治理需求不匹配，存在着明显的"小马拉大车"情况。村干部 8 人中，50 岁以上 5 人，高中学历 2 人、初中学历 3 人，村社干部能力素质不高，年龄老化、学历偏低，与高质量发展的要求不相适应。

本该作为领头羊的村委会失职失能，组织涣散，对全村的把控和带动力不强。有的干部政治纪律、政治规矩意识较淡薄，趋利性很强，有的党章党规党纪观念淡薄，甚至贪污腐败。原村委会主任和 1 名党委副书记还曾因刑事处罚被清理。

"我们老了，年纪大了，文化又不高，村里情况又复杂，人挨着人，亲沾着亲，很多时候，我们也是有心无力。"曾任大运村村主任的田福成说。

为了扭转局面，相关政府部门先后采取了充实村委领导班子，派驻专人，建立党员示范岗，加大政策宣传力度等多种方式对大运村加以整治，但收效甚微。

2.2　透明的"隔离带"？第 2 轮专项整治失败

2.2.1　电老虎凶狠把持，暗黑恼人道难寻

随着经济的发展和人口的增长，大运村内淘宝网店发展迅速，用电量大，负荷高，配变台区过载，电压不稳定，部分黑恶势力趁机垄断供电，牟取暴利。

"那时候，村里的电流很不稳定，时不时就停电、断电，有时候家里正煮着饭，孩子正写着作业呢，突然电就断了，两眼一抹黑，一点办法都没有。有的村民被逼得实在没有办法了，就只能带着孩子去住酒店。"大运村的村民李大妈说。

对此，大运村所在地供电所负责人表示："村内各种管线私拉乱接现象严重，且安装标准不一，偷电窃电现象严重，管理难度极大。而且村内有黑势力把控着供电网络，卖高价电，我们的工作人员和线路都进不去……"

2.2.2　水龙王持续跋扈，黄汤害民无人问

大运村水利设施陈旧，河涌淤积堵塞，排水和污水处理严重滞后。自来水管道都是按以前 4 万~5 万人用水规模铺设的，无法满足新增人口的用水需要，且部分违法人员勾结垄断供水资源，曾经 90% 的人用不上自来水。

"老百姓的日子怎么这么难啊，水价高也就罢了，'水霸'稍有不顺心，就动不动停水，更难忍的是，有时候供来的水像'黄汤'，跟泥水差不多，别说喝了，就是洗衣服啥的也没法用。村民们实在没办法，就只能去超市买矿泉水。"说到这里，李大妈抹了一把眼泪。

据大运村所在地供水公司负责人介绍，供水公司也想下大力气更新设备，改善水质，但村里情况太复杂，黑恶势力比较猖狂，派去的工作人员光天化日还受到了人身威胁，后来只好不了了之。

对此，T区公安局一位民警指着大运村出警记录，向我们说道：

"前些年，我们花大力气，异地用警，坚决查处和打击了以张某根为首，以张某坚、廖某池为下线的垄断大运村供电供水的犯罪团伙，但没过多久，黑恶势力又死灰复燃，且与村里宗族势力纠缠在一起，干部群众意见很大。前些年，我们没少给大运村调配警力，投入资源，但大运村黑恶势力的土壤只要一天不彻底清除，犯罪团伙就会源源不断地出现，投入再多都没有太大作用。"

2.3 垃圾的"避风港"？第3轮专项整治失败

2.3.1 "黑龙江"为害一方，长太息以掩涕兮

"大运村不算大，'黑龙江'它装不下。"是一句在大运村很流行的话。

这里的"黑龙江"指的就是流经大运村的主要河流沙坑涌。沙坑涌一度杂草丛生，河段岸墙塌落，淤塞严重，涌里全是各种垃圾，河流周边污水杂物乱排乱放，村民叫苦连天。

村民周大妈说：

"沿岸有一百多家洗水布厂、小作坊，他们一开工，涌水就变得五颜六色，气味刺鼻，行人经过都捂着鼻子。村民都戏称沙坑涌为'黑龙江'。我小时候，这条河可干净了，大人们在河里洗衣服，小孩子就逮鱼摸虾，后来啊，好好的一条河被搞得不像样子。"

2.3.2 垃圾堆十里围村，臭名远扬无处藏

"迎风臭十里，垃圾铺满地。"

高峰时期，大运村实际管理服务的人口约有25万，全村平均一天产生的垃圾约150吨，最多时约210吨，然而村内只有76名环卫工人，处理能力严重不足。一度全村6000余栋房屋被大约700个垃圾投放点的3000多个垃圾桶包围，村民的生活备受困扰，人居环境亟待提升。

在Q市读大学的大运村学生小张说到大运村的情况还是一脸的恨铁不成钢。

"屋内现代化，屋外脏乱差，内街内巷根本没人管理，垃圾基本靠风吹，脏

水基本靠蒸发，还没进村老远就有一股浓浓的垃圾臭味。不夸张地说，遇到刮风下雨天，基本没地方下脚，到处都是垃圾堆和污水滩，我都不愿意带同学去我家玩，实在是太丢人了。"

然而，据 T 区环保部门干部介绍。村里的排污大户都是一些小企业、小作坊，而这些小作坊多为违法建筑和"散乱污"企业，又与本地黑恶势力紧密相连，其间利益错综复杂，牵一发而动全身，整治难度极大。环保部门有时候也是有心无力。

2.4 猖狂的"地头蛇"？第 4 轮专项整治失败

2.4.1 地头蛇横行肆虐，饱受欺凌惹人哀

作为全国最大的城中村，大运村村域面积大、管理人口多，小工厂、小作坊多，村容村貌"脏乱差"情况严峻，违建突出，违法用地多，外来人口多，地痞流氓肆虐，治安复杂。

"以前，我们村很多人都是早上不敢早出门，晚上不敢晚回家。"大运村村民周姐大妈说。

"村里的地头蛇，肆无忌惮欺负村民，只要稍有不满意就对村民拳脚相加，完全不顾及乡里乡亲的情谊，时常还会调戏妇女，外面的姑娘嫁进来后，都会被叮嘱不要晚上一个人出门。"

2.4.2 警力匹配远不足，忙于应付难治理

一方面大运村警情高发，以 2017 年为例，大运村全年总警情 6800 多宗、案件类警情 2100 多宗，警情及案件数均占当地派出所的 55% 以上，治安案件发生率在 Q 市居首，平均每天 30 通报警电话，治安状况堪忧。

另一方面，大运村户籍人口比例仅为 5.71%，属于典型的"人口倒挂村"，按照依据户籍人口数量配备警力原则，警力远远不足。仅有社区民警 7 人，治保人员 52 人，村安管员 5 名，与管理辖区面积、人口及高发警情严重不匹配，小马拉大车问题日益突出。

"我们曾多次开展专项整治，也下大力气为大运村增配警力，但效果不明显。"T 区公安局一位民警说道。

2.5 乱飞的"糊涂虫"？第 5 轮专项整治失败

2.5.1 违建林立蜘蛛网，群魔乱舞握手楼

"大运村是个跳楼都摔不死的地方！"
村民周大妈说道。

"不知道从什么时候开始，村里家家户户都在盖房子，楼房越盖越多，楼和楼之间的电线、电视线、网线拉得密密麻麻，像蜘蛛网一样，你从楼上跳下去都摔不死。"

2.5.2 行政执法阻力大，单一部门难推进

T区国土部门赵科长介绍说："根据政府的有关规定，村民建房需要到规建办审批同意，否则将被认定为违章建筑予以拆除。"

但大运村情况比较复杂，违章建筑多，村内"路无名、楼无牌"现象明显、乱搭建、乱摆卖等"六乱"现象突出。违建拆除涉及的行政部门多，其中隐含的利益大，违建者背后能量往往又很大，手眼通天，很多时候单靠某个部门很难推进，经常就陷入等一等，放一放，拆一拆，停一停的循环之中，最后往往不了了之。

2.6 无序的"乱弹琴"？第6轮专项整治失败

2.6.1 发展动力难持续，低端产业成阻力

大运村主要产业是制造业和物流、淘宝、电商。

辖区有超过3000间企业，大部分都属于小型微型企业，无牌无证小工厂、小作坊。占村内企业多数的电商业多而小，分布在村内各个角落、出租屋，几乎不具备网上销售能力，企业管理、交易方式传统落后。

"大运村是被自己困死了。"曾任大运村村主任的田福成一脸惋惜地说道，"村里大多数企业很低端，养不大，长不高，又很耗费资源，但靠着他们又能挣到一点辛苦钱，久而久之，就自己把自己困死在里面了。"

2.6.2 粗放秉性难转变，发展规划难落地

"我们曾做过详细的整改规划，但推动起来太难了。"至今谈起来，当年的情形仿佛又重新浮现在T区规划部门魏科长面前。"方案一提出来，村集体反对、村民反对、辖区内的企业意见也很大，甚至区里也有很多不同意见，最后压力实在太大了，就不了了之。"

3 局势逆"转"：一次契机市委书记挂点，老城市焕发新活力

3.1 领导挂点调研大运，实现"定位升级"

3.1.1 找准"吊车尾"，抓住"新引擎"

"Q市现在哪个村问题最多、最难治理？"

2018年7月，Q市委书记赵学军初来乍到，在第一次工作会议时抛下了这

个问题。在场所有人都面露难色，大家不约而同地想起了那个地方……各成一派的外来人口、"潺潺流动"的"黑龙江"、参差不齐的违规建筑、不敢走的夜路，所有人的心病、大名鼎鼎的"Q市最大城中村"——T区S镇大运村。

Q市是一座超大城市，人口超2200万人，足足1100多个行政村，基层矛盾和问题较为突出。不仅如此，Q市身处改革开放的前沿，有些治理难题可能在别的城市还没遇到时，在Q市这就已经十分突出了。这些难题，如果找不到有效的解决方式，就会越滚越大。

据此前负责大运村整治的老刘说道：

"大运村一直是我们的心病，我们之前就已经为大运村整治做了六次方案，但效果却是微乎其微。如何找到一条适合大运村发展的路，我们也还在探索。"

至此，大运村正式进入了Q市委书记赵学军的眼帘，到大运村调研也提上了赵学军的日程。

3.1.2　摸清"腐烂根"，升级"香饽饽"

"我必须去！"

2018年9月12日，赵学军带着"搞清楚问题"的决心，率队首次到大运村调研。他详细了解了大运村"违建拆除"及"散乱污"治理情况，召开了座谈会听取党组织工作汇报。

"大运村的最主要问题就是基层党组织组织力不强、党员干部队伍能力素质不足、社会治理难度大，只要把这些问题都解决了，一切将迎刃而解！"

然而，村主任刘志华对此却很是无奈。

"我们大运村'两委'干部就那么8个人，但管辖区域达25平方公里、超过20万人。尤其是七大物流园搬过来后，大家的生活水平提升，吸引了许多外来人口过来，原本隐藏在深处的违法建设、治安维稳、环境卫生等问题一窝蜂暴露起来。而且我们几个干部讲话压根不管用，大家都听不进去，完全不知道怎么入手啊！"

大运村基层组织关系复杂，甚至有些还是宗族、黑恶势力，工作无法推进。比如"违建整改"，政府都说不上话，让村干部去制止，更是不现实。

当时的大运村，党的建设虚化、弱化、边缘化，堪称软弱涣散的典型。

但Q市委书记赵学军却认为："大运村正是我们想找的，它的问题就像是一只典型且病重的麻雀，各个器官都濒临衰竭，根本原因其实是损耗了气血，如果我们能为大运村这只病重的麻雀找到良药，那我相信对全市其他地方的治理，都有借鉴意义。"

最后，Q市委书记赵学军一锤定音，亲自挂点大运村！

自从领导挂点后，资金、政策、配套设施等一系列资源流入了大运村。

自此，大运村似乎就从"腐烂根"变成了"香饽饽"。

3.2 党支部建在网格上，实现"政治升级"

3.2.1 重拳扫黑除恶，让"制度长牙"

党的力量来自组织，组织能使力量倍增。

大运村以问题导向为核心，提出了村级"大党委"概念，通过党支部坚强战斗堡垒作用，推动社会治理重心向基层下移，"党建+网格"服务管理模式走上正轨，让居民成为"主人翁"，使内在动力推动社会治理高效开展。

张小龙是一名党员，同时，他也是一名网格员，他每天的工作就是入户巡查。

"目前，我负责35个网格，81栋建筑物，我可熟了，多的不敢说，我负责的这块儿我至少走了有四遍，每家每户大大小小的问题我都已经心中有数了!"

在访谈中，张小龙谈及此事露出了自信的笑容，并给大家展示了他时刻揣在手里的小本子，上面记录着每一户、每一次巡查时发现的问题与整改情况，其中出现最多的便是：在家门口给电动车充电、使用直排式热水器、楼内消防通道堵塞、消防设施过期失效等……

"每次发现问题，我就会通过移动终端记录事项，同时敦促房东整改。通过入户巡查，我们也可以采集基础信息，排查安全隐患，收集社情民意信息，为大家服务多了，大家也就对我们产生了认可。"

当然，张小龙只是大运村众多网格员之一。

3.2.2 第一书记驻村，使"红旗飘展"

2019年4月，市、区两级分别派出第一书记脱产驻村，开始了为期3年的综合整治。

"治理的最大难点在于基层党组织组织力不强，党员干部素质不高。"市派驻大运村第一书记刘书记说。

找到"良方"方能对症下药，刘书记到任以来，深入群众广泛倾听基层的真实声音。为此，他甚至把自己的微信二维码张贴到了每一个"网格"片区的公示牌上。

"火车开得快，全靠车头带。"

提升基层党组织的组织力，既是大运村综合整治的首要任务，亦是重中之重。大运村设立了村"大党委"，发挥第一书记"头雁"效应，推动实现"一经济社一支部"全覆盖，优化和完善了村党委、23个经济社党支部、18个"两新"组织党组织和3个社区党组的组织架构设置，并全部纳入村党委代管，对未组建支部的"两新"组织实行村党组织兜底覆盖，全面消除党建空白点和盲区。

3.3 实施腾笼换鸟战略，实现"动力升级"

3.3.1 清理低端产业，送走"瘟神爷"

2018年，在市、区两级党委政府的指导下，大运村被列为区四条重点整治村之一，成立9个专项小组和32名网格负责人，其中就要求对大运村"散乱污"的场所和企业进行"洗楼"清理整顿。

按照"关停搬迁为主，就地整改为辅"的思路，采取边摸查边整治的工作模式对"散乱污"场所开展集中整治工作。

由于大运村的小产业密集且散乱地分布在居民楼、自建楼内，整治工作不容易开展。大到各级领导班子、小至网格负责人基本上每天都要到村里进行上门逐户勘察。

3.3.2 促进产业转型，广下"英雄帖"

2021年5月，阿里巴巴在其官方账号上向大运村致敬。文章写道：

"他们创造的淘宝村年销售额超过100亿元。大运村是中国第一个年销售额超过100亿元的淘宝村。"

"大运平均每天发300万个包裹，相当于海南省一天的快递。"

大运村结合当下电商行业的发展模式，规划"总部区域+产业园区+智慧物流+直播基地"四合一产业布局，优化产业转型，融合"众创"模式，升级改造为经营、仓储、直播、文旅多位一体的新兴现代创意电商园区。

"我们打造的电商创意园区，吸引了众多新鲜年轻有活力的个体电商进驻，集聚效应形成，提供网红孵化，一下子就远近闻名了。"村主任刘志华表示。

大运村在改造过程中，积极推进淘汰低端产业，盘活整合破旧厂房资源，迅速推进大运村光纤网络和5G基站建设，努力解决电商产业发展的"最后一公里"问题。

3.3.3 严格查处三资，告别"潜规则"

村民们提到这几年的三资管理，大家都纷纷点赞：

"'电老虎''水龙王'被抓，终于不用再过高价水电的日子了。"

"我们经济社清理整改了40多份问题合同，社集体收入增加了约200%，分红大幅度增加，大家都很开心。"

大运村有"三资"总资产1.38亿元，土地面积9916亩，收益大。2018年以前，由于大运村外来人口多、人员流动密集，是典型的人口倒挂村，其社会治理难度大，党组织领导弱化，使得大运村“三资”问题集中且突出。

这次重点城中村综合整治行动中，镇纪委书记多次在三资整治会议上强调："'问题合同整改工作'"是区政府下达的重要工作之一，要求各村社要着力推进，提高执行力，村社干部更要发挥'头雁'作用，以上率下，担当作为抓落实，推动本村社的'问题合同整改工作'"。

"去年我们社一年的分红有 110 万元，人均五六千，今年预计能达到 300 万元，人均分红起码能翻一番。"

大运村第四经济社副社长肖深继续说道，"通过合同清理，实现了资产翻一番，账户金额已经打破以往的记录"。

3.4　促进共建共治共享，实现“机制升级”

3.4.1　用好网格员，发挥“蜜蜂效应”

迎着和煦的阳光，111 名网格员行走在大运 548 条街巷上，1363 支高清摄像头覆盖全村，片警们多点巡逻，守护着街坊们的安全……

从传统的出租屋管理的模式，逐渐推行网格化，整个“巨无霸”村落划分成 111 个网格，每个片区设置小组长进行一个平安网格的建设，基层管理的下沉，真正实现社会治理的共治、共建、共享。

大运村将原来的 39 个网格进一步精细划分为 111 个基础网格，并推动属地党建、出租屋管理、市政环卫等工作力量向网格流动。网格更小，与群众关系更紧密，网格服务力量更强了。几乎每天都要挨家挨户巡查，采集记录更新基础信息，不仅要排查人居安全隐患，还要收集社情民意，真正做到为人民服务。

3.4.2　当好治安员，发挥“天眼效应”

走到大运村的街道上，时时能见到由村民组成的治安队。治安队每日会派出近 50 名队员进行街面巡逻。S 镇治安队副队长郝成说道：

"重点整治后，治安队队员从原来的几十人扩充到现在上百人，大部分都是本地村民，最小的年龄是 19 岁，大家都是自愿自发加入治安巡逻队。那种守护家园的荣誉感，愈发鼓舞年轻人加入治安队伍中。整个大运村的安全系数显著提高，家里人也感到骄傲。"

"见警率"高了，居民的安全感也越来越强。

在大运村综治中心大屏前，工作人员轻点鼠标，每栋楼有多少个房间、租客详细情况便"跳"到眼前。

一位民警表示，综治中心数据库与村内高清摄像头、出租屋电子蓝牙门禁连通。目前，大运村已安装高清摄像头 1846 个、人脸识别枪 55 支，3500 栋出租屋安装了蓝牙门禁，大力挤压违法犯罪的生存空间。同时多次组织防诈宣传，提高居民对新型犯罪的防范意识。

3.4.3 做好议事员，发挥"纽带效应"

走进大运村，就能听到多个地域口音夹杂的外来从业人员穿梭在街头巷尾。这个聚集着 15 万外来人口的村庄，由于外来地域人口聚集明显，当地"外地人员不服本地管"的矛盾日益凸显。

"我来大运已经有 10 多年了，从单身汉到成家立业，这里有着很多老乡。大家一起在大运生活打拼，可以说大运就是我们的第二故乡。"

徐齐胜十年间与江西同伴一起创立了服装企业。像他一样到大运村白手起家创业的老乡有 2 万多人，他们成立江西余干商会，一同参加大运村的党建联"席"会议、共治议事会，同乡商会的成立让离家多年的老乡们有"找到家的感觉"。

湖南商会代表刘先生说道："自从老乡们积极发挥共商共治的精神，成立了同乡商会，派代表去跟村里沟通，举办共治议事会，很多事情就迎刃而解，村里也积极帮我们解决问题。"

外来人员中如果出现矛盾纠纷，首先由商会内部协调处理，发挥"老乡管老乡"的同源自治作用。同时，由村委会派遣联络员，及时延伸管理触角、及时更新政府政策，动态掌握外来人员诉求，鼓励外乡人积极加入当地服务管理队伍，实行"以外管外"。徐齐胜对此说道：

"作为江西村的联络员，经常有很多事情，都是村干部通知我，我再传达给老乡们。以前村干部直接传达，老乡们或多或少都有些抵触情绪，但现在有我们做'中间人'调剂，管理信息的传达畅通无阻了。"

3.5 开展双清双新工程，实现"生态升级"

3.5.1 清违法建筑，促进"标准管理"

"拆得好！"

伴随着围观群众的拍手叫好声，位于大运村某物流园内的 11 栋违法建筑被全部依法拆除。

在大运村的重点整治工作中，始终强力查控"两违"，深入开展全域环境综合整治，加快补齐基础设施短板，推动城市功能和品质不断提升。

为提升城市综合功能，大运村规划建设了"内环""外环"两条环绕消防通道，打通城中村防火"生命通道"。S 镇消防队长邢队说：

"以前都没有消防通道，遇到险情的时候，消防车辆很难迅速就位，存在很大的安全隐患。这次的'生命通道'畅通之后，街坊邻居们都拍手称好，感觉生命财产得到了保障！"

3.5.2　清黑臭水体，建设"口袋公园"

"从前那条清澈见底的溪流终于回来了！"

谈起大运村变化，在大运村土生土长的徐丽红深有感触。

几年前恰逢大运村小产业野蛮生长之时，作为大运村的主要河涌，沿岸的洗水布厂、小作坊一开工，涌水就变得熏黑浑浊，沙坑涌里垃圾废料漂浮，行人无不掩鼻而过。

大运村第十八经济社党支部书记、社长徐永发告诉我们。

"现在大不一样，一到晚上、周末，碧道公园比'墟'还热闹，租房子人多起来，村民的收入也有提升。"

Q市有很多大公园、绿化景点，但是多数绿地景点离居住环境太远，并不能成为"家门口的公园"。很多老人家，可能一年也上不了一次Q山，他们渴望家门口的绿化常青。大运村整治的一个特别重要项目就是口袋公园，分散到各个大街小巷，让市民群众出门即公园，能够直接触碰到市民每天的出行生活。

4　有尾难"合"：探索经验何以有效推广，大运小村何以持续有运

4.1　全国典型治理示范，谈治理经验何以值得推广

大运村治理的成功经验有诸多可圈可点之处。

三年来，大运村以整顿软弱涣散党组织为抓手，建立健全"令行禁止、有呼必应"党建引领基层共建共治共享社会治理格局，实施全周期、全链条、全领域管理，推动大运村实现由乱到治，再到全国乡村治理示范村的蝶变……

Q市委书记赵学军挂点大运村三年来的基层治理历程，种种翻天覆地的变化，映照着大运村是推进城市治理体系和治理能力现代化的先行样本。

他在某次全国基层治理经验分享汇报会上曾说道：

"大运村近三年来整治成效显著，主要得益于以下几点做法：

一是狠抓村社两级党组织建设，解决党对基层治理领导弱化问题。我们坚持和加强党对大运村工作的全面领导，破解街指挥不了村、村指挥不了社症结，我们选派第一书记驻村整治……

二是狠抓村社干部队伍建设，解决带头人基层治理能力跟不上的问题。我们把选优配强党组织带头人作为重中之重，坚持政治标准，率先清理刑释干部，

重拳铲除村霸、水霸、电老虎，同时做大优质人才蓄水池……

三是狠抓社会环境党群共治，解决群众获得感幸福感安全感不强问题。发挥'令行禁止、有呼必应'机制优势，组织凝聚外来人员建立共治议事会、'三共'中心，党群齐心清'小散乱污'、治垃圾围城、建美丽乡村……

四是狠抓党建引领产业升级，解决乡村振兴高质量发展动力不足问题。规范集体'三资'管理，严格落实'村账街管、社账村管'，推动产业集聚发展、转型升级，打造直播经济产业链，力争实现电商销售额破千亿……"

大运村的经验做法确实具有可推广性，其背后更值得我们深思的是领导挂点调研这种模式所带来的巨大能量。

一方面，这种自上而下的嵌入能够形成一种倒逼态势，使基层的工作重心、关注点纷纷聚集到挂点地区的主要事项上，赢得自上而下的关注。

另一方面，这种运动式治理可以在短时间内集聚、整合各方资源，调动一切可以动员的力量，使看似不可能的事情成为可能，打破科层制原有的体系、结构，聚焦重难点、攻坚克难。

4.2　领导挂点运动之治，问治理模式何以长久持续

盛夏的傍晚，夕阳的余温还未完全褪去，远处的山在晚霞的映衬下泛出微微红晕，偶有一丝晚风吹过，带来公园里的阵阵花香……

王大爷慵懒地躺在竹制长椅上，虽微眯着眼睛，眼神中透露出明亮的光，他内心想道：

"老大难，老大难，老大重视就不难。不知道这种美好的光景还能持续多久？以后大领导不挂点我们村了怎么办，这里的蓬勃发展、盎然绿意还能不能持续呢？"

想着想着，王大爷的眼神又不禁暗了下去，陷入了沉思……

经过大领导亲自挂点指导的大运村，得以获得多方资源集中力量进行整治和治理，但大运村的未来是否可以有效持续运转，尚且留下一个问号。

大运村能否一直保持"大运"？领导挂点调研能否一直持续？大运村的成功经验是否能够有效地在全国推广开来？如果没有领导挂点调研，是否还能出现另外一个"大运村"？究竟该如何增强基层治理的可持续性，真正提升基层治理水平，推进基层治理体系和能力现代化……

这些问题，可能不仅仅是王大爷在思考着的问题，更应该是 Q 市委书记乃至全国基层治理的每一位主政官员需要去思考的。而这些问题，也都需要经过时间和实践的进一步检验考量、需要不断地去思考探究。

二、思考题

1. 正所谓"老大难，老大难，老大重视就不难"。如果你是市委书记张学军，面对大运村的治理困境，你会选择怎么做？

2. 什么是"领导挂点调研"？如何从历史逻辑、实践逻辑和理论逻辑认识这一制度设计？

3. 如何梳理当前学术界在领导挂点调研方面的研究脉络和理论贡献？领导注意力和运动式治理理论对理论分析有哪些理论支撑？如何提炼新的研究问题，与这些研究进行对话？

4. 结合公共管理学科相关理论，如果从"结构—过程"分析范式来看，领导挂点调研涉及了科层组织中的哪些行动者和资源？领导挂点调研的问题解决逻辑是什么？该如何从理论层面对领导挂点调研进行新的诠释？

5. 阅读案例，你可以提取哪些领导挂点调研解决问题的经验启示？这些经验启示对于基层治理有何作用？

三、理论分析

1 问题提出

正所谓"老大难，老大难，老大关注就不难"，这句俗语鲜明地体现出中国情境下领导高度重视的现实有效性，展现了重点任务和非重点事项的区别化应对逻辑（庞明礼，2019；Simon，2013；March，1962 &1988；练宏，2015；陶鹏、初春，2020）。党的十九大以来，习近平总书记更加重视基层治理，在加强和创新基层社会治理方面提出一系列新要求和新论述，给全国基层社会治理指明了发展道路。为贯彻习近平总书记在基层社会治理上的指示，把中央部署落实到基层，探索符合 Q 市的新型社会治理之路，进而体现新作为和新成绩，甫一上任的 Q 市委书记就将目光瞄准到"问题最多、难度最大"的大运村，高度重视并部署大运村的综合整治工作，并最终挂点调研大运村。

从现实层面来看，领导挂点调研，是科层组织灵活回应基层治理难题的一种典型机制，折射出自上而下的国家权力嵌入基层社会的治理情境，表征了国家权力积极在场。这种自上而下的"挂点"或"调研"，常见于中国共产党的治国理政当中，并且已经形成一种非正式的组织习惯。作为一项典型的运动式治理机制，领导挂点调研对于资源集聚和治权统合具有显著作用，但领导挂点调研是如何调动资源、调整权力结构的，还缺乏深刻的理论诠释。领导挂点调研是中国共产党治国理政的重要制度工具，不仅发挥着信息收集、视察民情的功能，还释放出一种政治性的信号，对基层治理场域中的结构、资源、行动者等要素产生着影响。

我们可以发现，在 2018 年之前，大运村是一个臭名昭著的典型问题村，存在五大问题。第一，党组织领导不力、党建效果不彰。大运村是典型的传统宗族乡村，强大的宗族对村庄的治理有比较大的话语权，严重的时候甚至"街指挥不了村、村指挥不了经济社"，政府很难自上而下地干涉村庄，部分村干部也直接参与到宗族黑恶势力的违法活动当中，甚至村委会主任和 1 名党委副书记参与到贪污腐败活动当中，很多工作无法推动，党组织存在严重的边缘化倾向。第二，环境污染严重、村容村貌较差。各种生产生活的废水直接排放到河涌，导致水体变黑发臭。村道垃圾遍地，狭窄的楼道之间污水横流，缺少必要的清洁，脏乱差问题十分突出。第三，治安力量薄弱、各种警情多发。大运村所在乡镇有编制的警力不足 10 人，即使加上治保人员、村安管员等也难以完全应对大量基层事务。仅 2017 年，大运村总警情 6826 宗、案件类警情 2128 宗，警情及案件数均占当地派出所的 55% 以上，小马拉大车问题突出。第四，城市建设无序、出租市场混乱。村庄内部建筑密度高达 60%，各种握手楼、亲吻楼密集排列，消防、卫生等配套设施不健全，生活安全隐患比较大，安全事故频发。此外，虽然城中村满足了较多居民的居住需求，但是由于租赁市场缺乏标准化管理，导致整个出租市场比较混乱，衍生出许多利益纠纷事件。第五，产业结构低端、经营相对无序。大运村是国内发展小型电商和物流行业的重点基地，一方面行业附加值较低，难以推动大运村的高质量发展；另一方面个体小商户利益导向突出，经营无序、随意扩张，产品不达标问题频出。这些问题成为大运村综合整治"老大难"的关键所在。那么，为何大运村综合整治能够实现"蝶变"，领导挂点调研是如何应对基层治理难题的，这一应对过程的内在机制该如何理解？为此，我们将结合大运村综合整治过程的案例，从不同层面解释领导挂点调研的作用机制。

本分析在"结构—过程"的分析范式下，建构"权威嵌入—资源下沉—借势联结"的分析框架，并立足 Q 市大运村综合整治的案例，揭示了多层级政府的不同行为逻辑和行动指向。研究发现，领导挂点调研意味着上级政府（市级）的注意力聚焦、权威再生产和共识性动员，这种自上而下的权威嵌入和高位推动，营造出高强度的压力情境。中间政府（县级）在隐性激励逻辑的驱动下，表现出自我加码的特征，按照优先下沉、重点下沉、主动下沉和持续下沉的方式，推动资源下沉到乡村。基层政府（镇级）则充分发挥自主性，在行政整合逻辑下搭乘领导挂点调研的便车，借助问题捆绑和情感共联策略，强化常规治理，实现自下而上的借势联结。由此可见，领导挂点调研式问题解决，不仅仅是上级组织或领导单向高位推动的结果，而是各层级主体自主性的综合体现，体现了基层治理中权力结构和资源分配体制的超科层化修正过程。

2 领导挂点调研：历史逻辑与理论逻辑

2.1 历史逻辑：领导挂点调研的历史溯源

领导挂点调研，是科层组织灵活回应基层治理难题的一种典型机制。一般而言，领导人通过采取到特定地区挂点或调研的方式，来强化科层组织内部和国家—社会的互动，以摸清、解决治理难题，发挥典型示范作用，有助于总结治理经验，提升治理绩效。这种自上而下的"挂点"或"调研"，常见于中国共产党的治国理政当中，并且已经形成一种非正式的组织习惯。最早可见于毛泽东在土地革命时期对湖南、江西、河南等农村的调研，并形成了《湖南农民运动考察报告》《寻乌调查》《调查工作》等专著和文章，还提出"做领导工作的人要依靠自己亲身的调查研究去解决问题""要有正确的措施，就要做调查研究工作"等系列重要论述，对于中国共产党早期认清革命形势、转变工作作风、做出科学决策起到了关键支撑的作用。

新中国成立后，毛泽东仍然坚持到基层调研，多次进行现场办公，对于振奋群众建设信心、解决特定问题具有直接推动作用。后来，邓小平为应对东欧剧变、苏联解体等国际形势变化对国内的负面影响，在1992年进行南方视察，发表系列重要讲话，对统一国内思想、坚持改革开放起到了锚定作用。进入21世纪以来，江泽民、胡锦涛、习近平等国家领导人也不断到基层调研，主动发现、解决基层治理难题。事实上，不仅中央领导人有这种调研的传统，地方政府领导人也经常采用这种方式。例如，为解决深圳茅洲河水污染问题，广东省委书记李希亲自挂点督办；为创建国家卫生城市，抚州市政协副主席郑友清挂点社三元楼社区进行专门调研……由此可见，领导挂点调研，已经成为政府广泛用于解决基层治理难题、提升基层工作绩效的典型工作机制。

目前，可见的领导挂点调研多见于新闻报道之中，强调各级领导对特定地区的挂点或调研，对基层治理的"指导""示范"作用，或是直接提出领导挂点调研的优化路径。但总体来看，理论界对于领导挂点调研的学理阐释深度不够，尚未充分关注到领导挂点调研在基层治理中的作用机制。为数不多的关注领导挂点调研的研究，也只是将领导挂点调研作为一种治理手段，探讨其在政策扩散、行政协作等方面的作用。例如，有学者通过考察广西扶贫开发的案例，认为领导挂点调研是一种降低政治风险的有效机制，它借助"调适型动员"的模式，来激活从中央到地方各级政府学习模仿与政策创新扩散的动力，为理解试验式中国政策变革提供了一个新的视角（张海清、廖幸谬，2020）。有研究认为，领导挂点调研还深深地嵌入基层治理的制度环境当中，实现了条块关系的结构性调适，有助于碎片化资源的重新整合，弥补了科层体制设计的不足，为地方政府实现尺度空间治理提供了支撑（李云新等，2019）。其他一些研究主要是在论证的过程中，对领导挂点或挂点领导有所提及，认为领导挂点调研体现出明显的高位推动和强大的政治动员能力，有助于提升基层治理绩效，但并未对领导挂点调研进行针对性分析（余练，2021；林雪霏，2014）。

2.2 理论逻辑：领导挂点调研的文献回顾

虽然当前对领导挂点调研的认识还比较少，但梳理为数不多的高质量研究，仍然可以为我们进行新的研究提供起点和思路指引。一般而言，在现实实践和理论诠释中，领导挂点调研的分析常常表现为对部门包村或干部驻村、基层联系点等话题的讨论，这些话题是领导挂点调研逐渐制度化演变的另外一种话语表达，从本质上可以看作是领导挂点调研研究的重要内容。

2.2.1 部门包村的相关研究

这一系列的研究的中心观点是将领导挂点调研看作是一种服务下沉的治理工具，强调行政责任的清晰化归属和政治任务的刚性化落实。有学者在"情境—过程"的分析框架下，讨论了包村和驻村制度基础上的跨层级部门，依托科层权威来实现科层内外的资源整合和创设，进而将国家治理任务与制度安排相互衔接，以提升基层治理绩效（张国磊，2020）。具体来看，高层部门强调嵌入式动员，中层部门负责资源集中式供给，基层部门主动回应并积极衔接，体现出各层级部门在科层权威和资源吸纳框架下的差异化行为逻辑。由此可见，"领导挂点、部门包村、干部帮户"是自上而下一连串的制度安排，反映出权力、资源和服务的下沉，为我们理解上下互动和国家与社会的互动提供了基点。

2.2.2 基层联系点的相关研究

除了部门包村的研究，领导挂点调研还外化为基层联系点的实践。对基层联系点的一些研究，则认为领导挂点调研偏向于是制度规则的再造与非正式关系嵌入的融合过程，有着常规治理和运动式治理的双重意涵。从方法论的角度看，联系点是“由点到面”的基层工作法的具体体现，具备调查研究、解决矛盾等多重功能，有助于激发基层工作的自主性，承担着党建引领的重要政治使命（吴新叶、赵挺，2018）。但无论如何，从更微观的运作机制来看，联系点作为一种典型的联系群众、体察民情的重要实践形式，其具体运作并不依赖于联系点与社会的直接对接，而是通过体系运作，建立一套行之有效、适用基层的组织运作网络，这包括与项目制等其他制度的互动、为条块协作提供窗口等（李元珍，2016；Tsai W. H. & Liao X.，2020）。

通过这些研究，我们可以从公共政策执行、政府运作机制的角度，管窥领导挂点调研的基本概念和主要特征，可以为我们比较性理解领导挂点调研的运作过程，提供一些基础性认知，但由于缺乏对领导挂点调研运作机制的直接分析，导致我们对领导挂点调研的认识仍然是模糊而欠缺的。因此，对领导挂点调研的研究仍然有值得拓展的空间。尤其是需加强研究领导挂点调研问题解决的关键要素和内在逻辑。作为一项典型的运动式治理机制，领导挂点调研对于资源集聚和治权统合具有显著作用，但领导挂点调研是如何调动资源、调整权力结构的，还缺乏深刻的理论诠释。换言之，领导挂点调研的内在作用机制需要进一步明确。基于此，我们将研究问题聚焦到领导挂点调研的问题解决机制，重新审视领导挂点调研回应基层治理难题的过程。具体而言，本文在“结构—过程”的分析范式下，建构出“权威嵌入—资源下沉—借势联结”的分析框架，并立足于 Q 市大运村①整治“蝶变”的案例，讨论领导高度重视情境下科层组织结构与资源流动过程，分析多层级结构中不同行动者的行动逻辑和具体表现，以强化我们对中国特色组织运作机制的认识，为理解中国共产党治国理政的重要方式提供一个新的解释视角。

---

① 遵循学术伦理要求，对文中涉及的地名、人名都进行了匿名处理。其中，访谈记录编码规则是：8 位数字为访谈时间，第一个大写字母为受访者姓氏，后三位“字母+数字”为受访者编号。

3　理论基础与分析框架

3.1　理论基础

3.1.1　注意力分配理论及其适用性

3.1.1.1　注意力分配理论

注意力的分配是一个跨学科的研究议题。西蒙（2013）被认为是最早对注意力进行系统研究的管理学家，他认为受决策环境的影响，决策的备选方案总是多样的，如何选择合适的决策方案，是管理行为的核心，而这一过程涉及到管理者的注意力分配。因此，他进一步将组织注意力的分配及其结构视为行为科学研究的内核。后来，在组织学家马奇及其合作者的努力下，注意力的内核和外延均发生了很大变化，形成了序贯注意力研究（March，1962；Cyert & March，1963）、模糊性下的选择理论和注意力结构研究（March & Olsen，1976）以及可替代期望水平的注意力（March & Shapira，1987），注意力分配逐渐成为组织学研究的一个重要理论。

研究者认为，注意力分配是确立议题有限性的关键过程，谁获得了领导注意力，谁就会进入到政策议程（庞明礼，2019；Simon，2013；陶鹏、初春，2020）。因此，如何获取更多的注意力，成为执政者的重要考量。在中国多层级政府框架中，会发现纵向府际结构中的上下级之间也存在这种关系，即上级政府总是支配着更多的信息、资金、人员、技术等资源，而下级政府则依赖于上级政府的各种资源输入（March，1962 &1988；练宏，2015）。由此，对资源配置方式及机制等议题，引起了学界的诸多探讨。比较多的研究认为资源自上而下地配置，是在压力型或动员体制下完成的，强调国家内部运作机制对资源流动方向的影响。这主要是因为，我国行政权力和资源的"倒金字塔"式分配结构，决定了下级政府对领导高度重视的任务，保持着强烈的政治热情，以投入更多注意力和资源（练宏，2016）。

3.1.1.2　理论适用性考察

在本案例中，领导挂点调研体现出上级领导对挂点所在地的高度重视，这种重视被下级政府解读为一种领导偏好，使得在高位推动的强政治压力和有限治理资源的双重情境下，挂点所在地的问题显著性被提升、问题解决的优先性增强，在某种意义上反映了治理结构和治理资源的调适过程（陶鹏、童星，2021）。这说明领导挂点调研作为一种自上而下启动的治理机制，实际上反映出上级政府注意力的分配和集聚，释放出上级领导关注的政治信号（Jones B. D.

& Baumgartner F. R.，2005）。在领导注意力支配视角下的资源分配中，多借助项目制的制度载体，以精准定位等形式来体现，进而实现资源自上而下的输入。上述内容说明，以资源代表的治理重心下移和服务下沉，是基层治理水平提升的关键与核心要素，深刻体现出领导注意力的变迁和聚焦过程，为我们理解科层组织间的上下互动和国家与社会的互动提供了思考锚点。因此，注意力分配理论与我们的案例分析问题较为匹配。

3.1.2　运动式治理理论及其适用性

3.1.2.1　运动式治理理论

运动式治理是指面对棘手难题时，政府选择运用政治动员的手段，在短时间内集中多种力量完成任务的一种政策工具，具有显著的突击性、临时性、见效快、反弹快等特点，常见的有专项整治、突击行动、集中整治行动等（唐皇凤，2007；周雪光，2012）。

运动式治理一般遵循四个操作流程：动员部署→清理整治→巩固成果→检查总结；也可以细分为八个阶段：事件出现→有关部门重视→成立专项整治领导小组→召开动员部署会议→制定和出台治理实施方案→全面执行实施方案→督导检查、总结评估→相似事件再发生。一般而言，在运动式治理中，政府组织通过思想动员、激励构建、项目制运作等方式，实现了短时间内、强压力下的资源吸纳和调配，展现了治理资源和治理需求之间的张力，呈现出国家治理的路径依赖图景。进言之，领导挂点调研也是通过运动式治理的方式，实现了资源向挂点所在地的集聚。

3.1.2.2　理论适用性考察

在本案例中，可以认为领导挂点调研强化了基层政府的资源整合能力，但却存在着依靠科层权威进行运动式治理的显著特征，体现出运动式治理理念和机制下的资源调配过程。有研究认为自上而下的资源分配过程涉及下级政府的主动争取。例如，一些项目制的系列研究认为，上级政府以财政转移支付的方式来配置资源，伴之以动员机制、人事控制机制等，从而推动基层政府积极争取项目、获得资源，以满足公共事务运行的需要。基层组织往往为了争取更多的资料，会联合村庄精英，倒逼上级政府向下输入资源，展现了利益网络视角下的“分利秩序”。当然，这种资源流动过程也离不开多层级政府部门的协同合作。由于领导挂点调研是自上而下进行的，这使得不同部门为完成共同目标，积累政治资本，以谋求自身的政绩，而主动破解碎片化治理困局，积极推动层级部门的协同，以实现治权结构的再生产和行政系统的再整合，进而为跨层级部门的制度化互动和非正式合作提供了条件（文宏、崔铁，2015）。从领导挂点调研集中各项优势资源输入到基层的过程来看，领导挂点调研式问题解决符合运动式治理的特征。

3.2　分析框架："权威嵌入—资源下沉—借势联结"

要深刻认识到，活跃于基层治理实践的领导挂点调研，不仅是一种国家权力嵌入基层社会的治理工具，更是一项极具中国特色意蕴的制度框架和话语体系，其借助科层组织体制进行灵活性运作，将多层级政府纳入一个基层治理场域当中，表征了国家权力积极在场。从本质上来看，领导挂点调研式问题解决是领导注意力聚焦背景下，多层级政府对资源再分配和权威再塑造的过程，折射出多层级行动者在特定结构和情境中的不同行为及其逻辑，是运动式治理在治理场域中的具体体现。进言之，在领导挂点调研的问题解决机制的分析上，本文吸收了注意力分配和运动式治理等理论的不同要素，并将这些要素与领导挂点调研的实践运作过程充分结合起来，建构新的分析框架，以有效回应领导高度重视情境下的组织结构再造和资源匹配过程。

然而，如果仅从领导注意力和运动式治理等理论中提取解释要素，对领导挂点调研的分析可能仍然是单调和浅层次的，或者说只能从微观层面去阐释领导挂点调研的核心机制，而无法从整体性的层面把握领导挂点调研的系统性。这是因为，领导挂点调研的运作场域是包容着不同行动者的，运作过程也蕴含着科层组织结构中不同行动者的行为逻辑，这要求在一个统合性的视角下进行分析。而上述两种理论更多是从自上而下的维度去分析的，难以全面诠释领导挂点调研在行政系统中的复杂性。因此，本文引入吉登斯关于结构化理论的论述，在"结构—过程"的分析范式下，融合上述分析要素，以展现更多维度和层次的分析内容。吉登斯认为，结构不仅包含社会系统生产和再生产中的规则，而且也涵盖权威性资源和配置性资源。他还特别强调社会结构与行动者之间的关联，认为社会科学研究需要充分考虑不同行动者在同一社会结构中的"共同在场"（安东尼·吉登斯，2016）。

后来，有学者试图建构"结构—过程"分析范式，认为结构与过程相连，具体表现为结构并不排斥行动者，而是为行动者设定行动框架；过程则一方面联结个人意志，使得结构具有"使动性"，另一方面链接附着于行动者的各种结构要素，将宏观理论与微观行动相对接（吴晓林，2017）。"结构—过程"的分析范式，为我们看待多层级科层政府中不同行动者的行动提供了基础视角。最后，借鉴现有研究关于驻村"第一书记"跨层级治理的分析过程（郭小聪、曾庆辉，2020；张国磊，2020），整合形成了"权威嵌入—资源下沉—借势联结"

的分析框架。接下来，我们将在该分析框架下，结合 Q 市大运村的领导挂点调研案例，从不同维度揭示领导挂点调研的问题解决机制。

4　研究方法与案例选择

4.1　研究方法

本文使用个案研究方法。个案研究是当前实证类研究的主流研究方法，它能够通过微观细致的事件过程分析，来揭示不同社会要素之间的联系与机制，甚至反映某种制度环境或社会整体性的变迁（渠敬东，2019）。为了将领导挂点调研回应基层治理的过程机制展现出来，我们依托实地调研获取的一手访谈材料、会议纪要、正式文件，以及相关网络报道等资料，将 Q 市大运村的整治"蝶变"事件作为典型个案进行深入研究。

4.2　案例选择

选择大运村整治事件作为研究对象，主要有以下几个原因：一是大运村的整体整治是一个典型的基层社会治理难题。大运村处于城乡接合地带，外来人口远远超过本地人口，是典型的"人口倒挂"地区，更是 Q 市"最大的城中村"。Q 市城镇化的迅速推进，使得大运村由一个传统的农村，逐渐转变为兼具城市和农村特征的"城中村"，各种社会矛盾和利益冲突集聚在社区内部，治理结构非常复杂，社区秩序比较混乱，整治难度很大。可以说："全国其他城中村有的问题，大运村都有；其他城中村没有的问题，大运村也有。"（访谈记录：20220111HC01）由此可见，二是大运村的领导挂点调研非常具有典型性。2018年，Q 市委书记（同时也是省委常委）亲自挂点大运村，先后到大运村进行 10 余次专题调研，重点攻关难点问题，推动整个社区走向"善治"。"一把手"的领导挂点调研是最常见、最有效的方式，对于分析领导挂点调研机制具有非常强的针对性。三是资料获取的便利性和充分性。在对大运村的调研过程中，我们获得了大运村所在街道 X 街道党工委委员、办事处副主任和大运村第一书记等人的大力支持，进而得到了十分珍贵的进场机会，还借助电话访谈和微信访谈等形式，收集了大量访谈记录、官方文件等资料，能够保证对整个案例有全面和真实的了解。

5　领导挂点调研的问题解决机制

从"结构—过程"的视角来看，领导挂点调研的问题解决机制覆盖了多层级政府的行动过程，蕴含着政治压力逻辑、隐性激励逻辑和行政整合逻辑的交叉互嵌特征，实现了对基层治理的权力结构和资源分配体制的超科层化修正。这是因为，领导挂点调研在领导注意力的权威支配下，旨在通过一种超官僚主义式的简约治理，突破基层治理困境。从结果来看，领导挂点调研，打破了传统意义上"分散化"的资源分配体制，将大量资源在短时间内集中输入到挂点所在地，对基层治理格局进行了重塑。在此过程中，上级政府（市级）通过注意力凝聚、权威再生产和共识性动员的方式，将大运村综合整治的任务高位推动至下级政府，塑造了一种高压的制度情境，引起了各级政府的重视，赋予了治理合法性。中间政府（县级）除了被动式资源供给外，在隐性激励的逻辑下表现出自我加码的特征，以优先下沉、重点下沉、主动下沉和持续下沉的形式，推动各种资源下沉到挂点所在地。基层政府则在承接和分配自上而下的资源之余，主动通过正式层面的问题捆绑、非正式层面的情感互联等策略，实现向上自主争取资源，建立一种持续性的联系，体现出借势联结的内在逻辑（见表1-2）。

表1-2 领导挂点调研的问题解决机制

组织结构	行动过程	问题解决逻辑	行动指向	具体行动内容
上级政府	权威嵌入	行政压力逻辑	高位推动	注意力凝聚、权威再生产、共识性动员
中间政府	资源下沉	隐性激励逻辑	自我加码	优先下沉、重点下沉、主动下沉、持续下沉
基层政府	借势联结	行政整合逻辑	自主争取	正式层面的问题捆绑、非正式层面的情感互联

5.1 上级政府权威嵌入：行政压力逻辑下的高位推动

5.1.1 注意力凝聚：频繁召开专题会议

会议被认为是政府运作的重要载体和组织形式。出席会议的领导级别越高，举办会议的规模越大，召开会议的数量越多，意味着领导重视的程度越高，代表着领导注意力的聚集程度。为了保证大运村综合整治工作的顺利进行，Q市委书记先后15次到大运村进行调研督导，召开了多次专题会议，亲自部署整治工作，充分凝聚了组织内部的注意力。2018年9月，Q市委书记首次调研大运村，召开专题工作会议，Q市委常委、秘书长等市区领导参加会议。Q市委书记在会议上强调"各级党委书记要履行第一责任人职责，把责任压实到工作岗位和时间节点，一项一项抓好督办落实。"（会议记录：20180912ZA01）在"一把手"领导召开专题会议后,市委多个职能部门迅速跟进,进一步召开专题会议。例如,市委组织部副部长带队调研并召开座谈会,提出"梳理汇总整顿工作中需市直部门协调解决的事项,包括资金投入、项目支持、政策倾斜等"。(会议记录:20190125CA12)通过多次召开会议,充分发挥了会议定基调、传达思路、落实责任和工作汇报的机制,彰显了任务的重要和紧急程度,凸显行政任务的议题显著性,进而打破传统多部门之间模糊的责任边界,明确权责分工,实现科层组织注意力的凝聚(陈家建,2017)。

5.1.2 权威再生产:成立综合整治领导小组

在中国科层体制下,领导小组作为一种高位推动下的临时性组织,被认为是解决"碎片化权威"的重要依托,为协调条块部门、强化组织动员能力提供了可能,因此被广泛应用于中国政府治理实践,并逐渐演化为具有中国特色属性的治理机制(罗湖平、郑鹏,2021)。为充分利用横向维度上各个部门的治理资源,以及纵向维度上的合法性权威和规则调适属性,上级政府经常成立领导小组,将"条块"整合起来,进而实现权威再生产(原超,2017)。在大运村的综合整治案例中,T区印发了《关于开展"重点村"综合整治工作的通知》,成立了由区委书记任组长、区长任第一副组长、常务副区长任常务副组长的综合整治领导小组,设立了领导小组办公室和查控两违、清理散乱污和环境整治、"三资"管理(合同清理)、社会综合治理、发展工作等四个专项工作小组。

5.1.3 共识性动员:调动条块部门进场

针对大运村管理中存在的乱象,只有充分凝聚共识,汇聚各方力量,才能真正推动社会治理重心下移,把资源、服务、管理下沉到基层。为此,Q市委书记强调"大运村的治理工作是一项系统工程,涉及市区很多部门很多单位,需要上上下下同心协力、形成合力"(会议记录:20190124ZA01)。因此,在Q市委书记首次调研当天,T区委就立即召开"关于贯彻落实市委主要领导有关工作要求的意见"办公会,要求组织部、政法委、公安局等,S镇、大运村配合完成相关工作。为显示T区对大运村整治任务的重视力度,T区委书记更是坚持"一把手"带头,亲自挂点大运村,要求区领导班子成员全程参与,实行联动整治,并多次动员区、镇两级部门,部署整治工作。为指导推动各项任务落实见效,T区委从区纪委监委、组织部、宣传部、民政局、农业农村局各抽调1名科级干部全脱产驻村,直接参与大运村整顿工作,时间为1年。S镇也迅速形成年度"重点村"综合整治工作任务清单,积极动员镇财政所、国规所、市政所、农业办、环安办、综治办、司法所等部门参与到大运村的综合整治当中。

5.2　中间政府资源下沉：隐性激励逻辑下的自我加码

5.2.1　优先下沉：特事特办、打破刚性约束

领导挂点调研，提升了中间政府对挂点所在地问题的重视程度。在隐性激励逻辑下，中间政府往往会采取特事特办的方式，打破传统制度刚性约束，提升大运村综合整治问题处理的优先度，强调资源的优先下沉。例如，结合机构改革，T区编办向S镇下拨8名镇级行政编制，S镇党委向大运村优先下派10名在编干部组建管理服务办，村党委配置5名专职人员成立党建办，重心下移、资源下沉，为解决"小马拉大车"问题提供了充足的人员保障。S镇党委副书记对此表示："挂点了之后，很多事情处理起来都自动'开了绿灯'，包括编制啊、资金啊等等，就把这种资源都集中行政的资源资金、人员先拿来。"（访谈记录：20220111LC12）这种打破常规、特事特办，优先下沉资源的方式，使得大运村综合整治工作治理中减少了大量的繁文缛节，简化了办事流程，极大提升了工作效率。

5.2.2　重点下沉：中心工作、保障重点建设

领导挂点调研后，很多市、区职能部门都将大运村的综合整治工作当作中心工作看待，重点保障大运村整治过程中需要的权限和资金，由此，大运村获得了相对更多的资源。例如，在区财政局、住房建设和交通局等部门的支持下，大运村在内环消防通道基础上，设计环形消防通道（外环），全面打通了城中村消防通道，总投资约2000万元。在区土发中心等部门的支持下，环轻轨城际铁路设立大运村站；涉及征地面积约30亩，涉及拆除村民住宅23栋，总投资约4500万元。仅在大运村环卫预算资金上，相较于2017年，2019年增加了117.27%，达到2000余万元，为大运村大力推进"厕所革命"提供了充足的资金保障。"这几年就是钱，不然现在很多基础设施就不会那么多。比如，刚才说的治水护理打造功能这块儿，就是因为它是直接挂点部门，给了很多的资金。"（访谈记录：20220111LC12）由此可见，领导挂点调研为中间部门重点下沉各项资源提供了必要条件。

5.2.3　主动下沉：高度重视、积极对接指导

不同于"项目制"制度结构下基层政府"向上要""争资跑项"的实践，领导挂点调研促使中间政府高度重视大运村综合整治项目，转变为"主动给"资源，积极对接指导大运村综合整治过程中需要的技术和资金等，真正下沉到基层场域，改变了资源从"要"到"给"的输入机制。例如，T区通过学习北京市"街道吹哨、部门报道"工作机制，落实"令行禁止、有呼必应"的基层

党建工作要求，赋予大运村以"一事一呼"形式向区直单位发起呼叫的权力，促使职能部门主动下沉基层、主动提供服务，努力实现小事不出社区村、大事不出街乡镇、难事部门来报到。"呼叫权"及其配套机制，优化了单向度"上对下"的考核机制，激发了职能部门主动下沉的动力。"现在很多事情其实已经不用呼叫了，因为这两年，区里甚至市里很多职能部门都经常性往镇街跑、往村里跑，我们也建立了非常好的联系。"（访谈记录：20220121FD01）对此，S镇党委副书记说道："其实也不是上面领导这样明确要求的，不是说领导特批，而是他们主动来的。"（访谈记录：20220115LC12）

5.2.4　持续下沉：顶层设计、谋划发展大局

随着领导挂点调研背景下市、区、镇三级"条块"部门集中进场，大运村综合整治工作已经超越了简单的运动式治理思路，而是逐渐朝着可持续性的方向发展，旨在以"顶层设计"的理念，调整权责配置体制机制，科学谋划大运村发展大局，真正做到资源的持续下沉，推动大运村的整体性发展。对此，在省、市、区职能部门的规划、协调和支持下，逐渐建立区、镇街、村社三级党建协调机制，强化力量资源统筹协调。同时，以机构改革为契机，进行行政区划调整，将S镇一分为三，新增2个街道，初步构建完善简约高效的基层管理体制和运行机制，减轻了S镇的治理负担，有助于实现治理重心的进一步下移。"这次行政区划调整其实费了很大力气，市、区很多部门来这里调研了很多次，对于大运村的发展变革可谓是彻底性的……如此一来，很多资金、政策就能够源源不断地进来了。"（访谈记录：20220121FD01）

5.3　基层政府借势联结：行政整合逻辑下的自主争取

5.3.1　正式层面的问题捆绑：瞄准契机打包治理难题

由于只有三年整治时间，S镇和大运村都想利用Q市委书记挂点大运村的契机，希望"一劳永逸"解决治理难题。"当时有些问题其实不属于综合整治领域的，有些问题也没那么严重。但是既然要治，肯定就要往好了治……所以我们有一些问题就打包到综合整治工作当中，希望上级一块儿给解决掉。"（访谈记录：20220115LC12）因此，S镇把领导班子建设、专项建设经费等问题进行了捆绑，统一打包到综合整治工作"大盘子"当中。例如，S镇党委在Q市委书记调研后，迅速向T区委打报告，称："根据领导班子职数标准，我镇领导班子职数为15人，但目前领导班子成员仅13人（不含1名挂职干部），缺员2人，希望区委尽快补齐我镇班子缺员，加强班子领导力量。"（工作报告：20190130ZC01）由此可见，很多问题并不是综合整治工作范围内需要解决的，

但借助领导挂点调研，基层政府却实现了"打包式治理"，自主争取了较多资源和政策，为推动大运村可持续发展提供了前期条件。

5.3.2　非正式层面的情感共联：强化与驻村干部的联系

借助领导挂点调研之势，以选派第一书记、驻村帮扶干部等干部交流机制为凭借，强化了上下组织内部互动，增强了基层政府同上级政府的情感联系，初步搭建起关系网络，为后续资源的再争取和再输入建立了"非正式通道"。领导挂点调研之后，市、区两级分别从公安、法院选派得力干部担任第一书记，配备驻村队员和党建指导员，实行脱产 3 年驻村整治。正如区委驻大运村工作队成员 L 所言："大运村整治投入了很多人的很多心血，我们不仅仅说只是来到这里几年，过几年走了就直接撂挑子了，其实很多人以后也一直会关注大运村的发展……它就像我们的孩子一样。"（访谈记录：20220115DL01）"驻村干部刚来的时候，去村民家里的时候，他们互相都不知道谁是谁，语言也不通……但是通过我们，大家现在渐渐熟络了很多。当然，我们很乐意与这些驻村干部打交道……我们现在其实都是很要好的朋友，有时候也会约出来交流交流。"（访谈记录：20220111LC12）由此可见，以正式制度和日常工作为基础，基层干部与驻村干部建立了较好的情感联系，这为跨越运动式治理与常规治理之间的"鸿沟"架起了一座非正式"桥梁"。

6　经验启示

6.1　抓紧抓牢党的领导，强化党建引领

6.1.1　织密横到边纵到底组织体系

一是将支部建在经济社（村民小组）上，健全经济社运行机制，推行经济社社长任命制，实行党支部星级评定，强化领导地位。二是创新村级"大党委"机制，将辖内"两新"党组织和社区党组织纳入村党委代管，与大中专院校党组织共建，制定《党委议事规则》《村社小微权力清单》等，实行"四议两公开一报告"。三是建立"村呼区应"机制，赋予村向街道、区直部门"呼叫权"，推行机关单位结对帮村，整合街道城管等六类管理人员，实行一支队伍管到村。

6.1.2　建立"选育用管"闭环管理系统

一是严把入口关，实行三级审查、六公开、选任分离，推行人选提级联审、书记签批，实现村党委书记"三个一肩挑""两委"干部 100% 交叉任职。二是规范职务管理，实行因私出国（境）集中管理、分级审批，狠抓亮履职承诺、

结对联系群众、培训学分制、述责述廉述德，建立人事档案、廉政档案，分类出台"五类干部"管理文件。三是选优配强班子，建立村大学生名单，区委统一公开招聘组织员，构建"优秀人才—后备干部—经济社干部—组织员—村干部—书记"梯次培养链，实现学历、年龄"一升一降"。

6.2　抓实抓严实际问题，推动多方参与

6.2.1　压实基层组织治理主体责任

一是重拳扫黑除恶。建立扫黑除恶全链条打击机制，在铲除黑恶势力的同时，深挖彻查"保护伞""关系网""利益链"，理清违建利益关系网，彻底清查违建参与者和相关村社干部，铲除为违建提供水电的"水霸""电霸"，斩断非法垄断利益链，做到"打伞破网""打财断血"。二是铁腕拆违治污。全面自查自纠党员干部参与违建、经营"散乱污"等情况，强化街道、村社主体责任，发挥党员干部拆违治污先锋模范作用，完善查违控违机制，实施最严密的巡查监督、最严格的审批报建制度、最严厉的执法打击和最严肃的查人查事。三是严整"三资"乱象。设立村"三资"管理办，完善区、街道、村三级管理网络。创新监管方式，推行社账村管、村账街管制度和财务在线实时记账，建立大额资金异动银行预警机制，构建提级管理、全程监控、动态预警、便民监督的立体监管体系。

6.2.2　完善多元民主协商共治机制

一是构建协商共治机制。创新"四议两公开一报告"制度，加强街道对村级重大事项的指引和审核，提高议事决策规范化水平。搭建"党建联席会议+共治议事会"的"党""群"议事平台，推动辖区党组织建立共建机制并达成合作协议，畅通辖区单位、外来人口参与社会治理途径。二是构建群防联治机制。创新"党建+社工+社区社会组织+志愿服务"模式，发挥党员突击队"急先锋"作用，统领各类社会共建共治队伍。三是构建行业自治机制。指导成立行业协会，订立《电商行业自律公约》，规范企业经营行为，成立公益基金会和协会志愿者服务队，组织企业积极参与社区帮贫扶困，增强行业自治的责任感和自觉性。

6.3　抓微抓细未来支撑，做好顶层设计

6.3.1　强化全链条全周期规划控制

一是高标准规划引领建设。提高规划站位，科学编制村庄规划和三年整治计划，加强规划创新，传导上位规划，对接国土空间总体规划体系，贯彻"减量提质"理念，统筹城乡要素配置。二是新模式加快城市更新。创新"应储尽储与有

机更新相结合"思路，按照"成片连片、可分可合可平衡"原则，确定"综合整治+土地收储+更新改造"总体模式，坚持成熟一片推动一片，滚动实施，有效推进产业升级与城市形态转变。三是全链条推动产业升级。科学编制产业规划，立足区位、交通、生态、产业等优势，布局"两基地两中心"，促进产业协同发展。打通电商直播服务链条，推动直播电商向垂直化、专业化领域发展。

6.3.2　推动数字治理强化信息支撑

一是完善基础数据。统筹公安、城管等部门力量，在"四标四实"基础上，全面摸排人、屋、设施等八类基础信息，实现公安地址库、数字平台、智慧社区系统，为精细化管理提供数据支撑。二是强化科技支撑。与区、镇街同步建设村级"令行禁止、有呼必应"综合指挥调度中心，汇入辖区城市管理、公共安全等数据，实现"一屏总览、一键指挥、一网管理"。三是完善"综治中心+网格化+信息化"体系，高标准建设智慧社区，对街巷、企业等进行信息化管理。

7　结束语

可以发现，领导挂点调研的问题机制是一个复杂的命题，涵盖了多重逻辑驱动下的多层级政府行动过程，展现了上下互动、全员共治的治理图景，实现了短期内基层治理结构的调整和再造。总而言之，领导挂点调研在基层治理实践中的应用已经十分广泛，但对其理论层面的诠释还远远不相匹配。领导挂点调研作为一种典型的治国理政的方式，是典型的自上而下的科层权力嵌入基层社会的治理实践，值得更多的学者扎根基层现实实践，结合特定治理情境，建构新的理论或分析框架，以充分解释领导挂点调研的内在机制。尽管领导挂点调研依赖于上级政府或领导的注意力，是一种运动式治理情境中的资源调配的过程，但通过权威嵌入、资源下沉和借势联结等方式，领导挂点调研对资源的吸纳和制度的再造，已经为其发挥常态化作用提供了一定保障，这对我们理解中国特色的治国理政体系具有启发作用。

特别是随着当前基层治理的重要性日渐凸显的时代背景下，领导挂点调研是否会超越现有制度设计，衍生出更多类型的回应基层治理难题的新型工具或制度，以更好地破解当前基层治理"碎片化""形式化""低效化"等问题，进而全面推进基层治理体系现代化，是值得理论界和实务界思考的下一步命题。

参考文献

［1］安东尼·吉登斯. 社会的构成：结构化理论纲要［M］. 李康、李猛译.

北京：中国人民大学出版社，2016：1—67.

[2] 陈锋. 分利秩序与基层治理内卷化　资源输入背景下的乡村治理逻辑 [J]. 社会，2015，35（03）：95—120.

[3] 陈家建. 项目制与基层政府动员——对社会管理项目化运作的社会学考察 [J]. 中国社会科学，2013（02）：64—79+205.

[4] 陈家建. 政府会议与科层动员——基于一个民政项目的案例研究 [J]. 甘肃行政学院学报，2017，（05）：26—34+126.

[5] 郭小聪，曾庆辉. "第一书记"嵌入与乡村基层粘合治理——基于广东实践案例的研究 [J]. 学术研究，2020（02）：69—75.

[6] 李辉. "运动式治理"缘何长期存在？——一个本源性分析 [J]. 行政论坛，2017，24（05）：138—144.

[7] 李元珍. 领导联系点的组织运作机制——基于运动式治理与科层制的协同视角 [J]. 甘肃行政学院学报，2016（05）：59—68+126.

[8] 李云新，文娇慧，贾东霖. 尺度重构视角下地方政府空间治理策略研究——基于鄂州市功能新区建设的考察 [J]. 北京行政学院学报，2019（02）：18—26.

[9] 练宏. 注意力分配——基于跨学科视角的理论述评 [J]. 社会学研究，2015，30（04）：215—241+246.

[10] 林雪霏. 扶贫场域内科层组织的制度弹性——基于广西L县扶贫实践的研究 [J]. 公共管理学报，2014，11（01）：27—38+138—139.

[11] 罗湖平，郑鹏. 从分割到协同：领导小组重塑条块关系的实践机制 [J]. 中国行政管理，2021，（12）：121—125.

[12] 庞明礼. 领导高度重视：一种科层运作的注意力分配方式 [J]. 中国行政管理，2019，（04）：93—99.

[13] 渠敬东. 迈向社会全体的个案研究 [J]. 社会，2019，39（01）：1—36.

[14] 唐皇凤. 常态社会与运动式治理——中国社会治安治理中的"严打"政策研究 [J]. 开放时代，2007（03）：115—129.

[15] 陶鹏，初春. 府际结构下领导注意力的议题分配与优先：基于公开批示的分析 [J]. 公共行政评论，2020，13（01）：63—78+197.

[16] 陶鹏，童星. 纵向府际关系情境下政治注意力演化的理论建构 [J]. 江苏社会科学，2021，（04）：69—79+242.

[17] 文宏，崔铁. 运动式治理中的层级协同：实现机制与内在逻辑——一项基于内容分析的研究 [J]. 公共行政评论，2015，8（06）：113—133+187—188.

［18］吴晓林.结构依然有效：迈向政治社会研究的"结构–过程"分析范式［J］.政治学研究，2017，（02）：96—108+128.

［19］吴新叶，赵挺.建设性空间：党员干部联系点的运转及其不确定性的克服——以基层治理为视角［J］.政治学研究，2018（02）：66—76+126—127.

［20］余练.制度设置、权责分配与运行逻辑：对当前两类驻村干部制度的比较［J］.中国农业大学学报（社会科学版），2021，38（04）：42—53.

［21］原超."领导小组机制"：科层治理运动化的实践渠道［J］.甘肃行政学院学报，2017，（05）：35—46+126—127.

［22］张国磊.干部驻村、部门帮扶与跨层级治理——基于桂南Q市"联镇包村"制度运作分析［J］.南京农业大学学报（社会科学版），2020，20（02）：26—38.

［23］张海清，廖幸谬.领导挂点调研与政策扩散：中国改革过程的风险调控［J］.中国行政管理，2020（11）：92—98.

［24］折晓叶，陈婴婴.项目制的分级运作机制和治理逻辑——对"项目进村"案例的社会学分析［J］.中国社会科学，2011（04）：126—148+223.

［25］周雪光.运动型治理机制：中国国家治理的制度逻辑再思考［J］.开放时代，2012（09）：105—125.

［26］Cyert R. M., March J. G., A. behavioral theory of the firm［M］. 1963.

［27］Jones B. D., Baumgartner F. R, .The politics of attention：How government prioritizes problems［M］. University of Chicago Press，2005：247-249.

［28］March J. G., Shapira Z., Managerial perspectives on risk and risk taking［J］. Management science，1987，33（11）：1404-1418.

［29］March J. G., Introduction：A chronicle of speculations about decision-making in organizations［J］. Decisions and organizations，1988：4.

［30］March J. G., The business firm as a political coalition［J］. The Journal of politics，1962，24（4）：662-678.

［31］March J. G., The business firm as a political coalition［J］. The Journal of politics，1962，24（4）：662-678.

［32］March, J. G. & Johan P. Olsen., Ambiguity and Choice in Organizations［M］. Bergen；Universitetsforlaget，1976.

［33］Simon H. A., Administrative behavior［M］. Simon and Schuster，2013.

［34］Tsai W. H., Liao X., Mobilizing cadre incentives in policy implementation：Poverty alleviation in a Chinese county［J］. China Information，2020，34（1）：45-67.

案例二

千年窑火续，十年匠心成：
一位女书记的乡村闯关记

文　宏　李凤山

【编者语】

正所谓"火车跑得快，全靠车头带"。推动服务重心向基层下沉，提升基层治理能力，离不开党的坚强有力领导。对此，习近平总书记多次强调，"创新社会治理体制，"要把加强基层党的建设、巩固党的执政基础作为贯穿社会治理和基层建设的一条红线。"党的二十大报告指出，"推进以党建引领基层治理"。这些论述明确了加强基层治理的重要抓手，对于坚持和加强党的领导、夯实党长期执政的组织基础、推进基层治理体系和治理能力现代化具有重要意义。随着党建引领的全面铺开，位于广东省 S 市章安街道的鼓灶村，以党建的"小支点"撬动了基层善治的"大格局"，逐渐成为一个贯彻党建引领基层治理的典型样本。这一样本引起了我们的注意。

为此，我们专程多次到鼓灶村开展实地调研，并组织编写了本案例。这篇案例聚焦鼓灶村从"乱"到"治"的治理蝶变，描绘了党建引领提升基层治理能力的现实图景。在客观事实层面，鼓灶村从"乱"到"治"的蝶变，让我们看到党建引领在基层治理中落到实处的制度优势：选好领头雁，建好党组织，夯实好党群关系，将党建引领贯穿基层治理全过程、全方向、全周期。将党的政治优势、组织优势真正转化为基层治理效能，对于建立中国特色基层治理体系，推进基层治理现代化具有参考性的价值。我们可以发现，中国的基层治理从早期依赖资源、依靠环境粗放式的增量发展，转向现在更多需要制度优势和治理效能的存量优化模式。不仅要打破固有思维，更要在发展中不断适应环境，走出自己的道路。鼓灶村作为珠三角典型的城中村，从风光一时到软弱涣散，再到如今的蓬勃向上，十年的风雨历程，对于中国乡村发展的参考价值不言而喻。由此可见，以党建引领促进基层治理，是推进基层治理体系和治理能力现

35

代化的根本路径。在此基础上，我们的研究问题是：为何鼓灶村能够在党建引领下实现"蝶变"，党建引领是如何提升基层治理能力的，这一提升机制又如何从理论层面上加以理解？

结合研究问题和经验案例，我们在动态能力理论、政策企业家理论和结构—过程理论的基础上，构建一个"适应—吸收—重构"的动态能力模型，并基于S市鼓灶村十年蝶变的案例进行理论验证，揭示了党建引领提升基层治理能力的过程机制。研究发现：党建引领提升基层治理能力的机制具有动态演进和相互关联的属性，本质是对适应能力、吸收能力和重构能力的多层次渐进提升的过程。在提升环境层面的"适应能力"上，村党委基于洞察探寻机制，一方面向内主动识别治理问题，洞察公众需求，另一方面向外积极探寻发展机会，以打开变革窗口。在提升组织层面的"吸收能力"上，村党委借助结构赋能机制，不仅实现了对权威性和配置性资源的吸收，而且框定了正式性制度。在提升场域层面的"重构能力"上，村党委利用过程整合机制，坚持促进组织学习和情感联结，推动隐性知识的生产及转化，强化村民的身份认同与价值共创。鼓灶村的案例，并非要证明这是中国乡村治理唯一的范本或者模式，而是想通过展示鼓灶村的十年蜕变，为中国乡村治理提供可学习、可借鉴的路径，它可以是成功案例之一，却不是唯一。我们期待更多的中国乡村在发展中走出自己的道路，走向美好的明天。

最后，需要说明的是，本案例的核心内容曾参加由中国学位与研究生教育学会、中国科协青少年科技中心主办，全国公共管理专业学位研究生教育指导委员会联合主办的第七届中国研究生公共管理案例大赛，并在上千个案例文本中脱颖而出，获得了全国"一等奖"的成绩，得到了全国专家的高度认可。

摘　要：本案例取材自鼓灶村的真实事件，经过长时间、跟踪式调研，对市、区、街道、村中的干部和村民进行了大量访谈，获取了丰富、真实的一手材料。总体而言，本案例采取"起承转合"的结构，围绕鼓灶村村委书记周明秀这一核心人物，以多元化的叙事方式，力图通过"有张力、有冲突、有情节"的事件，以"规范性、生动性、清晰性和可读性"为写作导向，描绘鼓灶村"十年蝶变"的案例。具体来看，十年前的鼓灶村面临着"火车头"跑不动、"经济轮"转不动、"民生舱"拉不动的多重问题，是远近闻名的"问题村""难题村"。但在新任村委书记周明秀的引领下，逐渐确立了"党建引领，经济民生作两翼"的工作思路，用十年时间带领鼓灶村智闯"组织关"、勇闯"产业关"、直闯"环境关"、妙闯"情感关"、巧闯"服务关"，走出了一条符合自身特点的内生发展之路，让鼓灶村重新焕发了生机。以村委书记周明秀带领鼓灶村走向善治为故事线，结合动态能力理论、政策企业家理论、结构—过程理论，构建了一个"适应—吸收—重构"的动态能力模型，为党建引领提升基层治理能力的内在机制提供了深刻解释。要深刻认识到，解剖好鼓灶村这只"麻雀"，有助于广大经济先发地区类似"城中村"参考和对照"鼓灶样本"，更好地深入践行以人民为中心的理念，着力抓党建促乡村振兴，以党建引领基层治理，推动群众物质生活和精神生活共同富裕。

关键词： 党建引领；基层治理；治理蝶变；城市治理；闯关记

一、案例正文

0 引言：千年鼓灶① 历久弥新

本案例以鼓灶村为切入点，探究城市化进程下典型城中村基层治理蝶变的成功经验，全面展现基层治理的"鼓灶模式"，重点关注党建引领对基层治理的作用，以深刻阐释党建引领提升基层治理能力的内在机制。

接下来，我们将首先通过三个镜头回顾，对比展现古典里的南风鼓灶、十年前的没落鼓灶与现如今的和悦鼓灶。

0.1 镜头一：典籍里的南风鼓灶——窑火不绝，缔造无数珍品

鼓灶村，位于珠三角 S 市 C 区章安街道中西部，距章安中心区西面约 1 千米处。东靠大江村，南接 S 市高新技术开发区，西邻村尾村，北邻上朗、下朗村。鼓灶行政村，由鼓灶村和生村村组成，是一条独立的自然村，占地面积共1.5 平方千米。

"浩瀚无涯处，烟波江水寒。月明帆影动，凝练碧云乡。"这是明代贡士陈羔眼中的鼓灶。追溯南风鼓灶的历史，最早可到明代中叶，南海县章安上朗招氏九世祖忍翁公，携家眷迁到鼓灶新庄塘发展，后到淳古里、仁安里定居而开村。

---

① 本案例取材于真实案例。借助团队成员在相关单位任职的便利，获取了大量的第一手资料。为满足案例需要，案例团队进行了大量细致访谈，在获取资料和案例梳理上综合采用了实地访谈法、参与式观察法等方法。此外，按照学术规范，对案例涉及的地名、人名进行了技术处理。

钟灵毓秀，岁月的沉淀孕育出了独特的一方文化。生活在此的先祖们习得了制陶技艺，凭借一双双巧手，成功将石湾陶发扬光大。

石湾陶，是"泥火釉"相结合的传奇。而南风鼓灶恰是石湾制陶历史长河中一颗璀璨明珠，有道是"巧夺天工凭妙手，石湾皆是美陶湾"。

近千年来鼓灶村薪火不息、生产未断，不断在窑灶的淬炼中书写着自己的传奇。

0.2 镜头二：十年前的没落鼓灶——环境恶化，发展前途未卜

历史中的鼓灶村，如陶渊明笔下的世外桃源般让人神往，但十年前的鼓灶却让人望而却步，村民戏称"不足为外人道也"。

回忆起十年前的鼓灶村，村里的王大爷直摇头："晴天一身灰，雨天一身泥，抬头碰电线，低头踩泥浆。"

村中乱搭乱建现象屡禁不止，人人都想让自家的房屋大一些，裸露的电线，散落的建筑废料随处可见。

与此同时，因为缺乏可持续发展的产业与营商环境不佳，年轻人纷纷远离家乡。留守的老人们只能每日在村口驻足，哀叹。

昔日繁盛的鼓灶为何会没落至此？

有人说，是村里的人太过安逸，一味地抱残守缺，不肯革新观念。

有人说，是村干部软弱涣散，从来不为群众着想，只会中饱私囊。

众说纷纭间，映射出千年鼓灶岌岌可危。

0.3 镜头三：现如今的和悦鼓灶——生机盎然，未来欣欣向荣

镜头转换到现如今：走进鼓灶村，这里车流不息，人头攒动，一排排楼房整齐有序，楼与楼间足够宽敞，机动车都有规范的停车位，非机动车也设置了专门的停车棚，村内绿树成荫，还有标准化篮球场和众多的健身设施。

尽管也有城中村里标配的"握手楼"和窄巷子，但道路整洁，楼栋间原本杂乱不堪的电线也经过了重新梳理。行走在鼓灶村，俨然不敢相信这里是十年前人们口中的乌烟瘴气之地。

村民的收入提高了，日子也变好了，现如今的鼓灶村成为"和悦"鼓灶。（语出《周礼》：万民和悦，意为"和乐、喜悦"）

2020年，鼓灶村首次获得广东省乡村治理示范村、2020年度C区健康村。2022年，更荣获广东省民主法治示范村等称号。

上述的景象表明，现如今的鼓灶村相较于十年前，已发生了翻天覆地的变化。

那么，十年之间，鼓灶村缘何发生这些翻天覆地的变化呢？

这些成绩的取得，或许离不开一个人——那就是周明秀。

周明秀，何许人也？她是一名 80 后女"村官"，也是一名毕业于名校的硕士毕业生，还是鼓灶村的村党委书记、党的二十大代表、广东省第十三届委员会候补委员、全国三八红旗手、广东省优秀共产党员、广东好人、广东省三八红旗手等。

更为关键的是，她是让鼓灶村脱胎换骨的灵魂人物、关键人物。

为什么这样说？这不得不把我们的时钟拨回到十年前的鼓灶村……

1　上篇：软弱涣散 风雨飘摇

改革开放以来，珠三角经济以令人目眩的速度扩展，处于发达地区的"城中村"也在经济大潮的裹挟中发生了天翻地覆的变化，有的村在政策的风口上起飞，摇身一变成为村集体资产不亚于上市公司的"富裕村"，村民分红盆满钵满；有的村却因未能抓住改革发展机遇，在发展中逐步掉队，成了"城不城、乡不乡"的存在，十年前的鼓灶村就面临着这样的困境。

作为珠三角典型依靠租赁经济的"城中村"，鼓灶村因其粗放、低效的发展模式，在高质量发展新时代遇到了难以为继的瓶颈，渐渐由当地赫赫有名的"亿元村"，变成了负债累累的"亿债村"……

1.1　跑不动的"火车头"：软弱涣散的党组织

1.1.1　两委班子"貌合神离"，村中问题各说各话

"火车跑得快，全靠车头带。"村级党组织作为乡村振兴中最基层党组织，与整个村庄的发展密不可分。

十年前的鼓灶村，村党组织这个火车头却和整个村子的发展彻底脱钩。

鼓灶村旧村委班子各自为政，党组织就只管党务，党员只需过组织生活会，不参与村务议事，村委会则包揽所有村务事项决策权力，事事由村委会主任一人说了算。

"当时，村委会主任最常说的话就是'党管党员，村管村民'。"村民招大爷回忆道。

村务、党务工作"两张皮"，村委会权力极大而又缺乏了党组织和党员的监督，腐败逐渐开始在村委班子中滋生。

2017 年 5 月，鼓灶村原党总支部书记、副书记，村委会主任、副主任因利用职务上的便利收受他人财物，虚构工程款从村委套取款项等违法行为，相继

落马，鼓灶村被定为软弱涣散基层党组织，村民对"两委"班子的信任度持续下降。

"明明是一个村子的人却不想着怎么带村里人发家致富，心思都用在捞个人好处上，村干部算是指望不上了。"村民陈大爷痛心地说道。

1.1.2　村务信息"密不透风"，民主议事一纸空文

"三个风水先生确不定一个拴驴的橛。"

村委班子之间的矛盾导致了严重的内耗，信息上传下达不顺畅，再加上村民提事议事渠道少、无规范程序，民主议事规则和集体财务管理制度不健全，村民切身民生诉求难以获得回应。

"当时村里的土地租给谁、什么价格、租多久我们都不知道，也没有人征求我们的意见。我们说想了解一下情况，村干部就说我们也不懂政策，看了也白看。"村民招大爷回忆着。

村务公开在村民心里逐步形成了一种错觉，"群众说了算"变成"个人说了算""组织说了算"。

久而久之，强化群众监督、让群众监督蔚然成风就成为一句空话、套话。

1.2　转不动的"经济轮"：一波三折的发展路

1.2.1　土地纠纷"悬而未决"，资产流失民怨纷纷

历史债务和遗留问题是阻碍不少经济先发地区"城中村"实现乡村振兴的拦路虎，鼓灶村也不例外。

土地纠纷就像悬在头顶的达摩克利斯之剑，时刻刺痛着村民的神经。

其中，这最大的痛点就是 B 项目。

2011 年 12 月 30 日，鼓灶村与 B 公司签订《土地使用权租赁合同》，约定将村集体 4 万多平方米土地出租 20 年给 B 公司进行开发，计划建成 S 市 B 汽车综合服务产业园。

当时，S 市 B 汽车综合服务产业园，已获得 S 市 C 区发改委立项，被 S 市列为市重点工程，并列入 S 市现代服务业发展"十二五"规划。

鼓灶村的村民们梦想着 B 项目可以一步步落地生花，成为鼓灶村的支柱产业，并为村子带来丰厚的收益和附带价值。

但是就在鼓灶村民们翘首以盼，对 B 项目胸有成竹时，意外却发生了。

2014 年，开发商资金链断裂，无力支付工程款和村地租，当时还在建未验收的 5 万平方米 B 二期项目逐渐烂尾。

2016 年，鼓灶村一纸诉状将欠租的 B 公司告上法院，法院判决双方租赁合

同解除，但考虑到所欠租金与建造成本之间的悬殊价值，不支持返还土地及建筑。

"本想着能靠这个项目带动镇村的发展，结果赔了夫人又折兵，就这么折腾了三四年，村里既没拿到租金，也没拿回集体土地和土地上的物业，为此村民都快把村委会的大门拆了。"曾任鼓灶村村干部的老李叹道。

除了 B 项目这类因烂尾造成的土地纠纷外，因生产小组土地分配争议导致土地荒废 20 年之久的问题在鼓灶村也不在少数，鼓灶村仅历史遗留问题荒弃的土地就达到了近 300 亩。

1.2.2　园区建设"四处碰壁"，产业转型前路漫漫

在以珠三角为代表的国内经济发达地区，企业发展呈现出"草灌乔"的特点，以鼓灶村等城中村所提供的发展空间，是大多数"草灌"企业发展的起点，但这些企业由"草"到"灌"，由"灌"到"乔"，就需要引入更高端的产业。

2010 年以来，鼓灶村多次尝试引进产业园区，谋求农村产业兴旺，结果却屡屡碰壁。

鼓灶村古二股份合作经济社是村里经济条件较好的经济社，2012 年前，经济社将地块租与某企业，建设了 G 科创园。

G 科创园曾是鼓灶村的一张名片，在 S 市也小有名气，也为经济社会带来了一定收益。然而，好景不长，没几年合作企业便陷入了经营危机。当村民督促村委终止合作收回土地的时候，发现企业已经将厂房租给第三方，想收回物业，难上加难。

雪上加霜的是，2010 年开始建设，2016 年开始出租的新媒体产业园 H 智慧谷项目，因历史原因产权不清晰，未能及时办理二次消防及转商业功能，导致承租方拖欠租金两年多高达 2000 万元。古二村小组无钱偿还建筑商工程款已连续两年无力支付古二经济社的年尾分红。

"G 科创园没有搞起来，H 智慧谷项目还倒赔一笔，搞什么产业转型升级，还不如老老实实把地租给建设成本低、收益回本快的小厂。"村民陈大爷抱怨道。

1.3　拉不动的"民生舱"：环境恶化的旧家园

1.3.1　治安问题"久治不愈"，公共秩序杂乱无章

鼓灶村常住人口 3000 多人，外来人口 2 万多人，外来人口是当地常住人口的近 10 倍。人口过于密集、流动无序也造成了管理的难度，无论是什么人，一旦流入城中村的"海域"，就马上没了踪影，高发的违法犯罪事件似乎也成了每

一个城中村与生俱来的"附属品"。

更让人忧虑的是，出租房屋已成为鼓灶村村民重要收入来源，许多家庭主要依靠出租房屋过着安逸的生活，无所事事，打牌、打麻将、闲逛，没有积极向上的文化生活，成为纯粹的"食利者"。

"我没什么文化，也不懂教育，小孩想干什么就干什么吧，混不下去反正还能回来收租。"这是村中许多村民的想法。

1.3.2 违建乱搭"气势猖獗"，消防问题随处可见

由于大量人口涌动，且住宅建设缺乏规划，村中违法强建、乱建、乱搭盖、乱设牌匾标志，乱悬挂、乱晾晒、乱堆乱放等现象较为普遍。

受利益驱动，村民见缝插针搭盖，电线到处拉，村内楼栋之间不足两米宽的距离，却遍布着密密麻麻的"蜘蛛网"，这些电线有的裸露着垂吊在半空，有的掉下来搭在建筑物上，不仅有碍观瞻，而且还存在不小的安全隐患。

"如果想拉网线，只要打个电话，运营商就会过来安装。村里租户多，基本上来一户人就牵一根线，不知不觉就这么多了。"村民刘大爷说。

鼓灶村很多老旧物业都是易燃的纺织品仓库，生产生活用地不分，加上楼与楼之间无序排列，建筑密度和容积率过大，空间布局杂乱无章，道路、防火通道常常被挤占甚至堵死，火灾、水灾隐患突出。

消防问题频出的鼓灶村，2017年被戴上了省、市消防"挂牌督办重点整治地区"的黑帽。

1.3.3 街道河涌"臭气熏天"，环境卫生亟待改善

和绝大多数"城中村"一样，十年前的鼓灶村没有纳入城市市政建设规划，环卫、市政等基础设施建设标准低、功能负荷差，握手楼、乱搭建，各种各样的"牛皮癣"、乱摆卖、营业摊点和各类小作坊充斥村社周围，"村外现代化、村里脏乱差"的状况迟迟得不到改善。

村内排污管道没有与城市管网接轨，公厕、清洁楼、垃圾收集车、道班房、路灯、果皮箱等公共设施的建设都远远落后于城区。

同时，虽然村子经济发展了，但大多数人的环境卫生观念并未随之改变，认识仍然不到位，卫生意识、健康意识淡薄，乱丢乱扔、乱摆乱堆的情况仍然随处可见。

同样杂乱无人管理的还有村内的三条河涌。

"我们都说它是'黑龙江'啊，老人家坐这里聊个天，乘个凉都没办法。"村民表示河涌受到污染已有数十年，此前河涌治理将垃圾打捞清运后河面看起

来干净不少，但黑水和臭味却一直影响着他们。

"生活污水排出来，直接排到河涌里面，它没有进行分流嘛，没有进行分流，你没办法就等于是一个臭水渠。"家住河涌附近的村民区大姐说。

2 中篇：临危受命 挑起大梁

周明秀的成长之路，与无数基层村官一样——躬身乡村奉献自己的青春。

但她又有着自己独特优秀的一面。

因为认识周明秀的人，心里都不免生起几个问题：

她是如何从一名文弱女书生成长为身经百战的女"村官"？如何从在家的贤妻良母历练成包揽百事的大书记？又是如何从无人知晓的村书记助理一步一步走到了党二十大代表？一切一切都要从头说起……

2.1 从"女秀才"到"女村官"：放弃高薪，扎根基层

2.1.1 初出茅庐的"女秀才"？做事青涩缺乏经验

周明秀，暨南大学研究生毕业，从小成绩优异，是父母的骄傲。

在研究生时期，她就显露出不一般的策划能力和公共管理才能。

作为曾经的学生代表，她对暨南大学的研究生培训机制改革提出重要意见，为后续全面提升暨南大学研究生生源质量作出了重要的贡献。

2013 年 6 月，周明秀应聘了鼓灶村的村书记助理，本以为能大展拳脚，不承想却遇到了各种难题。

周明秀接手的第一项任务就是负责组织村民公寓分配。

村民张大姐三天两天往村委会跑，"我家老头脚有残疾爬不了楼，三个儿子挤在一间老屋里，厕所都只有一个，女孩子都不愿意嫁到我们家来，小周你一定要给我分配一套南向楼层好一点的房子，我儿子找媳妇的希望都在你身上了。"

由于周明秀是第一次接手工作，不清楚公寓分配的具体操作流程没有做好解释，后来张大姐抽签选房顺序靠后，没有挑到心仪的房子。

"小周靠不住，当时说好会重点考虑我们这些贫困户的，最后就是说了句空话。"张大姐的叹息像一根针扎在了周明秀的心上，她暗自下定决心一定要尽快摸清乡村工作思路！

2.1.2 身经百战的"女村官"？上管天文下管地理

经过四年的摸爬滚打，周明秀逐渐领悟到村民其实就是最朴素的那一群人，他们对美好生活的愿望是非常强烈的，与他们打交道除了要实际解决问题，还

必须用心理解她们想表达什么。

"铃铃铃，铃铃铃，铃铃铃"。

刚上任村委书记时，周明秀的电话几乎 24 小时都在响。服务辖区 2 万群众，周明秀坦言，最初的那段日子，每天都有种溺水的感觉。

例如，A 村民说："周书记，公共厕所被堵了，我连厕所都上不了，你现在过来处理一下。"

A 村民的事情还没处理好，B 村民的电话又到了："书记，村里的厂房噪音粉尘对我造成很大的干扰，我现在就去厂房门前吵，你不关停我就一直吵。"周明秀又火急火燎地赶赴现场处理。

上面的种种，并不是个案，每一天都在发生。

周明秀对村民反映的问题并没有表现出厌烦，而是逢事都认真听取，马上落实，后续反馈。

反而，慢慢地问题越来越少，事情越来越顺。

后来，村民看到周书记真是解决问题的领导，都非常信任她，亲切地称呼她为鼓灶"管家婆"，有什么建议都会主动向她反馈，如果遇到什么周明秀解决不了的事情，大家都会七嘴八舌地给意见。

2.2 从"小媳妇"到"大书记"：千锤百炼，负重前行

2.2.1 相夫教子的"小媳妇"？回村做"官"遭受质疑

"什么？你要来我们村当村官"？听到周明秀去应聘鼓灶村的村书记助理时，她的姑姑非常诧异。

姑姑非常不理解自己侄女的选择，研究生高学历，500 强企业风光亮丽，工作稳稳当当的，接下来就是相夫教子，顺理成章，这是多少女孩子美好的归宿。

担任"村官"少不了走街串巷，风吹日晒，无法兼顾家庭。

进一步来说，村民并不是一群好打交道的人，特别排外。

很快，姑姑的担心变成现实。

周明秀刚出任村委书记的时候，遭受到四面八方的质疑：

"村里难道没人了吗？为啥要找个外来媳妇当书记""这书记书生气那么重，能不能办成事？""村书记这么年轻瘦小，重担压都能把她压扁？""没什么经验她能把村发展好吗？"

所以，当她提出要盘活旧幼儿园地块时，前期的不信任便成了谣言的发酵池，差点将新上任的周明秀淹没在反对声音当中。

2.2.2 运筹帷幄的"大书记"？科学布阵攻破难题

让村民对周书记彻底改观，接受这位领头雁的第一件事，就是她敢于触动村民最敏感的那条神经——土地。

因为历史遗留问题，土地成为该村里面最大的拦路石。要想整村改造，首先要动的就是村里的土地。

"村里的土地不好动啊，以前村委谁都想动这块地，一动就掉官帽子，就是因为上面的关系盘根错节，难啊"。村里的老人叹息道。

明知山有虎，偏向虎山行。周书记用了两年的时间，把土地的大难事彻底解决。

随后，在招商引资这一块，周明秀也是操碎了心。因为以前村里给企业的印象就不好，一听到说来鼓灶村落地，十个有九个半都是摇摇头的。

后来，周书记前思后想做出了重大的改变，"既然优秀企业不肯来，我们就自己培育优秀企业，为他们提供一块肥沃的经商土地"。

通过招商策略的调整，七年间从鼓灶村成长起来的过亿的企业就有 5 家，千万级的企业有 19 家，各种小企业就不用说了。现在鼓灶村已经成为远近闻名的好地方，很多企业都会闻声而来。

"有企业来，周围打工的年轻人也多了起来，我们村民也有了其他收入，真的感谢周书记。"在门口摆早餐店的本地村民感叹道。

2.3 从"无人知"到"天下识"：披肩挂帅，筑巢引凤

2.3.1 十年的苦难"无人知"？桩桩难事桩桩勇闯

"新班子变相卖地，鱼肉百姓""班子腐败无能""村干部谁谁谁受政府控制的，谁谁谁跟开发商有猫腻"。当晚村公寓群、各种小道、私聊群都炸开了锅。

一上台雄心勃勃发表新的开发方案，惨遭拒绝和谩骂。

"六年过去了，当天的一幕幕我还记得非常清楚。"周书记回忆道："当我们信心满满地召开村民代表大会表决地块的开发方案，连半数的支持率都得不到，会上质疑声不断。"

说完，周书记的眼角还涌起了些许泪光。

还有河涌整治方案的推行，也是遇到了重重困难。

"这家企业是我一手引进的，又要一手关停整改，真的戳心窝子地疼，企业的不理解，上级的层层审核，几乎让我喘不过气来。"

十年间，遇到的难事，真是三天三夜说不完。周书记只会把苦难吞进了肚

子，然后打起十二分精神继续前进。

2.3.2 一朝后成名"天下识"? 全国代表成活招牌

成为党的二十大代表后，周明秀第一次去到北京人民大会堂。

她回来分享道："头顶五角星，面朝党徽，现场聆听习近平总书记作报告，回首十年努力耕耘，看到现在的成果，更坚定了我感党恩、听党话、跟党走的决心"。

二十大代表，现在成了鼓灶村的活招牌，很多企业在考察产业用地时，都会第一时间到鼓灶村调研走访。

"我们做企业的，最看重的就是有政府的支持，党的二十大代表这个金字招牌，给了我们充分的信心，喜在心头，企业要发展，关键在党"。一位准备进驻鼓灶的企业主表达了自己对鼓灶的信心。

"我们从一家医用科技小企业，成长为现在年产值10亿的巨头，周书记给予了太多的支持与帮助。"扎根鼓灶十年的巨头企业感慨道。

李大叔现在每天都乐呵呵，逢人就说村里好："现在比以前好太多了，我家的房子都放租出去了，九层楼，住得满满当当，全是来打工的年轻人。"

3 下篇：党建引领 重拳出击

近年来，鼓灶村坚持把党建引领作为乡村振兴的"红色引擎"，探索"党建+"模式，激发村庄发展内生动力。

村委在周明秀的带领下，攻坚克难解决历史问题，以产业振兴作为乡村振兴的重点，谋划推进村庄经济发展，切实改善村内环境，以文化连接千家万户，让村民共享发展红利，打造"和悦鼓灶"品牌，形成了一幅产业兴旺、环境优美、和谐美丽、其乐融融的美好乡村画像。

3.1 党建引领聚新风气，攒足干劲下好"先手棋"，智闯"组织关"

3.1.1 寻求变革，紧抓"党建窗口"

"书记，好的党组织应该怎么建我们也不懂呀。就如老一辈说的，要去买猪苗，也得知道猪的样子。"一名新上任的村委说道。

确实，被组织认定为软弱涣散村党组织，新班子首要的工作就是吸取教训，重新上路。但是，去哪儿，怎么去，方向对不对，成为首要面对的问题。

为此，周明秀决定向上求助，争取组织的指导。

于是，她来到了归属街道——章安街道，当时的党工委书记非常重视鼓灶村班子的重建，经过多方协商，又共同争取了市、区多位领导的支持。

最终，寻求帮助的同时，周明秀的困惑也在被慢慢地解开。

此后，他们还专门去了广州、深圳甚至上海调研。街道也为他们出具了专门的调研函，并指派党建指导员陪同调研。

榜样的力量是无穷的！

经过多日的调研走访，周明秀吸取优秀的工作经验，逐渐确立了"党建引领，经济民生作两翼"——"一体两翼"的工作思路。

3.1.2 聚势赋能，巧借"政策东风"

基层治理是国家治理的基石，党的十九大明确必须统筹推进乡镇（街道）和城乡社区治理。国家对基层的重视，犹如东风，推着基层向前发展。

党组织建设进村、领导挂点联系基层、央企国企对点帮扶等等"下沉式"基层建设政策东风，吹散了笼罩在基层的"阴霾"，为基层建设引进先进建设思路，激发治理新活力。

"以前哪想过市领导能来我们村参观调研？我见过最大的官就是街道执法队的队长。"村民老王感叹道。

村委班子成员之一的老李对此也认为："现在有什么解决不了的事情，都能找到市领导反映，马上有反馈。现在推进工作犹如有神力。"

3.2 铆足劲头谋划发展，打出产业振兴"组合拳"，勇闯"产业关"

3.2.1 起势：出让集体土地，打造创新科技园

"产业兴旺是乡村振兴的重要基础，是解决农村一切问题的前提。"周明秀深谙这个道理。

在一次村委会议上，周明秀说道："没有产业，乡村振兴就是一句空话。鼓灶村本是人杰地灵，占尽地利，但是一副好牌打得稀烂，发展欠账太多，与周边村庄相比，已经远远落后，让父老乡亲不禁感叹廉颇老矣。接下来我们要做的就是利用好我们的区位优势，重拳出击把土地资源盘活，筑巢引凤，把产业发展起来，这样才能乘搭上乡村振兴的东风。"

为此，周明秀与村委成员盘算着如何把村里有限的土地用好。

通过几个月的谋划，村委整备了位于章安高速路口旁的17.6亩土地，拟经村民代表大会表决后出让。

然而，现实给予村委的回馈却是一盆冷水从头浇到底。

"当我们雄心勃勃地反复论证和多次谈判，确定了开发的方案并精心准备好表决会上的宣讲材料，召集村民代表表决时，我们听到的却是一片反对的声音。更有甚者进行人身攻击，说村干部谁谁谁受政府控制的，谁谁谁跟开发商有猫

腻。"周明秀回忆道。

"但我们没有时间气馁，而是将眼光转向身边的党员同志们，向他们问计，令人欣慰的是，一直没话语权的党员，都十分踊跃积极地建言献策。半年后，我们对同一个开发项目再次进行表决时获高票通过。那一刻，我热泪盈眶。"周明秀回忆起往事仍然兴奋不已。

2018 年 7 月，鼓灶村打出盘活土地资源的第一拳，与开发商签约，将该地块打造成华南创谷协创中心，使该处租金收入变成原来的 5 倍，项目已于 2021 年 10 月顺利动工。

3.2.2　推掌：依法取回物业，建成现代工业园

唧唧复唧唧。鼓灶村里的古生兴工业园里，纺织机正织个不停，喧闹的机杼声使整个工业园显得生机勃勃。

"曾经这里是村民的一块心病，眼见他起高楼，未见宴宾客，却见他楼塌了。"村干部老张说。

古生兴业园地块原名"B 二期"，原计划为发展汽车 4S 店相关产业。2013 年，由于开发商资金链断裂，无力支付工程款和村地租，工程烂尾，导致"房地分离"，村里既拿不到租金，也拿不回集体土地和土地上的物业。对着那半成品园区，村民愁丝千百段，却也只能望楼兴叹，空惆怅。

"周书记带着我们走遍了市、区和街道各个相关部门，踏破铁鞋求爷爷告奶奶，想方设法谋破局，收集了两年多的资料，终于确定可以通过法律程序把集体资产拿回来。"村干部老张继续说道。

2020 年，在多部门支持下，鼓灶村村委再次出拳，托律师团队通过司法拍卖方式回购"B 二期"建筑物，最终实现"房地合一"，顺利收回土地和地上的构筑物，笼罩在村民心头的阴云终于拨云见日逐渐散去。

2021 年，鼓灶村乘胜追击，又一次出手，通过法律程序用债权抵押的方式收回 B 一期 2 号宿舍楼 6000 多平方米物业。

3.2.3　冲拳：化解土地纠纷，投建智能化基地

鼓灶村古二股份合作经济社是村里经济条件较好的经济社。

2012 年前，经济社将地块租与某企业，建设了 G 科创园。G 科创园曾是鼓灶村的一张名片，在 S 市地区小有名气，也为经济社会带来了一定收益。

然而，好景不长，没几年合作企业便陷入了经营危机。

"曾经 G 科创园厂房土地被纠纷以及 H 智慧谷项目租金问题似乎是个无解的难题，村民看在眼里，急在心里，却毫无办法"，古二经济社社长老张说道，

"周书记来了以后，开始盘查纠纷来源，慢慢发现其中的一些可以谈判的点，并请属地政府有关部门协助调解，整个事儿才有突破的办法"。

2019 年，在鼓灶村村委的不断努力下，G 科创园厂和 H 智慧谷项目房土地纠纷顺利化解，盘活了 5 万平方米的物业，承租方按时缴纳租金。

3.2.4　连势：推进整村改造，开辟发展新天地

随着鼓灶村"历史遗留问题"逐个化解，村内债务逐步减轻，周明秀和班子锚定鼓灶村整村改造，拓展发展空间，探索发展新路。

然而，这个想法并没有得到多数村民的支持。村民认为只要盖房子建物业，不断提高分红，村集体已厥功至伟，对整村改造提不起一丁点儿兴趣。

"鼓灶现在是一个徐徐老去的姑娘，其他村都在相亲待嫁，我们不能静待叶瘦花残，也要走出这一步。"每逢与村民开会讨论，周明秀总是形象地把改造比喻成鼓灶村与优质投资者谈恋爱结婚的过程。

为了推动整村改造工作，周明秀带着班子成员无数次在街头巷尾向村民讲解、到村民家中座谈或召开改造讲解会议，积极倾听民意，消除村民疑虑，并带着村民户代表外出考察 C 区果房村、广州猎德村等旧村改造的示范村。

事关全村发展的大事，鼓灶村坚持公开透明，及时向群众公开改造计划，组织开展城市更新宣讲会。

2021 年 3 月 27 日，鼓灶村整村改造计划获 93% 同意率表决通过。鼓灶村将 800 亩土地纳入整村改造，其中 250 亩规划引进高端项目推动产业转型升级，推动人才集聚和产业升级，打造契合市场需求和适应未来发展的新时代产业园区。

目前，改造工作正在加紧推进，改造后的鼓灶村产业将更加高端、生活更有品质。

随着村内优质企业的增加，村组集体经济收入节节升高，村组集体经济收入由 2016 年的 6000 多万元增长到 2019 年首次突破 1 亿元，近 3 年年均收入也达到 1 亿元。村民收入持续提升，2022 年村组两级人均分红超过 1.4 万元。

3.3　凝心聚力美化乡村，用好环境整治"连环招"，直闯"环境关"

3.3.1　整治河涌，千树玲珑绕绿水

树绕村庄，水满陂塘。小园几许，收尽春光。

倚东风，豪兴徜徉在鼓灶村环村的小河边上，看燕子飞时，绿水绕人家，恍惚间，让人忘了这已不是一个普通的乡村。

"以前村里的三条河涌都是臭水沟，家家户户的污水和工厂的部分废水都往里面排，走近河边就会闻到一股腥臭味，风一吹，河边的居民在家里都能闻到

臭味。"村民招先生说。

2020 年，鼓灶村完成雨污分流工程建设，村里的污水不再排进河涌了，从源头上消除了河涌的污染源。

"我们一边启动雨污分流工程建设，一边开展河涌水质专项治理和两岸景观提升工程，增加了绿化，组织打捞河中的垃圾，并组建由党员志愿者组成的巡河护水队伍，网格化巡查监督自建房、物业水管错接、混接问题，经过一番治理，河涌的水质慢慢变清澈了，小河边再次成为村民休闲的好去处。"周明秀开心地说道。

"以前其他村民调侃说我住的是一线河景房，我常说来来来，跟你换着住，现在河水干净了，谁来我都不换。"招先生乐呵呵地说。

3.3.2　改善环境，脏乱鼓灶换新颜

为了改善居民生活环境，鼓灶村开展"三清三拆""三线整治"和垃圾分类处理工作，拆除危旧房屋、乱搭乱建建筑物过百处，清理村巷道建筑材料乱堆乱放、房前屋后和村巷道杂草杂物、积存垃圾过千处，大力整治"三线"乱搭问题，大量清除村内的线路"蜘蛛网"。

"以前大家在自家屋旁，这户搭个小屋放东西，那户搭个狗舍养狗，村里杂乱无章，还有更甚者，弄来了一堆土堆在路边种起了菜。"周明秀说道。

然而，这些"历史遗留问题"并不好处理。

"村委组织清拆的时候，不少村民抵触情绪比较大，有的说他家的搭了几十年了，那是他家宅基地的一部分，有的说要经济补偿，还有的说拆了要把杂物放到村委会去。"周明秀回忆起清拆时遇到的困难，依然历历在目。

"整治'三线'乱搭问题的时候，还有一位老奶奶拿着镰刀气势汹汹冲了出来，威胁施工人员不许往她家墙上钉钉子，导致施工被迫暂停。"周明秀接着讲道："后来村委通过发动党员逐户做思想工作，才把抵抗的村民说服，相关工作才得以按计划开展。"

2021 年 7 月鼓灶村与佛开高速、街道执法部门签订三方协议，佛开高速生村段近 1 万平方米的桥下空间约定由鼓灶村进行环境提升。曾经大煞风景的桥下空间，已变成了村民便利的停车场和风景线。

"以前鼓灶村到处都脏乱差，现在生活环境干净整洁，特别宜居。"村民老张乐呵呵地讲到鼓灶村的前后对比情况。

3.4 千方百计留住乡愁，搭建文化传承"连心桥"，妙闯"情感关"

3.4.1 一盏乡愁，串起世代共同记忆

鼓灶村以"乡愁"赋能新时代乡村文化振兴。

村两委班子聘请专业团队对村史进行考究，收集历史资料，编撰了鼓灶村村史，并开工建造村史馆，拟免费供村民观光。

周明秀如是说："现在的年轻人对自己的家乡了解甚微，建设村史馆可以把村庄的部分记忆定格化，让外出的游子和一代代的年轻人了解村庄的发展历史，知道自己的'根'在哪里，也可以让各个经济社学史明鉴，增加团结。"

为了让村民留住"乡愁"，鼓灶村在推进整村改造时，特地规划了宗祠广场，对村里古祠堂进行整体迁移保护，并计划打造成鼓灶文化的展示空间。

周明秀认为："祠堂是所有村民的'根'，鼓灶村的村民就算去到天涯海角，就算少小离家老大回，只要他回来就会发现，村里的所有建筑都可能变化，但是宗祠不会变，这是连结大家的纽带，也是游子乡村的印记。"

3.4.2 一种文化，打造村民身份认同

"我们在推进文化建设中，注重弘扬传统文化，打造一组组村民熟悉的岭南文化印象，增加村民的归属感。"村干部老李说道。

针对本村 S 市舞狮已经无人传承的情况，村委组织建立鼓灶村狮头队，聘请专业师傅进行教学，并免费提供场地和道具。

村干部老李接着说："我们组建的狮头队有中年组和青少年组，狮头队在重大传统节日、祖先祭祀日等日子为村民提供精彩的舞狮活动，这样可以增添村子节假日的氛围，也可以把舞狮这项非物质文化传承下去。"

"龙舟赛由经济社组队和村民自发组队的方式参加，比赛之日，'喧江雷鼓鳞甲动，三十六龙衔浪飞'，激动人心。"村民招振新说。

与此同时，鼓灶村注重岭南文化的传承和发展，结合城市生态环境和历史文化风貌进行整治，使村落中充满岭南文化意象，保持村民对传统的美好记忆和深厚感情。

"村委在推进乡村建设中也有意弘扬岭南文化，例如，在推进厕所革命中，按照岭南传统建筑风格建造 3 间公厕；在推进垃圾治理中，新建的标准垃圾站外观也是岭南风格。"村干部老李说道。

3.5 共享共赢发展成果，画出和悦乡村"同心圆"，巧闯"服务关"

3.5.1 聚民心：丰富活动促进团结凝聚

"生村队，加油！生村队，加油！"每年 3 月份，鼓灶村都会组织篮球比赛。

为丰富村庄文化生活，村委每年不定期组织篮球赛、足球赛、乒乓球赛、羽毛球赛等群众喜闻乐见的业余文化活动，鼓励本村村民、外来居民以及辖区内企业员工报名参加到有关比赛活动中来，增加联系，促进团结。

"我们村的体育比赛'友谊第一，比赛第二'，村民通过比赛锻炼了身体，也加深了感情，这样的活动很有意义。"正在参观篮球比赛的村民李女士说。

除了体育活动，鼓灶村还常态化开展清洁家园、文明创建劝导、献爱心送温暖、"四点半学校"、家庭教育讲座以及特殊日大型志愿活动，每年开展超过30场志愿活动，形成了鼓灶村志愿文化。

"这几年一系列的活动，把村内人员都连接起来了，村民和外来居民都熟络了，不再是冷冰冰的'见面不相识'，很多租客也乐意在此长租，感觉成了一个大家庭。"正在参观篮球比赛的村民王大爷说。

3.5.2 同享乐：完善服务共享和悦鼓灶

"现在我们村，村民都不愁吃、不愁穿，不但义务教育、基本医疗和住房安全有保障，还有很多本村才有的福利，村民日子越来越好了。"经济社干部麦振说道。

近年来，随着鼓灶村村组收入的逐年增加，村委逐渐完善村民福利待遇，让村民充分享受发展的红利。

"每个月村里给我发500多块钱的退休金，小孩子读书都不愁家里没有钱的问题，我孙子读大学还奖励了几千块呢。"村民招奶奶乐呵呵地告诉案例小组。

与此同时，村里为村民学生提供学业资金保障，每年投资助学投入30余万元，并鼓励村民读大学，提高文化素养，每年向考取大专以上学历的村民发放奖学金7万多元。

"我们努力推动幼有所教、老有所养、病有所医，让村民共享鼓灶村的发展成果，使村民的获得感、幸福感、安全感更加充实、更有保障、更可持续。"周明秀介绍道。

4 后记：赓续奋斗 青春无悔

习近平总书记强调："人民对美好生活的向往，就是我们的奋斗目标。"

鼓灶村从软弱涣散到"治理示范"，正是由于上级选准了"头雁"，并在"选育管用"全环节给予支持指导。同时，为"头雁"配齐、配强"两委"班子，进而带动全体党员发挥先锋模范作用，形成"头雁领飞，雁阵齐随"的局面，这才有了鼓灶村的蝶变。

4.1 从"乱"到"治"：让鼓灶在党建引领下重燃生机

4.1.1 选准头雁，夯基垒台

火车跑得快，全靠车头带。

基层党组织是否坚强有力，关键在"头雁"。

担任鼓灶村党组织书记五年来，周明秀走遍村里每一个角落，摸清鼓灶"家底"。在她的办公室案头上，总放着一顶草帽。

戴上草帽，周明秀在村里奔波，处理各种大小事务。

为鼓灶村摘掉了软弱涣散党组织和市消防挂牌督办重点整治地区这两顶"帽子"；把"为群众办实事"落到实处，有效整治村容村貌，改善生活环境；投入人力物力整顿村居治安，有效制止了大案要案的发生，积极推进"平安村居"建设工作；听民声知民意，党员干部服务于抗疫最前线，满足村民的日常生活所需……

周明秀的"韧劲儿"，不仅让村民对这个年轻人改变了看法，更让这个曾经负债累累的"问题村"蝶变为"乡村治理示范村"。

4.1.2 雁阵齐飞，建强组织

周明秀带领鼓灶村"两委"班子打基础、谋发展，确立了"党建引领，经济民生作两翼"的"一体两翼"工作思路，以头雁效应领航鼓灶村党组织实现从恶性内耗向良性发展、从软弱涣散到先进典型的华丽蜕变。

鼓灶从"乱"到"治"的颠覆性变化，归根到底是鼓灶村将党建引领基层治理落到实处，选好党组织书记，建好党组织，教育好党员，夯实好党群关系，将党的领导贯穿基层治理全过程、全方向、全周期。

这一由"乱"到"治"的过程对于全国软弱涣散基层党组织的整顿来说具有普遍性意义，其具体做法和基本经验归结为一条就是将党的政治优势、组织优势真正转化为了基层治理效能，对于建立中国特色基层治理体系，推进基层治理现代化具有普适性价值。

4.2 由"贫"变"富"：使村民生活水平能够蒸蒸日上

4.2.1 化解债务，盘活资产

2017 年以来，鼓灶村在上级指导下，采取各种方式全面理顺、积极化解村级债务。村级债务从 2016 年的近 3 亿元缩减至 1 亿元。

通过法律途径、友好协商、市场购买等方式化解一批历史纠纷，回购一批建筑物，收回了 B 二期项目约 5 万平方米建筑物、盘活了 G 科创园约 5 万平方米物业，引入第三方建起总投资达 2.5 亿元的 F 数字化智造产业基地，以建设现代化的针织品智能制造生产车间与厂房来助力章安纺织业的发展。

鼓灶创新整村改造模式，走"旧工业园区+旧村居"连片改造的路径。

鼓灶整村 806 亩土地纳入改造范围，其中有 250 亩作为产业用地，将引入高端产业，推动人才集聚和产业升级，打造契合市场需求和适应未来发展的新时代产业园区，建设精品城区促进村民收入和生活品质双提升。

4.2.2 富裕乡村，民生共享

鼓灶村积极推动村庄发展成果共享，近年以来，村民股份分红不断提升，村内实行全民医保、全民养老保险、老人意外险，退休村民每月额外发放补贴；每年捐资助学固定投入 30 余万元，每年向考取大专以上学历的村民发放奖学金共 7 万多元，全力推动幼有所教、老有所养、病有所医。

鼓灶村坚持以人民为中心的发展思想，坚持发展为了人民、发展依靠人民、发展成果由人民共享，努力实现鼓灶村群众的物质文明和精神文明的富裕。

4.3 由"小"见"大"：为全国基层治理提供鼓灶样本

4.3.1 美丽乡村，聚沙成塔

鼓灶村大力整治"三线"乱搭问题，完成雨污分流工程，河涌水得到整治，河涌两岸景观得到提升；厕所革命如火如荼，村内 3 间公厕改造已于 2021 年全部完成；整村实行停车围合管理，解决了出行难、停车难问题……

通过人居环境的提升，鼓灶村建设成了富有地域特色、体现现代文明的美丽乡村。

4.3.2 文明乡村，树立典范

站在第二个百年奋斗目标的起点上，鼓灶村不断强化以党建引领乡村振兴，努力促进党建与产城人文融合，努力实现辖区群众物质生活和精神生活共同富裕，向着"和悦鼓灶"的目标奋力前进！

周明秀表示，"使命光荣，责任重大，我将继续脚踏实地、持之以恒为乡村全面振兴奋斗，不断提升村民的获得感、幸福感、安全感"。

沧桑之变，往昔的窑灶虽已成历史，但熊熊烈火的余温却化作坚守，被一代又一代鼓灶人传承下来。有人在历史中寻觅，翻阅古典书籍，只为重组绵长而珍贵的家族记忆；有人在困难来临之时，以微光汇聚微光，用自己的微薄力量，筑起安全的高墙；有人心系村居大小事宜，肩负起领头人角色，带领全村一往无前，创造更好的生活……

千年鼓灶，鼓灶人勇敢拼搏正如不灭的火种，让鼓灶村成为一个有温度，有真情的村居，生生不息，代代兴旺……

二、思考题

1. 正所谓"火车跑得快，全靠车头带"。如果你是鼓灶村委书记周明秀，面对鼓灶村的治理困境，你会选择怎么做？

2. 如何梳理当前学术界在党建引领与基层治理方面的研究脉络和理论贡献？如何提炼新的研究问题，与这些研究进行对话？

3. 聚焦党建引领激活基层治理能力这一核心问题，有哪些可能的理论有助于分析这一问题？

4. 如果从动态能力理论来看，党建引领激活基层治理过程中可能涉及哪些能力、过程、行动者？该如何从理论层面对党建引领激活基层治理能力进行新的诠释？

5. 阅读案例，你可以提取哪些党建引领促进基层治理的经验启示？这些经验启示对于基层治理有何作用？

三、理论分析

1 案例回顾与问题提出

治国安邦，重在基层。基层是国家治理的重中之重，不仅上承具有复杂结构的科层体系，而且下接最广大人民群众，集中体现了国家治理与社会治理机制之间的"空间接点"功能。党的十八大以来，习近平总书记高度重视基层治理，多次提出"加强和创新基层社会治理""在加强基层基础工作、提高基层治理能力上下更大功夫"等重要论述，印发《中共中央 国务院关于加强基层治理体系和治理能力现代化建设的意见》，高屋建瓴、实事求是地为加强基层治理擘画了蓝图、指明了方向。在党的二十大报告中，习近平总书记再次专门强调："坚持大抓基层的鲜明导向……推进以党建引领基层治理，持续整顿软弱涣散基层党组织。"这进一步凸显出基层治理工作的重要性和必要性，也彰显了基层治理中党建引领的核心价值。

本案例展示了在党建引领下，鼓灶村从"乱"到"治"的蝶变过程。其中，鼓灶村地处珠三角 S 市章安街道中心位置，全村占地面积约 1 平方公里，户籍人口约 3700 人，非户籍常住人口约 1.6 万人，下设 6 个村民小组，分为经联社、经济社两级集体经济。2013 年之前，鼓灶村粗放、低效的发展模式，使之变成了负债累累的"亿债村"。然而，自秉持"党建作引领，经济民生作两翼"的思路开展工作以来，鼓灶村在上级党委、政府正确领导下，充分发挥党组织领导核心作用，重塑新时代乡村精气神，让村里的各项事业迈上了振兴的快车道。

2019 年，村组两级集体经济收入首次突破 1 亿元，2021 年村组两级人均分红超过 1.2 万元。同时，鼓灶村还荣获了广东省乡村治理示范村、广东省民主法治示范村、C 区健康村等荣誉称号。由此可见，通过实施以党建引领基层治理，鼓灶村治理能力得到显著提升，探索出了一条提升乡村治理能力，实现乡村振兴的有效道路。对于上述鼓灶村从"乱"到"治"的蝶变，笔者将其看作是党建引领提升基层治理能力的经验证据。

基于上述讨论，我们提出以下研究问题：党建引领是如何提升基层治理能力的？如何全面、动态理解基层治理能力的提升机制？对于这些问题，还有待进一步的理论诠释。为此，本研究重点关注鼓灶村通过党建引领实现治理蝶变的案例，在政策企业家理论和结构—过程理论的基础上，构建一个"适应—吸收—重构"的动态能力模型，以揭示党建引领提升基层治理能力的过程机制。

2　理论基础与分析框架

2.1　理论基础

2.1.1　动态能力理论及其适用性

动态能力（Dynamic Capabilities，简称 DC）理论根植于传统的组织战略管理理论，肇始于学界对动态环境中的组织如何保持竞争优势的讨论，是企业管理中的经典理论。在 20 世纪 80 年代中后期到 90 年代初，以 Prahalad、Barney、Dierickx 等为代表的一些学者发展出著名的资源基础观（Resource Based View，简称 RBV），成为解释上述问题的主流观点。这一观点强调组织的持续竞争优势来源于掌握的各种价值性（Value）、稀缺性（Rareness）、难以模仿性（Inimitability）和不可替代性（Non-substitutability）的资源和能力（Barney，1991）。后来，一些学者在资源基础观的基础上，逐渐发展出知识观（Relational View，简称 RV）和关系观（Knowledge Based View，简称 KBV）两个分支性观点，以凸显知识和关系在组织竞争过程中的作用。

然而，无论是 RBV，还是 RV、KBV，都在理论的检验过程中遭遇了适用边界，集中表现为过于强调静态的组织要素，而无法解释高度复杂以及动态演变的外部环境带来的外溢效应，因而受到演化经济学派的猛烈冲击（Eisenhardt & Martin，2000）。在此背景下，Teece 等学者融合了组织惯例（Nelson & Winter，1982）、建构能力（Henderson & Cockburn，1994）等理论要素，提出了"动态能力"的概念（Teece et al.，1997），并演化为经典的动态能力理论，进一步提升了 RBV 在动态环境中的解释力。"动态能力"的概念一经提出，就引起了学术界的广泛讨论。不少学者围绕其定义展开了丰富的讨论，为认识动态能力的本质、特征和构成要素提供了多元的知识。

然而，由于动态能力的内涵过于宽泛，对于其概念的理解异常多元，导致对其理论体系的基本结构和要素尚未形成共识。Teece（2007）提出，动态能力主要由资源识别能力、资源获取能力和资源整合能力组成，这三种能力是组织在动态环境中维持竞争优势的关键要素。也有学者并不认同上述观点，认为动态能力具有结构性层阶的属性，既包含处理常规事务的低阶能力，也包括各种创造、拓展和更新的高阶能力，隐含了组织在开发和探索之间追求双元平衡的理念（Hercheui M.，Ranjith，2020）。尽管未能形成统一的理论共识，但在对动态能力理论的发展和应用过程中，不少学者认为对动态能力的要素或层阶划分是一项重要的工作。例如，国内有学者提出动态能力具体包含环境洞察能力、价值链配置与整合能力、资源配置和整合能力（李兴旺，2006）。

在此基础上，还有学者（焦豪等，2021）基于国外代表性文献，形成了一个全面的动态能力整合研究框架，并提出了在中国开展动态能力情境化研究的理论框架。同时，他还基于文献和经验资料，将动态能力划分为四个构面：环境洞察能力、变革更新能力、技术柔性能力与组织柔性能力，为理解动态能力提供了清晰的论证框架（焦豪等，2008）。沿袭上述研究工作的思路，又有学者将动态能力解构为：感知响应、整合利用、重构转变三个维度（卢启程，2018）。

总体来看，动态能力理论为组织的变革创新与优势保持提供了很好的解释。特别是有学者将动态能力理论引介至公共管理领域后，运用 H 省 H 社区"公益创投"的案例，也很好地说明了动态能力理论在提升基层治理能力领域中的适用性和解释力（冷向明、顾爽，2022），这从侧面也反映出动态能力理论对于解释鼓灶村的蝶变具有很好的适用性。

2.1.2 政策企业家理论及其适用性

政策企业家是公共政策研究的重要对象，也是解释政策创新和政策变革的重要变量。关于政策企业家的研究，可追溯至美国著名政治学家约翰·金登（John W. Kingdon，2004），他在《议程、备选方案与公共政策》一书中将政策企业家界定为"政策企业家是那些为了换取自己所偏好的未来政策而愿意投入自己资源的人"。这一概念广泛地将各种官员等国家行动者和非政府组织、专家等社会行动者纳入进来，为后续研究公共政策中的"人"提供了广阔的理论解释。但过于宽泛的概念理解带来了研究对象的模糊性问题，让后来者"对谁是政策企业家"这一问题充满疑惑。因此，有学者按照政策企业家是否在政府中有正式职位、是否扮演了领导者角色、是否由选举产生这三个条件为标准，将政策企业家群体细分为：政策企业家（Policy Entrepreneur，三者皆不具备）、官僚政策企业家（Bureaucratic Entrepreneur，不具备后两个条件）、行政首脑型政策企业家（Executive Entrepreneur，具备前两个条件）、政治型政策企业家（Political Entrepreneur，三项条件都具备）（Roberts，1992）。

随着政策企业家理论在公共政策领域的广泛应用，有学者开始用政策企业家理论来解释中国城市流浪者救助管理体制变革的案例，并提出了较为经典的"技术不可行性模型"（Zhu，2008），为政策企业家理论在中国的应用打开了"窗户"。例如，有学者将政策企业家理论引入到街头官僚研究领域，构建了"多重动机—工具选择—层级窗口"分析框架，为理解街头官僚推动政策创新的过程机制提供了解释模型。还有学者基于温岭参与式预算改革的案例，探讨了基层工作人员是如何扮演冠军角色推动政策试点方案落地的，以及如何与中高层官员和民众合作实现创新的制度化的，为理解基层治理领域中的资源下沉和整合提供了理论图景（赵琦，2020）。由此可见，将本案例中的"周明秀"等人看作是"政策企业家"，探讨政策企业家在鼓灶村变革过程中的行为策略和功能价值，对于理解鼓灶村的蝶变具有很好的理论启发功能，同时也表明，政策企业家理论对于本案例的解释具有很好的适用性。

2.1.3 结构—过程理论及其适用性

在"结构—过程"的分析范式下，融合上述分析要素，能够展现更多维度和层次的分析内容。在吉登斯看来，结构不仅包含社会系统生产和再生产中的规则，而且也涵盖权威性资源和配置性资源。他还特别强调社会结构与行动者之间的关联，认为社会科学研究需要充分考虑不同行动者在同一社会结构中的"共同在场"（吉登斯，2016）。后来，有学者试图建构"结构—过程"分析范式，认为结构与过程相连，具体表现为结构并不排斥行动者，而是为行动者设定行动框架；过程则一方面联系个人意志，使得结构具有"使动性"，另一方面链接附着于行动者的各种结构要素，将宏观理论与微观行动相对接（吴晓林，2017）。"结构—过程"的分析范式，为我们看待不同行动者的行动提供了基础视角。同时，这一理论与"动态能力理论"也比较匹配，还能够把基层场域中的各种政策企业家纳入分析框架。

有学者在"结构—过程"理论的基础上，认为基层问题的分析不能将眼光仅仅停留在基层，还要着眼于国家与社会的关系，而这一分析范式为探究中国基层治理中的乡—村关系演进提供了很好的视角，有助于引导学界作更深入的思考（张新文、郝永强，2022）。在此基础上，探讨鼓灶村的治理蝶变，思考党建引领与基层治理能力的关系，重新审视基层社会治理，就要理清楚两个方面的关系：治理结构和治理过程（Toole，2004）。其中，治理结构关乎基层治理的资源和制度框架，设定了行动者之间的权力关系；治理过程则围绕不同治理主体在各种行动中的博弈和互动展开。二者相互依存，共同影响着基层治理的能力。治理结构为治理过程提供了多种形式的载体，治理过程则在动态塑造着治理结构（吴晓林，2015）。由此可见，鼓灶村的治理蝶变是党建引领提升基层治理能力作用的结果，探讨这一关系就必然要回归到结构与过程中去，使案例分析更具动态意涵，更具理论深度。

2.2　分析框架：一个"适应—吸收—重构"的动态能力模型

上述研究表明，学界在动态能力的基础概念、影响因素、变迁过程等方面取得了丰硕的研究成果，为动态能力理论走向纵深奠定了扎实的基础。但由于目前动态能力的定义仍然是混乱、抽象的，其基本结构仍然是粗略、模糊的，有必要发展出结构明确、体系清晰、种类分明的动态能力理论，揭示动态能力的框架结构，并进行经验层面的案例验证。在上述文献讨论的基础上，我们围绕动态能力理论的核心观点，整合了不同学者关于动态能力的认识，并结合了政策企业家和"结构—过程"的理论视角，构建了一个"适应—吸收—重构"的动态能力模型，使之兼具静态结构和动态过程的分析意蕴。具体而言：

2.2.1　基于环境层面的"适应能力"

动态能力首先表征的是组织对外部动态环境的适应性，强调组织对外部环境的充分感知与洞察，并在此过程中敏锐地识别与抓取组织发展的机会，以实现竞争优势的获取（李兴旺，2006）。从本质上看，组织的动态行为是其对外部环境变化的反应，而且这种行为并非是盲目混乱的，而是在大量信息和认知框架基础上做出的理性选择。对于环境的洞察和适应，在很大程度上影响了基层的战略/战术决策，进而调节其资源配置的方向。在基层治理中，一方面要立足村庄，把握乡村社会的治理需求，实现正向的可持续性的反馈；另一方面要对接国家，积极把握政策态势，根据国家治理大局实现借势赋能，促进国家与社会的有序互动。由此可见，基层治理能力得到提升，这与组织及其管理者的"适应能力"密切相关，而基于外部环境的"适应能力"，则构成了动态能力体系的关键要件。

2.2.2 基于组织层面的"吸收能力"

基于组织层面的"吸收能力"主要是指基层组织将一级政府中的各种制度和资源获取、转移、吸收到内部治理体系的过程。这种吸收能力一般体现为三个层面：一是权威性资源的吸收能力。如何获取权威性资源，凝聚一级政府的注意力，确保基层治理过程中"国家的在场"，考验着基层组织的智慧和能力。二是配置性资源的吸收能力。配置性资源是提升基层组织能力的关键支撑，也是直接提升基层治理水平的核心要素。进言之，强化对各种物质性资源的支配能力，在某种意义上就是提升基层治理能力的体现。三是正式性制度的吸收能力。正式性制度从规则层面为基层治理形塑了框架，使得基层治理能力的提升更具渐进演化的属性，体现出强大的稳定和可持续性。由此可见，上述三种细化后的吸收能力为理解系统意义上的动态能力勾勒了轮廓，而这种基于组织层面的吸收能力，不仅仅包括战略层面的方向把握，也是战术层面的策略性争取的结果，反映出基层组织与上级组织的复杂互动过程。

2.2.3 基于场域层面的"重构能力"

在"适应能力"和"吸收能力"的基础上，还有一个关键的能力构件，那就是基于动态过程的"重构能力"。所谓"重构能力"，侧重于强调对基层组织内部场域的过程整合，既指向于通过组织学习实现隐性知识的生产，以促进非正式层面上的惯例的形成，也包含了情感层面的主体链接，强化基层组织中行动者的价值共同体意识和身份认同感。因此，基于场域层面的"重构能力"实际上涵盖了两个方面的内容。

3 案例选择与案例介绍

3.1 研究方法

本文使用个案研究方法。个案研究是当前实证类研究的主流研究方法，它能够通过微观细致的事件过程分析，来揭示不同社会要素之间的联系与机制，其至反映某种制度环境或社会整体性的变迁（渠敬东，2019）。为了将党建引领提升基层治理能力的过程机制展现出来，我们依托实地调研获取的一手访谈材料、会议纪要、正式文件，以及相关网络报道等资料，将鼓灶村的治理"蝶变"事件作为典型个案进行深入研究。

3.2 案例选择

选择鼓灶村作为考察案例，具体研究党建引领如何提升基层治理能力这一问题，主要原因在于以下三个方面：

3.2.1 方法层面的案例典型性，反映了普遍性的问题

鼓灶村是经济先发地区"城中村"治理难的典型，在 S 市有 120 个类似这样的行政村，占 S 市全市村居总数的 15%，分布在五个区的 12 个街道中。作为一条典型的"城中村"，鼓灶村发展任务重，基层治理压力大，其党组织曾一度被列为软弱涣散党组织。然而，通过抓党建、强产业、谋共富，鼓灶村逐步探索形成经济先发地区城乡结合"城中村"践行新发展理念的生动局面。因此，解剖好鼓灶村这只"麻雀"，有助于广大经济先发地区类似"城中村"参考和对照"鼓灶样本"，更好地深入践行以人民为中心的理念，着力抓党建促乡村振兴，以党建引领基层治理，推动群众物质生活和精神生活共同富裕。

3.2.2 事实层面的经验推广性，提供了启发性的思路

从"乱"到"治"的蝶变，让鼓灶村获得了"广东省乡村治理示范村""广东省民主法治示范村""S 市优秀调解组织"等荣誉称号。近年来，鼓灶村通过强化党建引领乡村振兴，努力促进党建与产城人文深度融合，充分利用现有优势，找准新的定位，推动产业发展，抓好民生事业，全力打造"和悦鼓灶"品牌，为推动章安街道高质量发展，为全面推进 C 区"六城"建设贡献了力量。由此可见，鼓灶村的案例极具借鉴性、参考性和推广性。

3.2.3 研究层面的资料丰富性，支撑了深刻性的分析

本研究依赖于大量的一手访谈数据和多样性的二手资料。我们对于案例资料的收集过程可以分为三个阶段：（1）第一阶段是 2022 年 7 月至 10 月，主要是在政府官网、新闻报道、学术论文等数据源，搜集大量公开的二手资料，共收集相关报告/报道 42 篇，初步了解鼓灶村治理蝶变的前后历程，关注鼓灶村开展党建引领的主要举措。基于这些数据，我们识别了党建引领提升基层治理能力的关键事件和核心人物。（2）第二阶段是 2022 年 10 月至 12 月，采取实地调研的方式，对案例中的主要人物进行半结构式访谈，尤其选择工作时间长、职能范围匹配程度高的村委成员（村书记、村书记助理等）。同时，以"滚雪

球"的方式，对不同年龄、性别、学历的村民开展访谈，共访谈人数 15 人，转化相关文字材料 10.5 万字，保证案例细节的把握。（3）第三阶段是 2023 年 2 月至 3 月，按照"三角互证"原则，编排所有案例素材，形成逻辑清晰、素材丰富的故事线，并对材料不足的环节进行再调研和网络资料收集，补充相关资料，最终达到资料的相对饱和。

4 党建引领对基层治理能力的三重提升机制

党建引领对基层治理能力的提升，集中表现为三种机制：分别是基于外部形势的环境洞察机制、基于组织拓展的结构赋能机制和基于村庄场域的过程整合机制，这三种机制分别提升了"适应能力""吸收能力"和"重构能力"。接下来，我们将结合案例，对上述分析框架进行实证检验。

4.1 提升"适应能力"：环境层面的洞察探寻机制

4.1.1 洞察公众需求：内部问题识别

洞察群众对村庄治理的需求，充分识别村庄治理存在的各种问题，明晰党建引领的方向，是基层治理能力提升的前提条件。经过全面化、细致化的工作梳理，鼓灶村党委一致认为目前村庄问题众多的关键在于党组织的软弱涣散。正是因为头雁效应不强、导向作用不清、带头能力不够，才导致村庄政治生态、产业经济、村居环境等问题积重难返。充分识别关键问题后，鼓灶村党委迅速开启"八个一党建工程"，不断强化对村庄的实际控制权，实际上提升了村庄对内部环境的适应能力。"我将眼光转向'隐身'已久的党员同志们，向他们问计，因为村强党弱，一直没话语权的党员，都十分踊跃积极地建言献策……坚定了我要持续强化基层党建引领和发挥党员先锋模范作用的决心。"（访谈记录：LXX20230217）

其一，坚持"三好行动"，充分发挥党组织的"头雁效应"，常态化解决党组织软弱涣散的问题。一是"配好"，选优配强班子队伍。2018 年 6 月 23 日，鼓灶村两委、村小组长、村民代表均顺利完成换届，两委交叉任职率、党员比率均有提高，队伍更趋年轻化，党员参政议政热情高。二是"教好"，加强教育提升素质。积极组织班子参加各项教育培训；通过深入开展"两学一做"学习教育、"不忘初心、牢记使命"主题教育等，全面提升领导班子和党员干部的政治思想水平，提升党的执政能力，提升领导班子和党员干部的拒腐防变能力。三是"管好"，通过职责分工、培训、定制度、多沟通等管好、用好班子。

其二，提出"三严原则"，充分夯实基层党组织战斗堡垒，制度化修正以往村强党弱的现状。首先，严把"入口关"。实行三级审查、六公开、选任分离，推行人选提级联审、书记签批，实现村党委书记"三个一肩挑"、"两委"干部100%交叉任职。其次，严守"服务关"。规范职务管理，实行因私出国（境）集中管理、分级审批，狠抓履职承诺、结对联系群众、培训学分制、述责述廉述德，建立人事档案、廉政档案，分类出台"五类干部"管理文件。最后，严控"质量关"。建立村大学生名单，区委统一公开招聘组织员，构建"优秀人才—后备干部—经济社干部—组织员—村干部—书记"梯次培养链，实现学历、年龄"一升一降"。

4.1.2 打开变革窗口：外部机会探寻

对内部问题的洞察识别并非是独立开展的，其还同步依赖于对外部环境的洞察，尤其是对外部变革发展机会的探寻。这是因为对于资源匮乏、人员紧缺、问题严重的基层而言，开展党建引领尽管有助于解决基础性的问题，但仅仅依赖村内政治生态的改善，还不足以完全促进整个村庄的治理蝶变。因此，强化对外部发展机会的探寻、识别或捕获，充分了解并适应外部环境的变化，打开变革的机会之窗，是鼓灶村走向蝶变的关键一步。

一是搭乘全国"党建引领"的东风，顺应大势、借势谋事。2017年党的十九大报告明确要求"加强基层组织建设"。随后，全国党建工作开始全面铺开，有效巩固了基层党组织在基层治理中的核心地位，切实把党的政治优势、组织优势和群众工作优势转化为治理优势，提升了基层治理的能力和水平。在全国"党建引领"的东风之下，鼓灶村党委书记周明秀认为党建工作是促进鼓灶村走向新的发展的关键一步。"当时我就意识到，我们村的治理关键在党。党建就像一个小石子丢进水里，整个水才能活起来。我们村也是这样，推进党建刻不容缓。"（访谈记录：LXX20230216）也正是在党建引领的作用下，鼓灶村党委才能转变话语叙事方式，引领村庄党员和群众共谋村庄发展。"召开村民大会的时候，现场我会通过通俗易懂的语言，将当时村改的大形势比喻成漂亮姑娘相亲待嫁，而鼓灶村就是一位较穷的老姑娘，要趁着东风找一个好对象一起过好日子，并要求村组干部、党员网格化对村民们深入宣传员。"（访谈记录：LXX20230217）

二是村书记根据专业知识和工作经验，因地制宜，适应大局。早在2014年初，习近平总书记给大学生村官张广秀回信，鼓舞大学生村官热爱基层、扎根基层，就深深触动了现任鼓灶村党委书记周明秀。当时，周明秀还是211高校公共管理专业刚刚毕业的研究生，但习近平总书记对大学生村官的殷切希望和张广秀同志的铮铮诺言，很大程度上推动了周明秀成为村书记助理。作为村书记助理，周明秀就熟知基层党务工作，较为熟练地掌握了农村工作方法。后来，街道出于发展年轻干部的考虑，将周明秀调至街道组织工作办公室锻炼，全面从事农村党建工作。也正是因为拥有扎实的专业知识和丰富的工作经验，周明秀才能够迅速确定了"党建作引领，经济民生作两翼"的工作思路，顺利打开村庄变革的机会之窗。

4.2　提升"吸收能力"：组织层面的结构赋能机制

基于科层结构的"吸收能力"主要是指基层党组织将上级政府中的各种制度和资源获取、转移、吸收到内部治理体系的过程。这种吸收能力一般体现为三个层面：一是权威性资源的吸收能力。如何获取权威性资源，凝聚上级政府的注意力，确保基层治理过程中"国家的在场"，考验着基层党组织的智慧和能力。二是配置性资源的吸收能力。配置性资源是提升基层党组织能力的关键支撑，也是直接提升基层治理水平的核心要素。进言之，强化对各种物质性资源的支配能力，在某种意义上就是提升基层治理能力的体现。三是正式性制度的吸收能力。正式性制度从规则层面为基层治理形塑了框架，使得基层治理能力的提升更具渐进演化的属性，体现出强大的稳定性和可持续性。整体而言，上述三种细化后的吸收能力本质上是组织层面的结构性赋能，为理解"结构—过程"层面上的动态能力勾勒了轮廓，而这种基于科层结构的吸收能力，不仅仅包括战略层面的方向把握，也是战术层面的策略性争取的结果，反映出基层党组织与上级政府的复杂互动过程。

4.2.1　强化政治势能：权威性资源的输入

在党建引领的作用下，自上而下的高位推动不仅为基层治理解决了合法化的问题，也强化了基层治理的政治势能，为权威性资源输入到基层提供了条件。为了更好地提升鼓灶村治理任务的政治势能，引入强大的权威性资源，鼓灶村及其所属街道从两个方面进行了探索：

其一，增强议题的显著性，邀请上级领导入村调研，为重塑权威结构打开"机会之窗"，提升了村庄党委对纵向权威性资源的吸收能力。领导调研是解决"棘手问题"的典型手段，不仅表征了国家的积极在场，而且有助于塑造新的治理情境、形成高位推动或政治势能，实现对基层政府的政治动员。作为典型的"城中村"老大难治理问题，鼓灶村党委在全面整治之前，就借助各种正式和非正式的渠道，邀请到市委书记、区委书记等在内的市、区两级政府10余位领导先后多次入村调研。通过领导调研及会议讲话的形式，充分发挥了上级领导在设定基调、传达思路、厘清责任、跟踪监督上的作用，这为鼓灶村的全面整治提供了重要的契机。

"领导能够过来调研，其实给了我们很大的支持，为我们指明了发展方向，给我们吃了定心丸……就包括我们市委书记、市委组织部副部长等多个领导，都对我们村的工作关怀很多。要不是这些领导多次过来调研指导工作，我们可能很多事都办不了，也没法办。"（访谈记录：ZXT20230218）

其二，成立领导小组，实现行政权威的再生产，拓展了村庄治理结构的边界，提升了村庄党委对横向权威性资源的吸收能力。在中国科层体制下，领导小组作为一种高位推动下的临时性组织，被认为是解决"碎片化权威"的重要依托，为协调条块部门、强化组织动员能力提供了可能。为有效推进鼓灶村的问题整改工作，鼓灶村所在街道专门成立了巡察整改工作领导小组，整合街道各职能部门资源，促进问题解决与长效机制相结合，有助于强化鼓灶村的基层党组织建设，巩固党的领导核心地位。在此基础上，街道各职能部门对鼓灶村的整治工作高度重视起来，这为鼓灶村的治理蝶变注入了重要力量。

4.2.2　争取项目支持：配置性资源的下沉

在国家治理重心下沉、资源输入基层的宏观背景下，基层治理的结构、机制和功能发生变迁，这为基层政府支配更多配置性资源提供了可能。但同时也要注意到，配置性资源的下沉并非是无条件或自然而然的，而是伴随着复杂的上下互动和横向竞争。一方面，基层政府需要竞争领导注意力，在领导重视的情境下以借势引力的方式获得特定的资源支持；另一方面，基层政府还需要通过超额的绩效反馈，获得可持续性的资源重新供给，从而推动配置性资源的持续下沉。

其一，借势引力，为配置性资源的优先下沉提供了行政合法性，提升了程序层面上的资源初吸收能力。领导视察和调研，打开了领导高度重视鼓灶村的"机会之窗"，为鼓灶村的全面治理提供了充分的政治势能。借助这种政治势能，鼓灶村以向上借力的方式充分实现了配置性资源的优先下沉。例如，S市委书记在调研鼓灶村时明确提出："要坚持党建引领，加强农村基层党组织建设，加快村级工业园区改造……有效盘活村集体闲置资金，提升资金使用效率，发展壮大村级集体经济。"在此基础上，鼓灶村向街道、区政府各职能部门争取了大量的资金、人才、基础设施等配置性资源。例如，鼓灶村与区水利部门共同召开现场会，专门组织人力、财力，定点解决河涌整治问题。

其二，以绩为馈，为配置性资源的持续下沉提供了绩效合法性，提升了结果层面的资源再吸收能力。优先性资源的下沉只能为鼓灶村治理打开口子，若要真正实现村庄的全面转型升级，持续性获得上级政府的资源供给，需要以正向的甚至是超额的绩效向上级政府反馈，实现行政承诺，获取上级政府的认可。在鼓灶村村委班子和村民的共同努力下，2019年底鼓灶村全部清偿了外欠债务，而且在2020年1月又重新盘活了烂尾项目，不仅解决了历史遗留问题，而且使得集体资产大幅增值。同时，鼓灶村始终坚持精准发力，立足既有资源，关注市场需求，发展优势产业，努力实现产业兴旺。村集体经济不断壮大，村组集体经济收入由2016年的6000多万元到2019年首次突破1亿元。在此基础上，鼓灶村党委书记周明秀也先后荣获全国三八红旗手、省优秀共产党员、省三八红旗手等称号，当选省委候补委员、党的二十大代表。这些成绩和荣誉的取得，进一步提升了鼓灶村在乡村治理中的议题显著性，有助于形成资源下沉的良性循环。

4.2.3 完善话语规则：正式性制度的框定

基层治理能力的提升，仅仅依靠对权威性资源和配置性资源的吸收是无法完成的，还需要重点从正式性的制度层面入手，对基层中的各种行为形成外部框定，以实现稳定的、可持续的、显性的治理秩序。因此，我们认为，吸收话语规则的力量，有助于形成基层治理的载体和框架，进而提升村庄治理的规范化水平。对此，鼓灶村事实上从以下两个方面，实现了基于正式性制度框定的"吸收能力"的提升。

一方面，建章立制、规范村庄治理，从自治层面提升了对地方性话语的吸收能力。2017年以来，村党委先后主导修订出台村民自治章程、经联社章程等2项制度，新出台鼓灶村村委会公章管理规定、人事管理制度、民主决策制度、党员谈心谈话等15项工作制度，内容涵盖党组织建设、自治章程、议事决策、集体经济管理、队伍管理等方面，形成了具有鼓灶村特色的自治管理规范。依靠着一整套完备的制度，鼓灶村形成了制度管人、管事的良好局面。2018年5月，将党支部建在村民小组上，进一步完善党组织架构。2019年11月，严格按照程序，落实村书记、主任、经济社长一肩挑，完善经济社组织架构。坚持落实党组织"三会一课"、谈心谈话、主题党日等制度。率先贯彻落实村重要事权清单管理制度，严格按照四议两公开、两议两公开推进相关审议事项，促进农村治理公开透明、有序规范。

另一方面，依法治村、优化治理机制，从法治层面提升了对制度性规则的吸收能力。首先，完善村领导包案、矛盾纠纷化解、信访接待、心理调解等机制，创造良好的法治基础。其次，以向村民公布举报电话，设置举报信箱、村监委会监督等形式，形成风清气正的办事氛围以及"不违法""不敢腐"的刚性约束。最后，将一村一律师，一村一调解员及驻点直联制度、扫黑除恶治乱工作相结合，引入走访、接访、回访多种方式，多渠道充分了解民情，及时为群众排忧解难，化解问题纠纷。通过法治方式和法治手段解决村居发展稳定中遇到的问题，着力将村民的行为约束在合法合规的范围之内。

4.3　提升"重构能力"：场域层面的过程整合机制

在"适应能力"和"吸收能力"的基础上，还有一个关键的能力构件，那就是基于动态过程的"重构能力"。所谓"重构能力"，侧重于强调对基层组织场域的过程整合，既指向于通过组织学习实现隐性知识的生产及转化，以促进非正式层面上的惯例的形成，也包含了情感层面的主体链接，强化基层组织中行动者的价值共同体意识和身份认同感。因此，基于动态过程的"重构能力"实际上涵盖了两个方面的内容。

4.3.1　促进组织学习：隐性知识的生产及转化

大多数研究者同意将组织学习定义为组织知识的变化，这种变化随着经验的变化而发生，他们还进一步将知识划分为隐性知识和显性知识。其中，隐性知识是指那些具有高度个体化、不易传播和识别的、难以表达和编码的知识，往往以价值理念或非正式的惯例表现出来；显性知识则与之相对，是指往往能够被高度编码、系统观察和获取的知识。通过组织学习，有助于直接促进隐性知识的生产和价值理念的转变，从而推动了村庄非正式层面的文化、惯例的形成。在此基础上，隐性知识还会转化为显性知识，进一步形成村庄内部的规范性文件，促进整个村庄治理机制的完善。上述隐性知识的生产及向显性知识的转化，实际上深刻折射出党建引领作用下村委和村民通过组织学习，对村庄场域内各种规则的重构能力。

一是组织专业培训技能学习，重构隐性层面的理念型知识。党建引领行动开展后，鼓灶村党委每年组织党员群众，打造"党员先锋队"，常态化开展清洁家园、安全生产隐患排查、文明创建劝导、献爱心送温暖、"四点半学校"、家庭教育讲座以及特殊日大型志愿活动共 30 多场次，参与群众 2000 多人。同时，发挥广东省三八红旗工作室的力量，将南粤家政、广东技工等工程与村居服务相融合，开展《巾帼育婴家政知识技能培训》《京东直播带货案例分享培训会及电商主播招募宣讲会》等课程，在提升妇女技能素质的同时又推动创新创业。在这些活动的引领作用下，鼓灶村村民逐渐转变了价值理念，对村庄治理方向和行动形成了诸多共识，促进了村庄的理念整合。

"现在大家的观念肯定都转变了啊。以前的话，很多人是不会理我们的，甚至很多人其实对我们的一些整改行为是反对的。但是现在，好多人都会觉得应该主动做一些贡献。所以有的村民还会主动问起最近村里面有没有可以一起参与的活动。这里面思想上是发生了很大的转变的。"（访谈记录：LQ20221007）

二是开展横向跨域经验学习，重构显性层面的制度型知识。鼓灶村党委学习了广州市、深圳市等地区基层治理的经验，并根据本村实际，联合村组干部通过固本、节流、开源三个举措形成规范文件，促进村级经济发展。其一是固本，理顺厘清村级集体经济，摸清家底，理顺现时物业管理情况，制定物业管理欠租追缴租金规定，以查列出欠租名单并追缴回租金。其二是节流，规范村组集体经济管理，尤其是规范村组"三资管理"，完善事前审批，强化监督监管，设计并印制物业维修单，完善物业审批制度及流程；厘清债务、抵押贷款及土地情况等；组织村组干部、财务人员一起深入学习农办下发的三资管理制度。其三是开源，制订并推进村的发展规划，发展壮大村级集体经济，旧幼儿园地块已成功开发，打造协创中心，持续推进资源盘活工作。

4.3.2 强化情感联结：强身份认同与价值共创

促进身份认同和价值共创，是提升基层治理能力的重要体现。以党建引领促进共建共治共享，有助于强化村庄内部互动，增强村庄群众的情感联系，搭建起良好的关系网络，并在此过程中将治理中的各种情感要素进行充分整合，促进村民对基层党组织的认可，带动村民共同创造公共价值。由此可见，基于村庄场域的过程整合机制，为后续的强身份认同和价值共创建立了非正式通道，为提升基层治理的情感联结能力提供了重构的可能。

一是弘扬时代价值，共享发展成果，促进身份认同。例如，弘扬尊老、敬老的传统美德，丰富村民文化生活，每年举办重阳敬老文艺汇演、慰问帮扶、茶话谈心等活动，重阳、中秋、年末给老人发放慰问金及米油等物品。再如，村党委组织村内族长、乡贤编撰村史，重点收集彰显鼓灶村手艺、工业文明等史料和老物件，打造村史馆，目前已完成村史编撰、村史馆选址等工作。此外，村党委还着眼丰富人民群众的精神文化生活，组织编撰村史，打造村史馆，积极组织村内党员、群众举办龙舟赛、足球赛、乒乓球赛、羽毛球赛等群众喜闻乐见的业余文化活动，同时号召村民积极参加志愿活动，丰富村民的精神文化生活。

"以前属于干啥啥不行，现在书记带着我们一起干，让大家觉得这是一件大好事。不过参加活动什么的也都是慢慢才参加的，像刚开始的时候很多人也都不愿意报名。现在人多了，（主要原因是）很多人都觉得这是'自己的事'。"（访谈记录：ZQS20221007）

二是掌握社情民意、用好乡贤群体，推动价值共创。一方面，摸底排查村情民情，充分了解群众所需。从不同渠道、以不同方式了解群众对村庄治理的意见，积极回应群众最关心、最急迫的现实问题。同时，定期跟踪特殊群体和重点人群，及时发现和化解村内矛盾纠纷，做到矛盾不上交、责任不转移。"作为党的二十大代表到机关单位、学校、企业等宣讲党的二十大精神30多场。带领党员在公园里、榕树下，与村里的老人闲聊、与年轻人谈心。推动分管领导、支部书记结合自身岗位及有关政策广泛开展宣传宣讲。"（访谈记录：LXX20220217）另一方面，充分发挥村庄内部乡贤群体的功能和价值，在社会网络的基础上建立价值网络，促进公共价值的共同生产和再生产。例如，在鼓灶村党委的引领下，新乡贤P公司董事长积极投身公益慈善事业，不仅促进了村庄内部经济贫困、村容村貌的改善，还积极用好经济网络，引进了一批高端项目和优质企业，为鼓灶村的产业经济转型发展作出了重要贡献。

5 鼓灶村党建引领促进基层治理的经验启示

鼓灶村作为"城中村"的典型代表，在经济上保留了农村集体经济和租赁为主的经济形态，在管理服务上既保有农村管理体制，又较好地享受到城市公共配套服务，属于城乡二元融合中的城市形态。这一类型的村庄如何实现抓党建促乡村振兴和以党建引领基层治理，鼓灶村的发展有三点启示意义。

5.1 以党建为引领，聚合力筑根基，做到"一雁飞，百雁随"

5.1.1 当好"先锋军"、争做"主力军"、成为"后备军"

一是"两委"班子当好"先锋军"。党委书记、村委会主任和经联社理事长"一肩挑"，党委、村委会、经联社100%交叉任职，强化基层党组织领导核心地位，完善村规民约，出台工作制度，确立"先党后村"的议事机制，全面加强党组织对基层治理各项工作的领导。二是全体党员争做"主力军"。建立"村党委—村民小组党支部—党员中心户"三级党建网格，推行无职党员设岗定责，创新打造了"一箱一墙一壁"党员亮灯服务模式，开展党员亮相，设立"党员信箱""问题墙""回音壁"等一系列党建工作机制，畅通了村民与党员的意见信息反馈渠道，全面激发基层组织活力。三是优秀人才成为"后备军"。在基层一线和业务骨干、企业家、优秀工青妇、大学生中发展党员，扩大非户籍常住人口参与治理的广度和深度。

5.1.2 严把"入口关"、严守"服务关"、严控"质量关"

一是严把"入口关"。实行三级审查、六公开、选任分离，推行人选提级联审、书记签批，实现村党委书记"三个一肩挑""两委"干部100%交叉任职。

二是严守"服务关"。规范职务管理，实行因私出国（境）集中管理、分级审批，狠抓亮履职承诺、结对联系群众、培训学分制、述责述廉述德，建立人事档案、廉政档案，分类出台"五类干部"管理文件。三是严控"质量关"。选优配强班子，建立村大学生名单，区委统一公开招聘组织员，构建"优秀人才—后备干部—经济社干部—组织员—村干部—书记"梯次培养链，实现学历、年龄"一升一降"。

5.2　以经济为中心，增动力谋发展，做到"一业兴、百业旺"

5.2.1　"解历史之忧""疏当前之堵""思未来之路"

一是"解历史之忧"。通过法律途径、友好协商、市场购买等方式化解历史纠纷，全面理顺、积极化解村级债务，积极盘活既有集体资产。二是"疏当前之堵"。始终把企业服务作为重中之重，优化服务延伸至村组一级，积极为企业的发展纾困解难，切实当好企业和企业员工有呼必应的"自家人"，做大做强存量企业，引进优质企业，努力把各种"堵难"问题"疏通"掉。三是"思未来之路"。着眼长远谋划发展，推行整村改造模式，走村级工业园区＋旧村居连片改造的发展新路子，打造契合市场需求和适应未来发展的新时代产业园区，促进村民收入和生活品质双提升。

5.2.2　"盘活旧资源""解决老纠纷""实现新开发"

一是"盘活旧资源"，大力盘活村内集体资产，村党委结合乡村振兴全面规划，通盘考虑，制定稳定中求发展的思路。经过股东大会表决后，通过程序与开发商顺利签约的方式，出让村中闲置的地块，不少地块出让后都被打造成现代化的产业基地，租金收入较往年有了成倍的增长。二是"解决老纠纷"，通过法律程序拿回被侵占的集体资产，鼓灶村村委会委托律师团队通过司法拍卖方式，回购了已经烂尾的建筑物，化解了长期被搁置的土地纠纷，收回了物业，最终实现"房地合一"，村民能够按时从项目中获益。三是"实现新开发"，吸引实力雄厚的企业投资建厂，许多现代化的针织品智能制造生产车间与厂房的引入，不仅助力了当地纺织业的发展，还逐步缓解了经济社欠债问题，使得村民小组的集体收入和村民分红得到大幅提升。

5.3　以三治为抓手，提升力促共享，做到"一理通，百理明"

5.3.1　以自治为基础，自己的事情自己做主

一是推行"先党后村"议事规则，明确基层党组织参与、审核、把关的重要事权，将重要事权清单管理中的"四议两公开"程序写入自治章程和股份章

程，实现村内大小事务墙上公开，促进农村治理公开透明、有序规范。二是健全资金、资产、资源等"三资"的审批制度，规范审批手续，建立"三资"公示制度和监督制度，向村民公开举报电话、设置举报信箱，把"三资"放进人人看得见的保险柜。三是推行党员"先知、先议、先行"机制，村内重大事项从村"两委"到党员，再到村民代表和村民，推动征询了解范围层层逐步向外扩大，既保证了议事民主，又保障了落实力度。

5.3.2　以德治为依托，大家的村庄大家维护

一是以改善生态环境为抓手，大力开展"三拆三清"、整治"三线"乱搭、整治河涌等人居环境提升活动，同时，通过系列环保宣传活动改正村民的不良卫生习惯，提升村民的整体素质，建设富有地域特色、彰显现代文明的乡村。二是着眼发展成果共享，完善补充保险机制，开展捐资助学和升学奖励活动，推动学有所教、老有所养、病有所医，引领积极正向的乡村发展风尚。三是着眼丰富人民群众的精神文化生活，组织编撰村史，打造村史馆，积极组织村内党员、群众举办龙舟赛、足球赛、乒乓球赛、羽毛球赛等群众喜闻乐见的业余文化活动，同时号召村民积极参加志愿活动，丰富村民的精神文化生活。

5.3.3　以法治为保障，共同的规则共同遵守

一是推进村庄法治化建设，明确党组织书记作为法治"第一责任人"职责，建立事权清单，健全财务管理制度、合同管理制度、集体资产管理制度等一大批制度，推动村务工作法治化、规范化。二是在法治轨道上推行重大村务，推进"三官一师""一村一律师"等制度落实，设立法律顾问办公室，村组重大决策、重大资金使用听取律师意见，重要合同等文件均开展合法性审查。三是依法化解矛盾纠纷，落实"一村一调解员"制度，创建"枫桥式"村警务室，完善村领导包案、矛盾纠纷化解、信访接待、心理调解等机制，切实为群众排忧解难，推动村庄稳定发展。

6　结束语

正所谓"火车跑得快，全靠车头带"。推动服务重心向基层下沉，提升基层治理能力，离不开党的坚强有力领导。习近平总书记在党的二十大报告中指出，全面建设社会主义现代化国家、全面推进中华民族伟大复兴，关键在党。然而，人们在日益深化"党建引领对基层治理重要性"认识的同时，二者之间的理论联系机制却少有人进行挖掘，出现了一个经验认识与科学论证之间的缺口。那么，党建到底是如何撬动破解基层治理难题，提升基层治理能力的呢？作为一

项解释性研究，我们基于动态能力理论、政策企业家理论以及结构—过程理论，构建了"适应—吸收—重构"的动态能力模型，立足鼓灶村"党建作引领，经济民生作两翼"的乡村振兴案例，深入剖析了党建提升基层社会治理能力的多重机制。

应充分认识到，基层治理是整个国家治理体系的终端和末梢，事关千万人民群众的切身利益，直接决定了党的执政地位稳不稳、执政水平高不高、执政效果好不好。随着党建引领工作的全面铺开，珠三角 S 市鼓灶村以党建的"小支点"撬动了基层善治的"大格局"，为经济先发地区党建引领基层治理提供了一个典型样本。解剖好 S 市鼓灶村这只"麻雀"，有助于广大经济先发地区类似"城中村"进行参考和对照，更好地深入践行以人民为中心的理念，实现党建引领提升基层治理能力，推动基层治理体系和治理能力现代化。

最后，我们认为：党建引领是基层治理的关键工具，也是一项值得结合不同治理情境、不同地方特质，继续加以深挖的重要理论议题。尤其是在推进基层治理体系和治理能力现代化建设的时代背景下，如何发挥党建引领的更大作用，推动乡村振兴与共同富裕，是值得理论界和实务界共同思考的重大命题。

参考文献

［1］安东尼·吉登斯. 社会的构成：结构化理论纲要［M］. 李康、李猛译. 北京：中国人民大学出版社，2016：1—67.

［2］焦豪，魏江，崔瑜. 企业动态能力构建路径分析：基于创业导向和组织学习的视角［J］. 管理世界，2008（04）：91—106.

［3］焦豪，杨季枫，应瑛. 动态能力研究述评及开展中国情境化研究的建议［J］. 管理世界，2021，37（05）：191—210+14+22—24.

［4］冷向明，顾爽."公益创投"何以提升社区治理能力？——基于动态能力理论视角的案例研究［J］. 行政论坛，2022，29（05）：76—85.

［5］李兴旺. 动态能力理论的操作化研究：识别，架构与形成机制［M］. 经济科学出版社，2006：79—80.

［6］卢启程，梁琳琳，贾非. 战略学习如何影响组织创新——基于动态能力的视角［J］. 管理世界，2018，34（09）：109—129.

［7］渠敬东. 迈向社会全体的个案研究［J］. 社会，2019，39（01）：1—36.

［8］吴晓林. 结构依然有效：迈向政治社会研究的"结构—过程"分析范

式［J］. 政治学研究，2017，（02）：96—108+128.

[9] 吴晓林. 中国的城市社区更趋向治理了吗——一个结构—过程的分析框架［J］. 华中科技大学学报（社会科学版），2015，29（06）：52—61.

[10] 约翰·W. 金登. 议程，备选方案与公共政策［M］. 丁煌、方兴译，北京：中国人民大学出版社，2004：258.

[11] 张新文，郝永强. 结构—过程视角下中国乡—村关系的演进与展望［J］. 浙江社会科学，2022，（12）：68—77+157—158.

[12] 赵琦. 基层政策企业家如何实现政策的创新与制度化？——基于温岭参与式预算的改革实践分析［J］. 公共行政评论，2020，13（03）：152—171+199.

[13] Barney J. , Firm Resources and Sustained Competitive Advantage［J］. Journal of Management，1991，17（1）：99—120.

[14] Eisenhardt K. M. , Martin J. A. , Dynamic Capabilities：What are They？［J］. Strategic Management Journal，2000，21（10—11）：1105—1121.

[15] Helfat C. E. , Peteraf M. A. , The Dynamic Resource-Based View：Capability Lifecycles［J］. Strategic Management Journal，2003，24（10）：997—1010.

[16] Henderson R. , Cockburn I. Measuring Competence？Exploring Firm Effects in Pharmaceutical Research［J］. Strategic Management Journal，1994，15（S1）：63—84.

[17] Hercheui M. , Ranjith R. , Improving Organization Dynamic Capabilities Using Artificial Intelligence［J］. Global Journal of Business Research，2020，14（1）：87—96.

[18] Nelson, R. R. , Winter, S. G. , An Evolutionary Theory of Economic Change［M］. Cambridge，MA：Belknap Press，1982.

[19] O'Toole K. , Burdess N. , New Community Governance in Small Rural Towns：The Australian Experience［J］. Journal Of Rural Studies，2004，20（4）：433—443.

[20] Pavlou P. A. , El Sawy O. A. , From it Leveraging Competence to Competitive Advantage in Turbulent Environments：The Case of New Product Development［J］. Information Systems Research，2006，17（3）：198—227.

[21] Rindova V. P. , Kotha S. , Continuous "Morphing"：Competing through Dynamic Capabilities，Form，and Function［J］. Academy of Management Journal，

2001, 44 (6): 1263—1280.

[22] Roberts N. C., Roberts: Public Entrepreneurship and Innovation [J]. Review Of Policy Research, 1992, 11 (1): 55—74.

[23] Teece D. J,, Pisano G., Shuen A. Dynamic Capabilities and Strategic Management [J]. Strategic Management Journal, 1997, 18 (7): 509—533.

[24] Teece D. J., Explicating Dynamic Capabilities: The Nature and Micro-foundations of (Sustainable) Enterprise Performance [J]. Strategic Management Journal, 2007, 28 (13): 1319—1350.

[25] Winter S. G., Understanding Dynamic Capabilities [J]. Strategic Management Journal, 2003, 24 (10): 991—995.

[26] Zhu X., Strategy Of Chinese Policy Entrepreneurs in the Third Sector: Challenges of "Technical Infeasibility" [J]. Policy Sciences, 2008, 41 (4): 315—334.

[27] Zollo M., Winter S. G., Deliberate Learning and the Evolution of Dynamic Capabilities [J]. Organization Science, 2002, 13 (3): 339—351.

案例三

<h2 style="text-align:center">摇摆的政策 缩水的宅基地：
"依法拆旧"缘何走向"违规建新"？</h2>

文　宏　吴楚泓*

【编者语】

随着乡村振兴的全面推进，中央对农民生活和农村事务愈加关注，并发布了一系列政策深入推进农村改革。其中，宅基地既涉及广大农民的切身利益，又是政府亟需加强规范和管理的对象，在中央高度重视、百姓诉求聚集、政策压力加码三重力量的共同推动下，俨然成为矛盾高发场域。在现实生活中，许多用于规范建房行为、有益农村发展的宅基地政策在执行过程中，却出现不少农民拒绝配合的情况，甚至变相催生了诸多违建行为。那么，政策执行缘何举步维艰？

案例源于一位在职研究生工作中所经历的真实事件，故事的主人公是 P 县村民刘唔详。在三年的时间里，他先后五次提出对自家宅基地进行拆旧建新的申请，但由于当地政府宅基地政策的变迁，刘唔详家宅基地可建面积越批越少、频繁"缩水"，他在五次依法申请无果后，冲动之下走上了违法自建的道路。同时，越来越多信访案件和违建现象的出现，也引起了 P 县政府多部门领导的重视，并在后期通过实施政策沟通新方案，合理回应村民诉求，解决由于政策变迁所造成的村民个体利益受损问题。本是一次不经意间的工作"趣事"分享，却让我们窥见了破解当前农村宅基地政策执行困境的机缘，激发了试图探寻中国基层治理密钥的兴趣。换言之，小切口实则暗藏大命题。

想要解剖这个故事，需要思考三个问题。其一，从现实层面出发：一个有着科学合理目的的合法合规政策，一个符合客观发展规律的"政策变迁过程"，一个按照中央精神和要求落实政策文件的"地方政府部门"，为什么最终却会导

---

* 吴楚泓，华南理工大学公共管理学院硕士研究生。

致与政策初衷相悖的政策结局，进而诱发风险？其二，从理论层面着眼，既有与政策变迁相关的研究以解释性研究为主，学者们提出了如渐进主义模型、多源流理论和间断—均衡框架在内的理论，试图用学术化语言解读政策变迁的过程，探索政策变迁的影响源，但是很少有学者关注由政策变迁所引起的系列风险。那么，政策变迁风险从何而来，我们又当从何处化解？其三，从理论联系实际的层面审视，P县政府最后出台的新政策，为什么能摆脱政策执行困境，这些现实举措的背后蕴含着怎样的学理逻辑？带着对上述问题的思考，我们深入M市P县，经过扎实的调研和对案例发生过程的细节性还原，形成了《摇摆的政策 缩水的宅基地："依法拆旧"缘何走向"违规建新"？》案例研究报告。

在对案例文本反复修改、研讨和打磨的过程中，笔者也有所感慨：一是憬悟，不论是宅基地还是其他政策变迁时，极有可能均潜藏着政府与民众政策图景差距不断扩大的风险，说明此类"以规范建房行为为初衷的政策，却变相催生出更多违建建筑"的政策执行困境，在中国的基层治理中其实"离奇又普遍"；二是忧虑，近年来，包含长沙自建房坍塌事故在内的由居民违法违规建设、改造、加建等行为所引发的安全事故，已屡屡见诸报端，亟需找出问题症结加以治理；三是希冀，P县如今俨然找到了破解基层治理难题的密钥，使得"刘唔详们"的问题有了出路，但，其他地区的违建热潮又该何时休呢？

最后，需要说明的是，本案例的核心内容曾参加由中国学位与研究生教育学会、中国科协青少年科技中心主办，全国公共管理专业学位研究生教育指导委员会联合主办的第六届中国研究生公共管理案例大赛，并在上千个案例文本中脱颖而出，获得了全国"一等奖"的成绩，案例文本获得"最佳案例奖"，得到了全国专家的高度认可。

摘　要： 农村宅基地建设中的不规范现象虽然已经受到了学界的关注，但是并未形成系统的理论分析体系。本报告着眼于政府管理视角，以政策执行困境为主线，以实现理想化政策效果为目标展开分析。

一方面，从问题出发，追随P县村民刘唔详①的脚步，观察了其五次申请拆旧建新的艰辛历程。在宅基地政策不断变迁的过程中，刘唔详不满自家宅基地可建面积越批越少、频繁"缩水"，多次申请无果后走上了违建之路，最后违规建筑被强制拆除。重点从案例主人公多次申请失败的原因中挖掘政策执行困境的生发机理，摸清各利益相关主体的行为逻辑。另一方面，对措施审视，P

---

① 故事主人公外号名，在客家方言里，"唔详"有"讲不通，听不明白道理"之意。

县政府最后实施的政策沟通新方案合理回应了村民诉求。重点思考 P 县完善宅基地政策的做法中蕴含的学理思维，以期为助力全国农村工作的开展提供具有参考价值的解决方案。

依法拆旧缘何走向违规建新？课题组通过实地走访，围绕"政策缘何频繁发生变迁？"和"执行偏差何以发生？"两个问题，借助"间断—均衡"理论和"模糊—冲突"模型，构建"政策变迁—执行"的三层分析框架，深入探析致使政策效果异化的原因，试图通过总结"P 县经验"，厘清宅基地政策在向下落实过程中政府和民众的行为逻辑，洞悉造成政策执行困境的动因，进而共同探索匹配民众需求，助力乡村建设的破局之道。研究发现：政府与民众间在政策发布、实施过程中不断产生并叠加政策图景冲突，加剧了政策执行困境，削弱了政策效果；只有当政策要求与民众需求相匹配时，才能避免陷入执行困局。报告进而提出通过加强政策沟通，规避政策变迁风险，纠正政策效果偏差的对策建议。

关键词：政策变迁；政策执行；政策图景冲突；政策沟通；宅基地

一、案例正文

1　引言："一块不断"缩水"的宅基地

2017 年 10 月 18 日，习近平总书记在党的十九大报告中指出：农业农村农民问题是关系国计民生的根本性问题，必须始终把解决好"三农"问题作为全党工作的重中之重，实施乡村振兴战略。为了贯彻落实好中央的指示精神，走好中国特色社会主义乡村振兴道路，各级政府不仅着手推进农业供给侧结构性改革，推动农村各项事业全面发展，还积极深化农村各项制度的变革进程。经过几年的努力，不少农村都走上了脱贫致富的道路，农民的生活水平不断提高。

得益于乡村振兴战略的提出，M 市的 P 县也充分利用自身的自然资源和地理优势，从一个贫困的小县城，逐步发展为一个集旅游业、农业和商贸于一身的现代化乡镇，吸引了不少省外知名企业前来注资开发。

一栋栋乡村"小别墅"如雨后春笋般映入眼帘，农村面貌焕然一新，人们的生活需求也越来越丰富，对居住环境的要求也越来越高，越来越多的居民开始尝试在原有宅基地基础上进行翻建或新建，住在 P 县教育路的村民也纷纷在自家宅基地上建起了自己的"小楼"。

然而，在这条充满着现代化气息的小路上，却坐立着一栋还未完工的建筑，在周围许多"小别墅"的衬托下显得尤为突兀。在这座仅有两层基础建设的建筑附近贴着一张城管局的"违建待拆"告示，告示的被执行对象是村中人所熟知的刘唔詳。

之所以说他有"名气"，并非是因为他有一技之长，只是因为他有着那"不招人喜欢"的性格，蛮横且有些霸道，经常因为一些小事和村里人起争执，渐渐地，也没有人喜欢和他亲近了。由于他经常性"蛮不讲理"，村里人给他起了个外号，叫做"刘唔詳"。在客家方言里，指"讲不通，听不明白道理"。

为什么整条街道中，唯独刘唔詳的新房子不但迟迟没能建成，还属于违建建筑呢？违建告示指出：刘唔詳的房子是因为没能依法履行合法审批程序，损害了公共利益，才必须拆除的。

事情真的只有那么简单吗？为什么其他村民都能顺利通过审批的自建房，刘唔詳就是走不通呢？这一切，估计与他那"频繁缩水"的宅基地有关。

其实，刘唔詳从一开始确实走的是合法审批程序。只不过他的申请诉求不但总得不到满足，他的房子历经四次申请，申请下来的可建宅基地面积却越来越少。

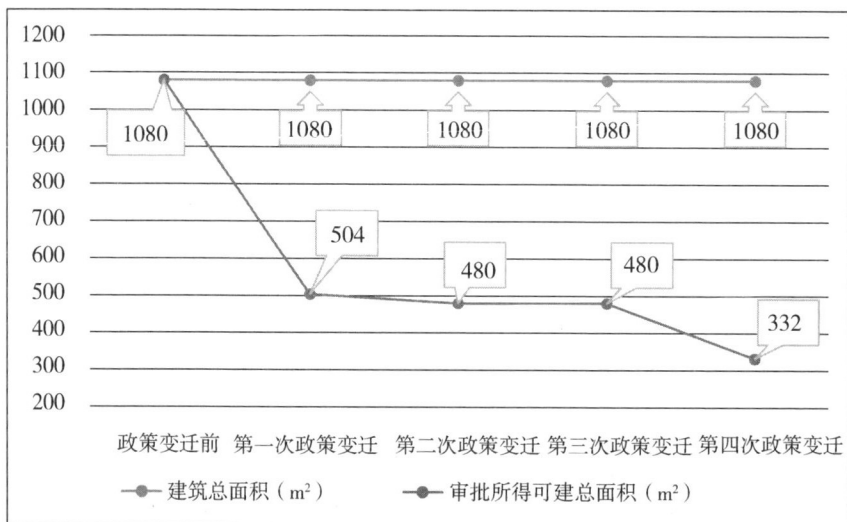

图 3-1　政策变迁下宅基地总面积"缩水"图

长期的申请经历不但磨光了他的耐心，还使得这位虽然不易与人相处，但为人一直老实本分的农民逐渐丧失了对公共部门的信任，甚至认为频频更改的政策文件一直在和自己"作对"。

最后在满心失望和不甘中，走上了违建的道路。随着执法部门的介入，他那"难产"的新房子不可避免地以强制拆除的形式落下帷幕。

为什么一栋好好的自建房会成为违章建筑呢？为什么一块有着固定面积的宅基地会出现不断"缩水"的情况？刘唔詳到底遭遇了什么，才促使他放弃了合法申请的道路？这一切，或许还要从一份份规范建房行为的文件说起。

2 缘自房"起"：一份渴望拆旧建新的心思

2.1 边陲山区资源少，地狭人稠规划糟

作为省内并不富裕的地级市，M市却有着非常优越的生态环境，全市山地、丘陵及台地、阶地面积占80%以上，素有"八山一水一分田"之称。当地居民以客家人为主，民风淳朴。

故事发生的L村就是一个典型的客家小村，位于一个被群山包围的小县城——P县。L村辖25个村民小组，在册户数约800户，人口3000多人，有着典型的"地少人多"特点。由于受耕地保护政策制约和出于对生态环境保护的考虑，县内可用于建设的土地并不充裕，村民们背山临水，充分利用土地面积，沿着河流在地势低平处建起房屋，形成村落。

随着近年来乡村振兴战略的实施，P县开始大力发展旅游业，不少原本外出务工的青壮年劳动力开始尝试回乡就业，使得本就不充裕的土地资源更加紧张。

同时，受到客家人"安土重迁"思维的影响，村民们尤其重视对自己宅基地资源的保护，也将"建成更好的房屋"视为生活富裕的标志。因此，不少具备良好经济条件的村民，除了在别处购买新房屋外，还会选择将自家原有的老建筑拆除，并在原址上建起更现代化的房屋。此举不仅能改善自身的生活条件，还能提升原本房屋的经济价值。

2.2 享受红利建新房，难抑心动欲效仿

P县无疑是充分享受乡村振兴战略红利的县城。

一方面，当地的经济发展使不少村民走上了致富的道路，部分富裕起来的农村居民希望能改善自己的居住环境，提高生活质量。另一方面，政府也将支持农村建房视作扩大农村需求的重要举措。不仅可以拉动内需，还可以统筹城乡发展，进而推进新农村建设。

在这样的背景下，农村拆旧建新热潮迅速兴起，P 县居民纷纷拆除自己斑驳、陈旧的老房子，用自己多年攒起来的积蓄建起了更加舒适美观的新房。

在 2018 年某天，刘唔詳听到隔壁传来一阵阵轰隆隆的声响。出门一瞧，原来他的邻居张姨的房子正在施工，经过一番询问，他得知原来是张姨按照政府的程序指引，依法申请了拆旧建新。

看着邻居在原址上重建的占地 120 平方米的 4 层楼房，刘唔詳意识到这已经不是教育路的第一栋拆旧建新建筑了。环顾四周，周围的好多村民都建起了更现代、美观的楼房，多相比较，自己那栋房子仿佛存在于"上世纪"，让自己一不小心就成了村里的"落后分子"。

走在村里的小路上，看着周围新建的一栋栋漂亮小楼，他不禁心动起来，回到家开始琢磨："我家房子一共有占地 240 平方米，还有 5 层楼，可比隔壁家邻居张姨的房子宽敞多了，如果申请原址重建，我的房子占地面积那么大，又那么高，那么重建起来肯定会比邻居张姨的房子还要气派。我也要去申请建房，显得自己现在比她更有钱。"

3　望政"承"请：一段拆旧建新的艰辛历程

3.1　第一次申请之"旅"——为什么不能让我申请？

3.1.1　一鼓作气申请忙，难料前路多惆怅

在冒出拆旧建新想法后，满怀期待的刘唔詳虽然恨不得马上找施工队商量拆建事宜，但他也深知如今在农村建房并不能像从前那般随意，地方新闻里已经报道了一些因为违规建房，被予以处罚的案例，听说还需要走一些程序。"麻烦是麻烦了点，不过那么多人都建起了自己理想的房子，估计申请也就是走个材料的事情。"刘唔詳心想。

接下来好长一段时间，刘唔詳开始主动询问邻居老屋拆建的申请流程和需要准备的材料。邻居张姨拿出了自己申请时，工作人员所出示的政策文件，让刘唔詳自己回家好好琢磨。

《P 县县城规划建设管理办法》指出：村民划地新建住宅严格实行"一户一宅"，每户建筑用地为 120 平方米之内，建筑许可层数为四层（申请宅基地如沿街建筑，县住房和城乡规划建设局依据县城规划和就近建筑层高视实际情况确定规划许可层数），建筑风格按县确定或认可的具有客家建筑特色和风貌的设计实施建设。

【文件出台背景及内容解释】

由于部分农村地区已经出现了不少村民违规建房的情况，影响了村集体的利益，亟需出台规定加以规范，但是《P县县城控制性详细规划》在2018年仍处于编制阶段。

因此，为进一步规范P县农村村民建房行为，P县人民政府参照市里的有关文件制定了本办法，作为日后开展建房审批工作的依据。

刘唔詳在拿到这份文件后，虽然对里面的内容仍然一知半解，但是想到整条街道的居民都按照自己的意愿盖起了新房，想来也不会有什么问题。

第二天，刘唔詳早早就起床，走上了去县政务服务中心的路。

3.1.2 政策未变生欣喜，怎奈遭遇过渡期

到了行政服务中心后，刘唔詳向工作人员询问拆旧建新的办理窗口，工作人员一脸疑惑，告知他这个业务已经停办好几天了。听到这个消息的刘唔詳内心一道晴天霹雳，深感上午的不安原来是有原因的，赶忙继续询问。

窗口接待人员连忙解释道：因为现在是机构改革的过渡期，一些新的行政机构的业务还没完全转接过来，导致暂时无法办理。刘唔詳急了，他的想法不外乎以下几点：

第一，改革事不关己，政府的机构改革和自己没有关系；

第二，准备浪费时间，政府没有理由不受理自己的申请，害自己白跑一趟；

第三，不能如期建房，窗口不受理申请，意味着自己的新房子不能动工建设。

工作人员只好进一步解释，表明自己的立场和难处：

首先，改革与民众相关，机构改革只是意味着原来一些单位做的事情可能会交给另一个单位去做，目的在更好地服务民众。因此，其与每一位村民都息息相关。

其次，确实无人受理，拆旧建新这项业务，本来是住房和城乡规划建设局的职能，但现在规划职能划归国土资源局，国土资源局又已经和其他一些职能部门合并成一个新的机构，叫自然资源局。在很多工作仍处于交接状态的情况下，就算村民上交了材料，也无法给予审核。

最后，新房仍然可建，拆旧建新的政策并未发生变化，刘伯的房子依然能盖，只不过在建房时间上会稍有延迟。

见刘唔詳半知半解，怒气未消的模样，工作人员只好又递上身旁的说明手册，进一步安慰他，让他无需过于焦虑，这场机构改革大概三个月内就可以结束，届时仍然能够继续办理这项业务。

听完工作人员的解释，知道自己还是能照常申请拆旧建新的刘唔詳稍微平静了一些。心想：自己好像大半辈子也没来过什么好运气，这一次难道也是诈胡？

但看看手中的材料，神情里又慢慢展现了一丝希望，觉得起码自己还有机会，既然邻居张姨可以，自己应该也可以，只是时间问题而已，好事多磨，只要能盖起大房子，等改革完成后自己再来也行。

另外，既然是国家的利国利民的政策，说不定机构改革后，会更方便办理，或者会批更多的面积呢。这样一想，刘唔詳的脚步轻快了一些，怀着沉甸甸的希望回到了家里。

3.2 第二次申请之"路"——政策怎么压缩我面积?

3.2.1 忽闻业务已重返，庆幸久等终能办

在等待的煎熬中度过了几个月后，刘唔詳终于等来了机构改革已经完成，村民们可以带上材料，有序前往自然资源局办理拆旧建新的广播。兴奋不已的他马上拿出了几个月前被自己锁在抽屉里的申报材料，满怀希望地踏上了自己的第二次申请之路。

到了自然资源局后，刘唔詳熟练地拿号排队，发现恢复业务办理后，今天前来申请的村民特别多。大家在等待的间隙有点无聊，便开始拿起各自的申请材料三三两两地交流起来。

排在刘唔詳后面的小伙子扫了一眼他的申请材料后说："伯伯，您可真是好福气，祖上给你家留了这么大块的宅基地，地段还好。以后要是拆了盖新房，指不定多气派呢，房子的价值也不菲，真是让我好生羡慕。"小伙子的话迅速吸引了其他排队村民的注意力，大家都纷纷感慨刘唔詳的好条件。听得刘唔詳不禁飘飘然，仿佛自己的大房子近在眼前。

3.2.2 政策一变面积减，为何新政惹人厌

等到自己办理的时候，刘唔詳满怀期待地递上了自己的申报材料。

工作人员核对后，认为刘唔詳的所有材料是齐全的，也符合拆旧建新的要求，表示可以通过申请。

不过有个情况有待进一步沟通。根据新出台的《P县县城控制性详细规划》的要求，新房子所批下来的宅基地面积会稍微小一些，因为刘唔詳的房子容积

率为2.1，意思是如果原址重建的话，他无法建4层，只能够建两层的房子。

+·+

【文件出台背景及内容解释】

为确保重要项目落地，通盘考虑与统筹整体城市土地价值，出台该政策。重点针对公共服务、市政、交通、生态等多项内容地块的建设使用，进行定性、定量、定位和定界的控制和引导，使得土地出让更为便利。在具体操作上，一个城市控规编制允许的二类居住用地总建筑面积上限一般为3.0。

因为刘唔详家没有可成片开发利用土地，所以容积率一般会往下压，以便将指标也会给更有价值的地块。根据新指标，刘唔详家的容积率为2.1。

+·+

听到这个消息的刘唔详犯懵了。

第一，政策为什么会发生变化？自己上次来的时候还没说有这个事情；

第二，为什么面积会不一致？凭什么文件要求只能建120平方米？

第三，邻居家的面积并未被压缩，邻居家的房子有多大，批下来的面积就是多大，自己的面积怎么会比别人的小；

第四，其他人的层数和自己不一样，教育路所有人都能建4层以上的房子，凭什么到自己这里就只有两层？

对此，工作人员将新文件和原文件同时打印出来，并且在关键地方圈出，马上予以了解释：

首先，确实出台了新的政策，面积缩小是因为新政策要求的容积率发生变化；

其次，建房面积差异问题是由于新旧政策不同引起的，刘唔详的邻居是前年申请的，按照那时候的政策确实可以申请到4层，但现在这份文件已经作废了，所以要根据现行的标准来审批才行；

最后，并非存在差别对待的情况，今天所有过来申请老屋重建的村民，都是需要参照最新的政策文件予以审批的。

走出办事大厅后，刘唔详听到两个和自己一样办理完业务的村民在交谈，从言语中他感觉似乎他们也不太满意这次的政策规定，想再等一段时间，看看政策会不会出现新的变化。

这使得刘唔详原本低落的心情又翻腾起来，决定和这两位村民一样，再等上一段时间，说不定有这么多人不满，政策不久后就会发生变化呢。反正几个月都等了，为了自己的大房子，再等一次又何妨。

3.3 第三次申请之"道"——凭啥别人可以我不行？

3.3.1 政策二变疑有路，速提申请恐耽误

回到家后，刘唔詳百思不得其解：为什么本来好好的一项政策，说变就变呢，更何况还不是越改越好，而是越变越差嘞。正想得出神的时候，身后传来了邻居张姨问话的声音，好奇他今天申请的结果如何，怎么一副不开心的样子。

刘唔詳一脸黯然，淡淡地说："现在是可以申请这项业务了，但是政策改了，不是你给我看的那份了。按照新的政策，我只能申请120平方米，比我原来小了很多。这不公平呀，就不想现在申请了。你说这政策，它怎么说变就变了呢。"

虽然不清楚刘唔詳在申请过程中到底发生了什么，但邻居也好心安慰他，让他想开一点，觉得作为普通百姓，很多时候确实想不明白政策为什么要这样制定，政策出台后也改变不了什么。对于他们而言，能做的只有等待——等一个好政策的到来。

刘唔詳漠然地点了点头，心想为了好政策的到来，为了自己能住上更大的房子，自己还是得再坚持坚持。

教育路又响起了久违的挖掘机作业的声音，刘唔詳出门张望，发现另一位邻居姚伯正在动工建造新房，已经吸引了不少村民围观。这让他沉寂了一段时间的希望重新点燃起来，于是他马上上前询问具体情况。

邻居姚伯看着自己家正在建设的新房，一脸得意，笑道："你还不知道呀，最近有关宅基地面积的文件改啦，我也是听隔壁村好几户人家说了才知道的。然后跑去试试，没成想真的申请到了更大的面积。"

顿了一会儿，又补充道："对了，你之前不是也在申请老屋拆建吗，你这次也去试试呗？说不定这一次政策的改变，能让你申请到更多的面积呢。"

本以为政策不会再变动的刘唔詳一下子心花怒放：没想到政策变迁的日子这么快就来了，不枉自己等了这么久，果然当时选择再等一等的决定是正确的。他马上回家翻出了已经微微卷边的申请材料，第二天一早就踏上了自己的第三次申请之路。

3.3.2 不符要求终放弃，政策何时合心意

到了办事大厅后，回想起自己前两次在这里申请失败的经历，刘唔詳又开始产生了不好的预感。不过想到既然自己的邻居已经成功申请了拆旧建新，那

这次自己肯定也能成功，所以这种担忧很快就被压了下去。在交材料的时候忍不住出声询问，以证实自己内心的想法：

第一，自己的可建面积能增加，因为宅基地出新政策了，所以申请的面积应该会比120平方米大；

第二，面积会扩大的想法是有实证的，因为邻居已经成功建大了自己的房子，所以同理自己也可以。

几分钟后，工作人员把现有的政策文件和申报材料递还给他，并对他的想法逐一进行了解答：

首先，可建面积保持不变，经过重新核查，根据刘唔詳家房子的具体情况，结合现有的政策要求，目前可以申报的面积依然是120平方米；

其次，确实出台了新文件，所谓的新政策是指《P县农村宅基地和村民住房建设管理暂行办法》（办法指出：鼓励住宅联建和建设公寓式住宅，新建建筑层数不超过4层，建筑面积每户不超过500平方米），其对新审批的宅基地面积要求有所不同；

最后，刘唔詳家的宅基地并不在新文件的适用范围内，因为刘唔詳家现有的宅基地并非新审批宅基地，所以不适用此文件。

+—+

【文件出台背景及内容解释】

机构改革后，由农业农村局肩负农村宅基地的管理职能。

为了响应中央、省和市级的文件要求，此文件主要参照市级文件制定。虽然在政策落实的过程中发现不符合地方实际的情况，导致2021年又重新出台《关于P县进一步规范农村宅基地审批管理的通知》，但是新文件对宅基地面积的要求并未发生改变。

+—+

刘唔詳拿着自己的宅基地审批图，原本在他眼底的欣喜和忐忑情绪早已消失，替代的是逐渐蔓延和放大的失落和难过，还夹杂着些许的不甘。

瞬间的失望和高度的忧愁使他的大脑一片空白，工作人员说的安慰言语全都听不进去，满脑子被"他家的宅基地该何去何从"占据。

过了良久，刘唔詳紧抓自己的那份申请材料，忿忿不平地看着新政策文件，咬牙对工作人员说："算了，这次我还是不申请了。"然后头也不回地离开。

既然政策已经变了两次，说不定会变第三次呢？

也许再等等，新政策就会出台呢？

带着这些既是激励，又算安慰的想法，怀揣着一丝希冀、侥幸的心理，刘唔詳就这样结束了自己的第三次申请之路。

3.4 第四次申请之"法"——继承居然也要我申请？

3.4.1 政策三变遇新机，继承申请二选一

2020年，刘唔詳听到了一个新的消息——宅基地政策又发生了新的变化。具体而言，自然资源部联合其他六部门，在对十三届全国人大三次会议第3226号建议的《答复》中明确表示：户口迁出的农村子女，可以依法继承农村的房屋和宅基地使用权，并可通过确权登记，领取《不动产权证》。

这意味着，刘唔詳可以有两种拆旧建新的选择方案供选择：

第一种是通过继承父亲的宅基地获得240平方米的宅基地；

第二种选择则是沿用《P县农村宅基地和村民住房建设管理暂行办法》中的管理规定（村民划地新建住建宅严格实行"一户一宅"，每户建筑用地为120平方米之内，建筑许可层数为四层），即如果继承不了父亲的240平方米宅基地则需要重新申请宅基地，也能获得120平方米的宅基地使用权。

本就怀揣着"建大房子"心思的刘唔詳在两相对比之后，希望能够保留更大的宅基地面积。虽然此举会提高自己的拆旧建新成本，但是能建更大面积的房子多付出一点也是值得的。

几番打听下来，刘唔詳发现原来继承父亲的宅基地也不是那么容易的事情：

第一，想要继承还得申请，如果申请，势必又要和这一新政策的内容与条款"打交道"；

他以为："父亲留下的东西不理应是自己的吗？"

第二，他的兄弟姐妹均有宅基地继承权，经过咨询后他得知，由于自己并非家里的独生子。虽然自己的几位兄弟姐妹早年都已经搬去了县城生活，不会再回到乡下居住，理论上都用不上这块宅基地了，但是他们依然是这片宅基地的合法继承人；

他疑惑："他们都已经用不上这块地了为什么还有权利继承？"

第三，单独继承需要公证，意味着若是他想独自继承这片宅基地，还得征得其他继承人的同意；

他不认同，认为："继承是家事，还需要公开说明吗？"

另外，自从刘唔詳的父亲2020年7月因病身故之后，兄弟姐妹之间的联系越发少了，也不知道自己的几个兄弟姐妹们会不会同意将宅基地独给自己继承。

虽然心里仍充满不解，但为了能让自己住上更大的房子，刘唔詳还是决定

硬着头皮先试一试。

3.4.2 兄妹不合拒相随，扩容希望遭破碎

刘唔详先从父亲去世后，与自己最常走动的大哥家开始。他的大哥大嫂已经退休在家，看见他能来感到很开心。刘唔详向他们表达了自己想继承父亲宅基地的愿望，并把现在可选的两种方案告诉了大哥大嫂。

"现在的农村宅基地面积已经越来越紧张了，我跑的材料是越来越多，可是这能申请下来的面积却是越来越少。我觉得再这么下去不是办法，如果我能拿到这片宅基地的完整继承权，那么就能完整保住老爸留下的这块宅基地。不然的话这两个政策能批下来的面积相差这么大，我们的损失也太大了吧。"听完弟弟的想法，大哥对他的申请表示赞同，毕竟能拥有更大的宅基地面积是一件对大家都好的好事。

取得大哥的同意后，刘唔详又来到小妹家里，将方案和小妹说了一遍，因为小妹年纪小，所以小时候刘唔详对她多有照顾，小妹也从小就和自己比较亲。听完哥哥的想法后，小妹同样表示支持哥哥的方案。这让刘唔详不禁重新燃起了希望，觉得自己或许通过继承父亲的宅基地，还是能够实现住上大房子愿望的。

他最后找到了平时与他关系最为紧张的二哥这里，曾经父亲在世时，两人在父亲的赡养问题上观念不合，为此闹过不少的矛盾。刘唔详想着：虽然二哥不好相与，但大哥和小妹都同意了，何况扩大宅基地面积也是对大家好的事情，二哥也不至于太难为自己。

然而，当他含糊说到建新房需要哥哥们的签名时，二哥便知道了他的来意，冷笑一声道："在城里生活了这么些年，政府的一些政策我还是了解一点的，文件明确规定了户口迁出的农村子女，可以依法继承农村的房屋和宅基地使用权，如果一人继承则需要征得其他兄弟姐妹们的同意。所以，什么扩大宅基地面积都是说辞，你根本上还是想把爸爸留给我们几个的宅基地独吞了吧？"几番争执下来，二哥依然不同意在公证书上签字。

3.5 第五次申请之"殇"——难道政策独与我作对？

3.5.1 心愿难移做让步，独自咽下妥协苦

与二哥没谈拢的刘唔详一气之下回到村里，想到在父亲弥留之际，二哥也因为业务繁忙未能陪父亲走完人生的最后一程，这种对亲情如此淡漠的人，想来也不会对自己的未来生活有什么关怀和同情心。

眼看继承宅基地这条路走不通，刘唔详深感亲情冷漠，亲人和政策一样都

不可靠，既然如此，就不指望能够成功继承父亲的宅基地了。

"那……自己还需要按照新的政策规定，申请拆旧建新吗？"刘唔詳再一次陷入了沉思，回顾了自己曲折的申请过程，经过一番激烈的思想斗争后，他还是决定选择重新申请宅基地审批建设，考虑有二：

一是看到隔壁邻居新建起来的现代化房子，刘唔詳心里属实羡慕，来往邻居都纷纷称赞房子好看，敞亮大气，虽然现在批下来的面积不比他家大，但是现代化程度对比过于明显，就算是为了在邻里之间有面子，这房子也必须得建；

二是家中几个孩子都大了，几乎都成家了，过年回来，老房子住着也不舒服，还不安全，要是伤着自己以后的孙子怎么办。所以，还是得建个安全的新房子。尽管申请宅基地虽然亏了不少面积，但 120 平方米的四层楼房也确实足够一家人居住了。

3.5.2　政策四变一阵风，横生新规心态崩

不再固执的刘唔詳就这样踏上了他的第五次申请之路，2021 年 9 月 18 日一大早，刘唔詳拿着事先准备好的材料就出门去了，轻车熟路地来到办事大厅后，刘唔詳很有经验地拿出材料，对工作人员说出了自己的需求：

第一，不能建和原来一样大的面积也可以，能接受"每层能批 120 平方米、4 层"的建房新要求；

第二，希望能赶紧通过审批，经过前几次申请，材料未变，是没有问题的。另外，几个月后就要过年，建房的师傅也已经找好，急等着开工。

工作人员接过材料，简单翻看了一下，而后拿出了一份政策文件，对照申请材料后面露难色，解释道：

第一，递交审批的材料是合格的，也已经看过很多遍，确实没啥问题，可以给予审批；

第二，宅基地政策又发生了新变化，政府新发了文件，意味着可审批的宅基地面积也会出现新变化；

第三，刘唔詳家的可建面积会进一步缩减，根据新文件第三章的第 19 条，经过材料的对照，他家门口的教育路是规划 12 米路，所以如果要建新房，沿街最少要退让 3 米。因此，新的宅基地只能申请 83 平方米，层数还是 4 层。

+-+

【文件出台背景及内容解释】

该文件是持续推动建设工程领域"放管服"工作，实现城市规划管理的标准化、规范化、精细化所制定的"定标"文件。

在《M市建设用地规划管理技术规定》未出台前，虽然有试行文件，但基于对宅基地特殊性的考虑（即宅基地与国有土地、商业开发等土地属性有区别），所以P县仅对国省道一类的道路执行了文件中提及的退让要求。

然而在该文件出台后，P县咨询了市级和其他县的意见，最终选择参照新方案予以执行。

+-+

刘唔詳听罢，噌地一下站起来了，被政策文本绕晕乎的脑袋里，几条自己的原则红线在疯狂闪烁：

第一，120平方米是自己最后的底线，上次申请批下来是120，本来对这个面积也不满意，但是有邻居去年才申请也建了这个面积，觉得自己确实没赶上好政策，认了；

第二，自己已经做出过退让了，几次申请下来，自己步步退让，现在的83平方米确实是万万接受不了的，不说别的，就是一大家人回来，怕是连住都住不下；

第三，自己的邻居和自己在一条街道上，然而可建面积相差巨大，自家现在的房子面积比邻居家的大了不少，还位于同一街道。凭什么自己只能建83平方米？政策与自己作对的感觉越来越强烈。

工作人员看到他气愤的模样吓得不清，连连解释：

首先，确实是出台了新的文件，工作人员只能按照文件办事；

其次，这个文件并不存在针对某类群体的问题，文件对其他人也是一样，并不只针对某个个体有这样的要求，不存在欺负之说；

最后，邻居和刘伯的宅基地面积差异，主要是因为新旧政策交替过程中内容差异造成的，通过查阅之前的申请记录得知，刘唔詳邻居之前申请拆旧建新时，依据的是《P县县城规划建设管理办法》，在这个办法中并未提及退让道路红线的内容，所以能建120平方米。比较两份审批文件后可以看出，出台新政策后确实需要退让一部分面积。

此时刘唔詳早已听不进去工作人员的话了，脑子里转的全都是他的宅基地面积"无缘无故"又少了近40平方米的事情。

他心想：自己是农村人，没啥文化，也看不懂什么狗屁文件，但这并不意味着自己是好欺负的，文件一天变一个样，工作人员也说的净是些忽悠人的话。要是哪天文件规定的宅基地可建面积变大了，难道还要把原来的房子拆了再建不成？

凭什么别人都可建，到自己这儿却怎么都建不得，天底下哪有这样的道理。刘唔詳是再也不愿意相信这帮政府工作人员的解释了。在他看来，一张张印着政策内容的纸，已经无故让他损失了许多面积。

4　"转"建夭折：一怒之下的自主违建选择

4.1　政策多变信任空，忽闻违建颇心动

从办事大厅回来的刘唔詳越想越难受，自己当了一辈子老实本分的农民，一直是个遵规守矩的人，也想合法合规进行老屋拆建，自己这一趟一趟地往办事大厅跑，让交什么材料就交什么材料，可是感觉这个政策却一直在和自己"作对"似的，变来变去，自家能批下来的宅基地面积居然还出现了不断"缩水"的情况（见表3-1），刘唔詳感觉自己有一股无名火无处发泄。

表3-1　刘唔詳的几次拆旧建新申请情况

申请次序	申请时间	结果	原因
第一次申请	2019 年 3 月	申请不予受理	机构改革
第二次申请	2020 年 4 月	失败	政策一变；面积缩小
第三次申请	2020 年 8 月	失败，无法扩大面积	政策二变；但不符合申请要求，面积缩小
第四次申请	2021 年 2 月	失败，无法扩大面积	政策三变；但兄弟不肯出让宅基地所有权
第五次申请	2021 年 9 月	失败	政策四变；面积再缩小

走在回家的路上，看着左邻右舍的新房，想着邻居姚伯刚建好的灯火通明的新房和他们兄弟间和睦的关系，再瞅瞅自己这个已经岌岌可危的老宅和楼里孤独昏暗的灯光，刘唔詳陷入了"两难"境地中：自己的这个房子还要建吗？

放弃吧，一方面难以接受自己这三年来的努力都付诸东流的结果，另一方面自家的房子再拖下去怕是经不起安全质量的检测了。

坚持呢？意味着要放弃自己原来近一半的宅基地面积，在这个宅基地"寸土寸金"的日子，让他如何舍得。到底还有没有其他的办法呢？

正当刘唔詳处于纠结状态的时候，邻居的说法给了他启发。这天，他们相约一起打麻将，在麻将桌上，听了刘唔詳的建房遭遇后，邻居们都为他家的房子感到惋惜。其中一位邻居说起一件事"刘伯啊，我之前听我老公说，他有个

亲戚，也是你这种情况，农村宅基地批准书一直都办不下来，后来他一生气，把老宅给拆了，然后自己把新房建起来了，觉得反正都是自己的土地，怕什么呀，就算证没法办下来，但土地是你的呀，谁也不能拿你怎么样。"

另一位邻居听到后附和着说："对啊，刘伯，反正你这证就算办下来了你住着不憋屈啊，土地又是你们家的，没有争议的，这房子又这么破旧了，都成危房了，你们住着也不安心呐，不如就拼一把，拆了建起新房来，再不建起来，请那些泥水砖瓦师傅的价格估计都要上涨了。"

邻居们你一言我一语地怂恿着刘唔詳，这让他渐渐心动了起来，想着我建房一不争二不抢，该有的材料我都有了，好好的宅基地，凭什么文件说要缩小就缩小呢？既然合法合规的搞不了，那不如就像他们一样先建起来，后面的事情以后再说。

4.2 擅自建房被发现，强制拆除新楼残

盛夏的傍晚，夕阳的余温还未完全褪去，远处的山在晚霞的映衬下泛出微微红晕，偶有一丝晚风吹过，带来公园里的阵阵花香……

2021 年 9 月的一天，已经安静许久的教育路又传来了挖掘机"轰隆隆"作业的声音，引起了不少村民的围观。随着挖掘机把老房推倒，望着老房的废墟，刘唔詳觉得自己的好日子就要来了，终于能够住上自己的大房子了。

不仅如此，他甚至开始构思新房建好后要怎么装修，要增添一些什么新的家具，开火的第一天要邀请谁来吃饭等等，到时他一定要让村里人看看到底谁家的房子是最大的。

突然，一通紧急电话打破了刘唔詳的幻想，泥水砖瓦师傅跟他说，城管过来了。经过判定，他们认为这属于违建建筑，需要负责人到现场问话。到现场后，城管对刘唔詳说："您就是屋主吧，我们在进行日常巡查的过程中，发现您这里存在未取得建设工程规划许可的情况下，自行建房的违法建设行为，现在责令你马上停止建设，并完善相关建房审批手续。麻烦在这里签个名并立即停止建设。"

听罢，自知理亏的刘唔詳心不甘情不愿地在责令改正违法行为通知书上签了自己的名字，嘴里还小声嘟囔着："要是这个手续能办下来，我至于这样吗？"

不过他心里并没有很在意这个"小插曲"，毕竟有其他人违建成功的案例在先，他一点都不觉得自己这样的行为有什么不妥当的地方。送走城管后，他让泥水砖瓦师傅接着继续建。心想：自己的地凭什么要其他人做主。只要房子建地快，城管也别想拦着自己。

令他没想到的是，在责令改正违法行为的截止日期，城管再一次来到了施工现场，看到刘唔詳非但没有停止建设，反而把房子建起来了，便正式通知刘唔詳，他们将依法进行拆除，并当场收缴了泥水砖瓦师傅的工具。

听到这个决定，刘唔詳一时难以置信，不断上前想要去阻止执法人员，而周围闻讯赶来看热闹的村民们也围着他家的一层建筑议论纷纷。虽然不少村民都表示难以理解这个强制拆除的决定，毕竟刘唔詳原来的房子就这么大，他也没有贪心多建一些，为什么就办不下手续呢？

不过，议论也仅限于议论，随着执法部门的介入，刘唔詳那艰难的申请之路，那"难产"的新房子，最后还是以强制拆除决定的出具而告终。

5 需求相"合"：一项实现政策沟通的尝试

其实，像刘唔詳一样采取违建的方式进行老屋拆建的并不是个例。在宅基地政策发生变迁后，P县越来越多的违建现象呈井喷式涌现，因违建诱发的利益冲突越来越多，导致部门的执法难度也在不断增加。

违法建筑的存在与蔓延，不仅影响了P县城市规划与城市建设的完整性，还破坏了城市的市容市貌。同时，不规范建筑的存在也埋下了一定的社会公共安全隐患。如何预防和治理违建成了令P县自然资源局头痛的问题。

5.1 信访案件数陡增，巡查违建频发生

自2019年机构改革后，原P县住房和城乡规划建设局的规划建设职能由P县自然资源局承接，因机构改革过渡期职能的混乱、业务的停滞以及政策的不断变化，信访部门收到了越来越多有关个人建房不满的信访案件。

在这些案件中，许多人和刘唔詳有着一样的经历。在一次或者多次申请无果后，尝试不经申请建房，却被告知属于违建建筑，对强制拆除决定表示不理解而选择上访。

据统计，2021年镇村及城管大队日常巡查共发现62宗违规建设行为，同比增长12宗，其中38宗都是由老屋拆建问题引起的。除此之外，P县自然资源局在日常工作中也不断发现有违规建设行为的存在。

越来越多反馈建房困境的信访案件和投诉，以及越来越多违建现象的出现，引起了P县政府多部门领导的重视，意识到在村民拆旧建新需求旺盛的情况下，亟需解决由于政策变迁所造成的村民个体利益受损问题。

5.2 政策沟通明需求，出台新规落差纠

"既然这么多违建问题是因为农民拆旧建新的心思引起的，那应该先从农民

为什么不走正规的手续查起。"秉持这一问题解决思路，P 县自然资源局经过对不少农民的访谈和实地考察，发现了政策变化带来的新旧政策利益格局"打架"问题。

为进一步加强和规范个人自建住宅的管理，根据《中华人民共和国城乡规划法》《P 县县城控制性详细规划》等政策法规和技术规范要求，结合 P 县实际，对个人申请在 P 县县城规划区范围自建住宅（含新建、改建、拆建、升建住宅）进行充分考察后，P 县自然资源局决定出台《关于加强 P 县个人自建住宅规划管理的通知》。

不仅在政策出台前期政府与村民进行了充分的沟通，《关于加强 P 县个人自建住宅规划管理的通知》（草案）正式拟写好后，P 县自然资源局也进行了充分的集体讨论，并征求了各相关单位的意见。

此外，P 县还在人民政府网站上公开征求社会公众意见。一系列举措充分考虑了村民的建房需求，做到了政府与民众之间、政府各部门间有效的政策沟通，实现了新旧政策间的平衡过渡，得到了社会公众的广泛好评。

2022 年 2 月，《关于加强 P 县个人自建住宅规划管理的通知》正式提交 P 县司法局进行法制审查。政策经通过后，刘唔详可以依法申请并完整获得原有的宅基地面积，其他大部分由于老屋拆建需求得不到满足而造成的违建问题也有望统一得到解决。

6 结束语：一个政策"摇摆"风险的议题

制定的政策是否正确科学，直接关系到政策的执行效果以及党和人民的利益。人民群众是社会实践的主体，党的正确政策和策略，只能来自群众的实践经验，只能为民所用。每一项政策都需要经过社会的检验，并在实践中不断完善。

然而，在政策不断变迁的过程中，新政策的出现虽然在一定程度上实现了公共利益的最大化，但是否存在因打破了原有的利益格局，从而衍生其他风险的可能？从具体的问题来看，一方面，政策的频繁变迁极易使民众失去信心，诱发不满情绪；另一方面，在政策无法匹配民众需求的情况下，地方政府在执行过程中较易陷入政策执行困境。

对此，P 县政府积极响应总书记号召，做出了政策沟通的新尝试，不仅在原政策实施后跟踪反馈，发现问题及时调整完善，还在出台新政策方案前深入调查研究，摸清底数，广泛听取意见，兼顾各方利益。为帮助基层政府走出政策执行困境，重拾民众信心提供了新思路。

当前，在许多农村地区，依然存在不少农民自建房"乱象"及其他不配合政府工作的现象。这些问题的出现，无疑对政府的政策执行力提出了更高要求。

在未来的工作中，如何抓住此类问题的本质？在保证法律权威性的同时，匹配民众的需求，实现政策真正"为民所用"，均是值得实务工作者和学界诸多学者进一步探索的议题。

二、思考题

1. 案例中为什么刘唔詳觉得"政策一直在和自己作对"？二者发生冲突的具体表现有哪些？

2. 宅基地政策在地方执行过程中，为什么会遭到村民不配合的情况？

3. 一个本以"规范农民建房行为"为初衷的政策，为什么会变相催生更多的违建现象？产生这一反差的根源在哪儿？

4. 如果您遇到了农民对自己宅基地审批面积不满意的情况，您会怎么处理？

5. P县出台新政策前后所实施的举措，为什么能够较好地摆脱政策执行困境，背后蕴含着怎样的学理逻辑？

三、理论分析

1 案例回顾与问题提出

随着国家不断繁荣富强，人民群众的生活水平也不断提高，从而带动了农村家庭经济条件质量的增长。在经济条件好转和追求美好生活需要的双重驱动下，不少家庭开始改善其现有的住房条件，在原有宅基地上建一栋楼房，即"拆旧建新"。作为新时代农村生活中较为普遍的现象，已经有不少学者关注到了由农村建房所引起的系列问题，如有学者发现当前农村地区批少占多、非法买卖、越权审批、征而未用、未批先修和建房时违法占用耕地的现象屡见不鲜。由此可见，脱离规划控制引导的宅基地分布呈典型自利性特征并越发分散，甚至出现争抢公路两侧空间、占压道路控制线、占用基本农田等现象，村庄布局

"一字长蛇阵""天女散花阵"等"奇观"引人担忧（艾希，2015）。虽然学者们围绕上述问题提出了针对性改进建议，但就分析层次而言，大多研究并未上升至学理层面，导致对策建议的提出略显单薄，缺少足够的理论支撑（杨帆等，2017）。

理论分析的高度决定了解决问题的深度，若仅从问题的表面进行浅层次的探索，从民众的"违建"动机着手，确实很难达到较好的理论对话效果。由此，我们选择从"宅基地政策"本身切入，着眼于政府的管理视角，重点围绕"政策执行情况和效果"展开分析。正是在宅基地政策不断变迁的过程中，民众与地方政府的矛盾才得以不断升级，最后走向了违建的僵局（政策执行困境）。显然，政策变迁是造成政策执行困境的关键因素。然而，既有与政策变迁相关的研究以解释性研究为主，学者们提出了如渐进主义模型、多源流理论和间断—均衡框架在内的理论，试图用学术化语言解读政策变迁的过程，探索政策变迁的影响源，但是很少有学者关注由政策变迁所引起的系列风险。那么，一个有趣且有研究意义的问题在于：一个有着科学合理目的的"好政策"，一个符合客观发展规律的"政策变迁过程"，一个按照中央精神和要求落实政策文件的"地方政府部门"，为什么最终却会产生与政策初衷相悖的政策结局，进而诱发风险？

对这一问题的解答，不仅能从理论层面上丰富和充实政策变迁衍生风险的研究体系，引导更多学者关注相关议题，还能够从现实层面上对生活中普遍存在的农村建房困境，甚至地方政府的其他政策执行困境给予更为合理的解释，为地方政府更有效地开展农村工作指引方向。为此，我们一方面从政策变迁理论着手，挖掘出民众图景与政策图景中的冲突点；另一方面，结合地方政府的政策执行理论，厘清民众与地方政府在政策执行过程中的交流和对话路线。在立足于双方接触和对话的历程（明晰时间点），看其政策图景的变化和碰撞（找准矛盾点）的基础上，能够更为精确地分析政策效果叠加式偏差的表现，从而挖掘其中的生成逻辑，以期达到纠正政策效果偏差，避免政策变迁风险的目的。

为了有效分析案例中的民众与政府间的矛盾症结，还需从与宅基地相关的政策视角着手，明晰事件背景，分析人物活动。在客观背景方面，可以看到 P 县的宅基地政策一直处于变化的状态，正是不断变迁的政策文件，使得案例主角所获批的宅基地面积不断"缩水"，这就势必涉及政策变迁相关理论。通过案例不难发现，刘唔詳每次提出"拆旧建新"申请，都恰好卡在政策变迁的时间节点上，因此，我们可以从与政策变迁相关的理论中，进一步明确矛盾的发生背景。在主观活动方面，刘唔詳在申请"拆旧建新"的过程中，一直在与地方政府部门打交道，政策文本的变化也由地方政府主导。因此，地方政府行为相关理论对解答"宅基地政策缘何会如此多变？""地方政府又为何会频繁做出不同的政策诠释？"一类问题，则成为解释案例矛盾产生的关键。综上，我们不仅需要借助间断—均衡理论，准确定位矛盾发生的情境，还有必要结合地方政府执行理论，通过对造成地方政府执行困境的历程梳理，了解激化双方矛盾的根源。

2 理论基础与分析框架

2.1 政策缘何频繁变迁？"间断—均衡"理论及其适用性

2.1.1 "间断—均衡"理论

（1）政策图景

间断—均衡理论是由弗兰克·鲍姆加特纳和布莱恩·琼斯于1990年代提出，该框架以议程设定理论为出发点，试图通过政策图景和政策场所的互动，解释政策变迁的原因。与其他解释政策变迁的理论相比，它不仅有着更为旺盛的生命力，一直处在发展和演进的过程中，还能够更为精确地阐释政策变迁时间节点上发声的变化，有助于我们还原案例发生的情境，探寻案例矛盾的缘起。

"政策图景"这一概念的提出源于间断—均衡理论框架，该理论认为政治制度和政策图景是政策过程的结构基础，前者由决策机构和规则决定，后者代表政策价值和信仰，政策变迁是政治制度与政策图景互动的结果。对于政策图景，其概念的提出者将其定义为"一个政策是如何被理解和讨论的"。作为一个基于认识论的概念，政策图景承认对于同样的一个公共政策可能会存在多个维度政策图景的事实（李文钊，2018）。

（2）政策垄断

间断—均衡理论认为政策过程既有着稳定的特点，也有变迁的特点。在政策稳定时期，不论是统一的价值观念、稳定的制度结构，还是认同的政策效果，均会成为原有政策的支持性要素，形成政策垄断。只有发生组织结构要素的变化，即政策制度或者政策图景发生巨大变化时，才有可能会打破原有的政策垄断局面（李金龙等，2018）。换言之，由于原政策具有一定的稳定性，并非所有组织结构要素的变化均能成功打破政策垄断。政策垄断能否被成功打破还与组织结构要素的变化幅度有关。一方面，当政策图景或者政治制度的变动较小，影响程度不大时，会启动负反馈机制，该机制具有巩固原政策垄断的作用，原有政策也会继续维持。另一方面，当政策图景的变化，或者政治制度的动摇足够强烈，影响程度够大时，才会启动正反馈机制，打破政策垄断的局面，进而为新政策的出台提供可能。

2.1.2　理论适用性考察

政策垄断的建立与维护，总是与支持性的政策图景联系在一起，并且这些支持性的政策图景常常也是正面政策图景。一旦政策图景从正面形象向负面形象转变，负面的政策图景才有可能对现有政策进行攻击，从而推进政策变迁的进程。然而，并非所有主体的政策图景变化都能得到回应，并非任一政策图景的改变都能使得正反馈机制启动。因此，只有某种诉求足够强烈，影响力足够巨大，导致主流的政策图景发生变化时，才有可能打破政策垄断局面，进而将政策拉入政策断点时期。而那些诉求不够强烈，影响力较为微弱的政策图景变化，并不足以使得原政策图景发生动摇，刘唔詳的政策图景就是这其中之一。

为了更为精准地定义打破政策垄断的时间点，在案例分析过程中将这一新旧政策交替的特殊时期，明确定义为"政策断点"时期。案例中所涉及的宅基地政策发生了多轮变化，而主人公刘唔詳总是"精确"地压在新旧政策交替的时期提出申请，每次政策变化的周期多则一年，少则几个月。由此可见，该宅基地政策符合间断-均衡框架的理论特点。

因为即便人们所看到的均是公共政策所含的事实性内容，但是他们还是存在形成不同观点的可能性，所以极有可能会对同一个公共政策给出不同，甚至截然相反的评价。案例中的地方政府与申请农民刘唔詳就是政策图景不同的代表主体。他们在宅基地政策的文件要求上存在不小的分歧，意味着他们的政策图景是不一致的。

2.2　执行偏差何以发生？"模糊—冲突"模型及其适用性

2.2.1　"模糊—冲突"模型

政策执行作为公共管理学界受到学者广泛关注的议题，经过长时间的发展，已经形成了较为成熟的理论体系。奥图尔（1986）曾梳理过100多篇关于政策执行的文献，发现已有文献所涉及的解释变量就达到了300多个，由此可见公共政策执行的行为逻辑体系足够丰富。

在文献所述九种政策执行偏差现象中，宅基地政策在执行过程中属于自定义型政策变通现象，在政策逐级传递的过程中，呈现为"政策制定发包方（中央政府）—政策细化与执行承包方（县乡）"的角色矩阵。此类政策往往表现为中央所发布的政策在内容上具有模糊性，以提供给地方政府自由发挥的空间。这与政策所带有的模糊性特点有极大关系，以 Richard Matland 学者（1995）为代表的学者应用了"模糊—冲突"模型，该模型认为模糊性指的是政策目标实现手段上的模糊。换言之，基于地区发展差异的考虑，中央政府在制定政策时，往往会留有一定的余地，以避免地方政策执行过程中因条件差异带来政策效果偏差，因此，中央政策在目标要求上较为明确的同时，却在政策具体的执行手段没有特别的要求，呈现出上模糊的状态。这种做法既保留了中央政策的权威性，又给予了地方政府足够的灵活操作空间，鼓励他们"因地制宜"制定政策。

2.2.2 理论适用性考察

为什么本来用于规范农民自主建房行为，有利于合理规划和开发农村用地的政策，最后会催生出不少违建现象，造成地方政府政策执行困境？为什么地方政府在执行过程中会与民众发生较大的利益冲突，造成执行偏差？这些还得从地方政府的政策执行行为中寻找答案。

宅基地政策存在特殊性，使得地方政府一方面具有"政策再创新"的权力，另一方面又承接了"政策执行"的任务。作为处在上级政府和地方民众之间的"夹层"，他们在主体交流和对话上，对上需要认真落实中央文件的指示精神，向下需要争取人民群众的支持和配合，以期高效且高质量地完成政策任务。值得注意的是，当中央文件的指示精神，与民众所秉持的价值观念相冲突时，地方政府往往会陷入窘境。有学者在研究中指出：政策的执行部门除了在公共利益与自我利益间寻求平衡外，在政策的执行过程中也面临着政策制定者的决策权威与政策对象个人利益之间的大量冲突。但是，两者之间往往可以在政策许可的范围内相互妥协，从而就政策行为达成共识。例如在干部退休政策的执行过程中，政策执行者更愿意在可接受范围内给予政策对象某些优惠（Manion M.，1991）。

从现象表征上看，案例中刘唔詳与宅基地面积审批部门之间的冲突，实际上属于政策断点时期地方政府诠释行为的执行困境之一。一方面，就民众个体而言，民众图景与官方的政策图景并不一致，在政策不断变迁的过程中，民众个体图景的影响力被不断削弱，这势必为政策的后续执行和实施埋下了一定的隐患。另一方面，就地方政府的行动而言，在中央文件精神与农民个体的利益感知相冲突的情况下，地方政府在执行政策的过程中不可避免会陷入执行困境，使得地方政府与民众间因不断摩擦，而引发社会风险。

3 分析框架：基于"国家—社会"范式的政策变迁—执行分析

由于案例中的冲突焦点为宅基地政策，虽然冲突对象为县级政府的宅基地审批部门和农民群体,但政策涉及的主体包括中央政府、地方政府和农民群体。因此,我们参考选择性制定和选择性执行分析框架(董玄等,2016),并针对案例情境加以改造,嵌入政策图景要素,将原有的"三层分析"框架改造为以"政策图景"为核心,以"政策制定—政策诠释和细化—政策执行"为主线的三阶段、三类行动主体分析框架。需要说明的是,因为案例矛盾重点集中在地方政府主体和农民群体主体之间,所以为了便于读者理解整体性架构,案例虽然使用的是"三层面分析"框架,但这一框架关注的焦点仍然为作为政策诠释和执行者的中层,以及作为政策受众的农民群体。

3.1 中央政府(政策目标提出和制定者)

中央政府的政策一般都具有较为多元的目标,包括"乡村振兴""农业现代化"和"乡村建设"等。为了能够在一份文件里将多目标容纳在内,就具体的呈现方式而言,文件内容难免仅仅指出宏观层面的目标和行动方向,少有具体的执行意见。以 2021 年中央一号文件为例,其主要目标涵盖"实现巩固拓展脱贫攻坚成果同乡村振兴有效衔接""加快推进农业现代化""大力实施乡村建设行动""加强党对'三农'工作的全面领导"四大方面,有关宅基地管理和建设的内容以分散的形式嵌入至各板块内容中。具体而言,涉及宅基地的内容的文本呈现有四大要点:一是加强宅基地管理,稳慎推进农村宅基地制度改革试点,探索宅基地所有权、资格权、使用权分置有效实现形式;二是规范开展房地一体宅基地日常登记颁证工作;三是规范开展城乡建设用地增减挂钩,完善审批实施程序、节余指标调剂及收益分配机制;四是保障进城落户农民土地承包权、宅基地使用权、集体收益分配权,研究制定依法自愿有偿转让的具体办法。

从表达方式上看,中央一号文件更像是提出了政策要求而非政策实施内容;从文件精神上看,政策文本中的内容均与"加强宅基地管理,规范宅基地产权"相关。同时,"稳慎推进""制度改革试点"和"探索"等词汇,也体现了中央希望地方可以结合自身需要,推出合适的宅基地管理方案,这为地方政府的政策执行留下了较大的灵活操作空间。另外,从《中央农村工作领导小组办公室、农业农村部关于进一步加强农村宅基地管理的通知》中可以看出:既要"依法保护农民合法权益",又要"做好宅基地基础管理工作(包括宅基地申请、审批、流转、退出、违法用地查处等)"。多元目标本身就蕴藏着诱发矛盾的风险,这意味着在政策细化和推进的环节中,都要面对调和多元目标矛盾的困难。

3.2 地方政府（政策诠释和执行者）

在向下逐级推行宅基地政策的地方政府主体中，各层级政府的政策推行角色不大相同。具体而言，省级政府、市级政府和县级政府均发挥着细化和诠释政策的作用。相较于上级政府部门，最终执行政策的主体仍然是县级政府。因此，作为直接接触下层农民群体的基层政府部门，他们既要承受一定的政治压力，回应各层级上级政府的各类政治要求，又要将政策执行的难度考虑在内。换言之，如果农民群众并不能给予足够的配合度，或者拒不执行该政策，那么会在一定程度上降低政府部门的权威和行政绩效。

在具体需要细化的内容上，地方政府一是需要对申请人的身份进行界定，包括"村民满足哪些条件可申请宅基地？""哪些情况申请宅基地不予批准？"等；二是需要规定宅基地的申请流程，重点围绕"宅基地如何申请、报批、登记发证？"等程序做出细致的说明；三是需要对宅基地管理细则做出说明和法律解释，即政策诠释，就农民群众关注的焦点而言，"建新房宅基地面积的审批标准是什么"和"农村宅基地是否能继承"的问题关注度最高。这一部分的政策诠释内容也是诱发地方政府与民众群体间冲突的"重灾区"。

3.3 农民群体（政策对象和受益方）

农民群体作为政策的受众，是政策的直接作用对象。但是在政策执行的过程中，他们有时可能会站在地方政府的"对立面"上。

一方面，从政策性质上看，有别于服务型导向的政策，管制型导向的政策并非以"提升公众满意度"为目标，更多以上级的意志为主，因此在政策制定和出台过程中较少在前期征求政策受众的意见。由此可见，作为"被管理对象"的他们，同时又是政策的受益方，所以当政策实施后，会对自身利益遭受损害时，他们很有可能采取较为极端的方式表达自己的不满情绪，并寻求其他意见输送的渠道。另一方面，相较于城市，目前我国农村农民的综合素质相对偏低，尤其在偏远的欠发达地区，这种现象更为严重。这些无疑为政府开展工作造成了不小的难度。

3.4 农民群体与地方政府的政策图景博弈

综合上述分析，我们发现在政府秉持以"加强宅基地管理"而农民群众以"维护（自身利益）土地面积"的政策图景主导下，的确容易诱发双方矛盾和冲突的产生，从而造成政策执行困境。

一方面，如果经过地方政府诠释后的政策能够较好地满足农民的需求，那么政策的推进是较为容易的，使得政策能够顺利执行，进而达到良好的政策效果。另一方面，在经过地方政府诠释后的政策无法满足农民的需求，那么无疑会使得政策的执行走向"困难"模式，在农民群众强烈的负面图景主导下，政策会陷入执行困境，最终，无法取得令人满意的政策效果。此外，若是在政策变迁的过程中，民众需求迟迟未能得到满足和有效匹配，那么会不断加剧政策执行困境，原政策效果也会被不断放大。值得注意的是，两者之间其实还有第三条路径，即在民众需求和政府的指导思想已然不一致的背景下，若是能通过某些举措扭转"困难"局面，那么通过一定的努力，政策依然能够顺利推行。

4 案例分析：政策实施现实表现与效果偏差生成逻辑

4.1 现实表现：政策变迁与执行中的错位与弥合

4.1.1 政策制定：政策变迁与个体利益追求目的相悖

宅基地政策作为我国与民生情况联系最紧密的政策文本之一，从新中国成立至今，经历过几次较为大型的政策变迁。有学者根据不同时期政策文本中政策话语的整体风格特点和宅基地产权特征，新中国成立以来我国农村宅基地政策可以大致划分为五个范式阶段（李梦娜，2022）。

通过对比不同范式阶段的政策文本，可以明显看出农村宅基地政策的话语体系发生了巨大变化。具体而言，根据不同时期政策文本中政策话语的整体风格特点和宅基地产权特征，即主导分配阶段（1949—1962 年）、两权分立阶段（1962—1981 年）、强化管理阶段（1982—1996 年）、严格管控阶段（1997—2014 年）、改革探索阶段（2015 年—至今）。从各阶段政策目标上看，我国宅基地政策经历了从"实现农村宅基地平均分配—增加农民居住面积—逐步完善宅基地管理制度"的转变。因此，为了解决近几年宅基地产权结构不清和管理分配不善等突出问题，国家在不断加强对农村宅基地的管理和控制。

在我国的政治制度并未发生较大变动的前提下，宅基地政策变迁与政策图景的变化息息相关。上述事实证明，政策图景的变化并非随着民众的个体意志而转移，出现时而和民众图景契合，时而背离的情况。从间断—均衡理论的内容也可以看出，政策图景并非在任何时候都会与民众图景一致。对于农民群体而言，他们的诉求在政策出台的初期得到了政策的回应，使得民众图景能够与政策图景契合。但是，随着政策目标的转移，政策图景开始逐渐与民众图景相背离。案例主人公刘唔詳提出宅基地审批申请时，正处于政策图景和民众图景相悖的时期，且不断变迁的政策正在逐渐扩大两者之间的距离，有着加大双方政策图景差距的趋势，导致刘唔詳逐渐对该政策失去信心。由此可见，在政策制定前，政策内容和目标本身就决定了政策的难度，为日后的政策执行埋下了冲突的隐患，成为政策执行困境的风险生成因子。

4.1.2 政策诠释：地方政策诠释过程中标准不一现象

根据案例时间线可知，刘唔詳曾经试想过放弃自己对宅基地面积"缩水"的执念，按照规定申请，却发现政策内容中出现了退让道路红线这一新内容，这是在以往的县级政策文本中从未出现过的。然而，通过阅读上级政策文本，发现退让道路红线这一要求在市级层面的文件中一直存在。那么，为什么在市级层面文件中提及的要求，却在刘唔詳之前的申请中并未提出。另外，为什么这一政策要求，在刘唔詳第三次申请"拆旧建新"时被提出了呢？

结合后期对政府部门工作人员的访谈，我们发现作为宅基地政策中规范和管理宅基地的重要政策内容，政策中所提及的道路退让红线却在宅基地政策的政策地方执行过程中，存在地方执行标准不一致的情况。具体而言，在道路退让红线首次于政策文本中出现时，P县政府认为虽然这个要求不论是中央层面、省级层面，还是市级层面一直均有相关规范，但是之前政府工作人员考虑到宅基地这一土地本身有其特殊性，即它和文件中所提出的退让道路红线适用范围（国有土地，商业开发有所区别），因此并没有执行这一关于退让道路红线的标准。但当道路退让红线的土地适用范围更为明晰且扩大化的时候，P县政府对此征求了市级政府意见并询问了其他县级部门，得到的回复是"均有执行这一政策要求"，所以P县政府在新一轮的宅基地审批中也参照新的标准予以执行。

由此，我们发现在地方政策诠释的过程中，政策要求给予了地方一定的灵活执行空间，导致了因地方理解不一而模糊执行风险的存在。一方面，时间点变动的不可预知性，无疑加剧了政策变迁的动荡性，使得在P县道路退让红线标准正式执行前，就提出宅基地审批申请的农民，相较于在道路退让红线执行后农民，可以获得更大范围的宅基地审批面积。另一方面，在P县政府还未正式执行道路退让红线前，对于其他已经执行了该政策要求的县级管辖区域，农民们经过审批后获得的宅基地面积也会存在地理区域不一致的现象。两种情况均会增加农民群体的不公平感，甚至产生"政府部门可能内部有秘密交易，徇私舞弊"等猜想，使得他们逐渐对政府部门失去信心，最终导致政策执行和推广的难度进一步加剧。

4.1.3 政策执行：政策沟通匹配政府初衷与民众需求

通过对政策制定端和政策诠释端双方行动路径的分析，可以发现民众对政策的抵触情绪和对政府的敌对行为确实是消极态度叠加的结果。

一方面,在政策图景与民众图景相背离的情况下,民众容易产生对政策的失望情绪,进而抵触政策的出台。同时,因为政策处于不断变迁的阶段,所以政策变迁时间点前、后对个体利益的影响有着较大差距,容易在短时间内带来反差较大的政策效果。另一方面,在地方政策诠释标准不一致的情况下,处于不同地区的农民群体,或者处于同一地区于不同时间点提出申请的农民群体,能够获得的宅基地审批面积也存在较大的差异,从而影响他们的公平感知,最终对政府失去信心。那么,这样一个本质上与民众需求势必发生冲突,诠释过程中又容易产生民众不公平感知的政策,是否最终必然会走向政策执行困境?政策执行中政府初衷与民众需求是否始终无法匹配?最终难以获得理想的政策效果?

其实不然,通过对案例的持续追踪,从案例的结果可以看出,随着像刘唔詳这样"选择违建"的个体越来越多,P县政府也意识到解决这一问题的紧迫性,开始着手制定新的政策,专门解决由此类问题所引起的矛盾和纠纷。这一过程恰好对应了间断—均衡框架中所提及的政策变迁流程。具体而言,在发现原有政策非但没有取得较好的政策效果,反而还引起了新问题时,原有的政策支持要素发生了动摇,从而带来了原政策图景的改变,负反馈机制开始启动并运作,最终打破了政策垄断局面,使得新政策得以有出台的机会。因为这是地方政府以发布新政策的方式,解决原政策执行困境,更好地与农民群体加强沟通的举措,所以我们将这一过程称作政策沟通。从预期实施效果上看,它能够较好地解决政府初衷与农民需求无法匹配的问题。

4.2 生成逻辑:政策图景与民众图景的差异

通过对案例冲突点和矛盾的分析,我们发现:在政策制定时,一个即使是理想化的政策初衷,也可能在本质上与民众需求势必发生冲突;在政策诠释过程中,一个照章办事的政府部门,也可能在诠释过程中诱发民众不公平感知。这在一定程度上可以与"在我们的现实生活中,一个在理论层面上可以释放红利的政策,在现实生活中可能并不能取得良好的政策效果"一类事实相印证。

就案例中涉及的宅基地政策执行困境而言,理论与现实之间差距的产生,主要源于政策图景与民众图景之间的差异。为了更好地挖掘政策图景和民众图景之间差距产生的原因,我们可以在辨析两者形成要素和表现的基础上,梳理双方的行为生成逻辑,并归纳各逻辑的作用特点,以期达到深层次解剖二者政策图景差异的目的。

4.2.1 政策图景与民众图景：形成要素与表现对比

由于政策图景是基于认识论形成的概念，主要反应的是主体的价值观等，所以为了细致地梳理和解剖不同政策图景间的差异，结合案例中地方政府和农民群体的言语和活动表现，我们选择了思维逻辑和行动逻辑对其加以探析。一方面，通过文件文本呈现和双方争执话语，厘清思维逻辑要素；另一方面，透过双方的活动表现和行动方式，梳理行动逻辑要素。具体表格呈现如下：

表 3-2　政策图景与民众图景的逻辑要素

逻辑	要素	政策图景	民众图景
思维逻辑	主体目标	多维度目标	单维度目标
	态度宗旨	高质量管理土地	维护自身利益
	指导思想	管理并规划宅基地的合法义务	支配宅基地的合理权力
行动逻辑	政策角色	制定方和实施方（规定权威>执行难度）	申请方和受益方（合法申请<利益至上）
	动力机制	对上落实，向下执行	向上争取利益

虽然目前还没有研究深入解析政策图景的形成要素，但我们可以通过中央、省级及其他地方所发布的宅基地政策相关文本中，分析与揣摩政策图景的逻辑要素。此外，还可以透过刘唔詳及其他面临同样矛盾和问题的村民言行，提炼宅基地政策对象涉及群体的思维和行动逻辑，进而梳理其逻辑要素。

在思维逻辑方面，可以分为主体目标、态度宗旨和指导思想三个维度，结合案例内容加以理解：

一是在主体目标上，宅基地政策涉及的目标具有多元化属性，需要解决多层次的复杂问题，并兼顾多方利益。换言之，政策图景可能具有包容所有政策利益相关者目标的作用，在一定程度上是结合多方目标，经过多番权衡和政策图景博弈后的结果。因此，政策图景为了平衡多方利益，需要在设定的过程中包含多维目标。民众图景则不然，对于农民群体而言，他们只会考虑自己的利益，因此尽可能地扩大自己的宅基地面积就是他们唯一的目标，呈现出主体目标单一化的特点。二是在态度宗旨上，一般在政策执行的过程中，若是双方均持有积极良好的沟通态度，那么可以较大程度地减少政策执行困境出现的可能性。然而，在本案例中，地方政府所秉持的态度宗旨是更高质量地管理土地，农民群体所秉持的宗旨态度则是维护自身利益。这意味着，一旦地方政府与农民群体所秉持的宗旨发生碰撞，极有可能激起利益受损农民群体的激烈反抗，被认为侵犯了他们的"底线"。三是在指导思想上,地方政府严格贯彻落实党中央和国家对于合理规划农村土地,管理农村宅基地的要求,他们有着合法的土地管理权和行政执法权,必须按照政策文本的要求逐一落实。但是在国内的许多农村,尤其是偏远地区的农村,受到传统土地观念的影响,农民们一直有着"自己是宅基地所有者"的思想,认为自己有着合理使用和支配宅基地的"权力"。因此,他们在短时间内确实无法理解"为什么在自家土地建房还需要经过他人审批""为什么自己不能理所应当地继承父辈的宅基地"等一系列涉及法律和政策文本规定的问题。

在行动逻辑方面,可以分为政策角色和动力机制两个维度加以理解:

一是在政策角色上,不论是地方政府,还是农民群体,都扮演着双重角色。对于地方政府而言,他们既是政策的制定方,又是政策的实施方。结合政府执行理论可知,作为政策制定方,他们要贯彻落实中央文件精神;作为政策的实施方,他们需要考虑政策实施和执行的难度。当两种身份产生角色冲突,无法同时满足时,他们更倾向于维护政策文本的合法性,牺牲作为政策实施方的部分利益。对于农民群体而言,他们既是宅基地政策审批的申请者,又是该政策的受益者。作为政策审批的申请者,他们需要按照流程申请并服从政府的审批决定;作为政策受益者,他们也同时拥有尽可能为自己争取更多宅基地面积,维护自身利益的需求。但是,与地方政府相反,当两种身份产生角色冲突时,他们会毫不犹豫地捍卫自身利益,而非无条件服从政策决定。二是在动力机制上,不同的动力机制会促使行动者做出差异化的行为。地方政府在政策从上至下的传递过程中,不仅需要对上负责,还需要向下执行,相当于需要在"夹层"中完成政策执行。相较之下,农民群体的动力机制则较为单一,即积极向上争取利益,扩大可建的宅基地面积。动力机制的不同使得双方在具有政策执行和沟通过程中,难免会出现言语和行为上的摩擦,从而引致政策执行困境。

4.2.2 政策图景与民众图景:生成逻辑与作用阶段

政策图景与民众图景之间各形成要素的差异,会在"政策制定—政策诠释—政策执行"不同阶段中的特定时期发挥作用,进而逐步拉大政策图景与民众图景间的差距。首先,思维逻辑主要表现在政策要求下达和制定时期,在此期间,虽然民众表达维护利益的诉求依然明确,但是在管理型政策制定的过程中,它的影响力还较为微弱,因此,才会在一次又一次的政策变迁中处于劣势地位。此外,在法治社会,为了维护社会的公平正义,传统的土地观念并不会得到政策文件的支持。其次,行动逻辑主要作用于政策诠释和执行时期,地方政府所处的"夹层"角色,决定了他们无法在政策执行过程中单方面照顾某一利益群体的需求，只能尽可能地平衡和兼顾各子目标，即使需要为此牺牲部分群体的利益。最后，在思维逻辑和行动逻辑这双重逻辑的引导下，政策内容不仅与民众需求无法匹配，二者之间的差距还随着一轮又一轮的政策变迁而不断叠加，最终造成政策执行困境，削弱了政策效果。

5　对策建议：变迁风险规避与效果偏差纠正

总的来说，案例在本质上讲述了一个由于存在思维逻辑和行动逻辑的差异，政策图景与民众图景在一次次宅基地政策变迁的过程中，差距不断拉大，矛盾不断加深，最终导致政策执行困境，极大削弱政策效果的故事。那么，这一本质上与民众需求势必发生冲突，诠释过程中又容易产生民众不公平感知的政策，该如何获得好的政策效果呢？其实，从分析框架中可以看出，在政策内容与民众需求无法匹配的情况下，其实也能够走出政策执行困境，突破点在于有无办法能够破解困难模式。

根据案例后记可知，P 县政府部门已经对此做出了有效的尝试——出台新的政策诠释方案。它从根本上属于政策沟通的一种方式，能够调和政策图景与民众图景之间的差距，最终化解政策执行困境。具体而言，一方面，需要强化中央政府与民众群体间的政策沟通，通过调和中央政策图景和民众图景，在规避政策变迁风险的同时，释放政策红利；另一方面，加强地方政府与农民群体的政策图景互动，能够降低政策推进难度，进而纠正政策效果偏差。

5.1　"中央—民众"互动：规避政策变迁风险

通过收集民众意见，释放良性互动政策信号，能够帮助政府赢得农民群体信任，从而获取更多政策支持。同时，强化对农村地区"德治、法治、智治"工程，提升群体素质，有助于在政策制定前后实现双方政策图景的互动。

5.1.1　收集意见反馈，获取政策支持

相较于服务型政策，管理型政策在制定的过程中确实少了许多征求民众意见的机会，因为社会中的每个个体都有着追求自由的渴望，所以在有选择空间的情况下，他们并不愿意受到管制和约束。因此，对于带有较为明显强制性意味的政策，若是在具体实施和执行的过程中依然采取强压的方式，反而容易使地方政府陷入执行困境中，不如换一种较为"柔和"的渠道予以推进。具体而言，在宅基地政策的推广过程中，需要开辟一种新的途径。一方面，面对农民群体，开放并提供意见反馈渠道，让他们的诉求和不满情绪有宣泄的出口。另一方面，面对地方政府，在定期了解政策推进和执行情况的同时，收集和了解

民众诉求,以便为受政策变迁影响而有所损失的农民群体积极提供补偿方案,提高民众对政策的接受度。此外,中央也可以在政策发布前后加强政策信号的释放,大力宣传政策目的和预期效果,并鼓励地方强化农村地区的政策宣传工作。此举不仅能够在一定程度上为农民群体构筑前期的心理预设,还有助于得到更多的政策支持,从而减少政策的地方推广难度。

5.1.2 强化法治约束,缓解执行困境

与现有的各类政策推广情况相比较,我们会发现案例中所提及的宅基地政策并非唯一容易造成政策执行困境的政策对象。在我国许多农村地区,尤其是偏远的农村地区,村民的整体素质不高,利己观念较为严重,加大了政府开展工作的难度。然而,公共政策作为一个受众广泛、影响深远的国家治理工具,以实现公共利益为主要目的,从理论层面上看,公共利益的达成势必需要部分个体让渡出自己的部分权利,通过牺牲部分个体利益的方式,才能创造出更大的公共价值。由此,除了加强政策宣传,激发农民群体自觉参与国家治理进程的意识外,还有必要依靠一定的强制力,深化农民群体的法治意识。例如有序推进农村地区的"德治—法治—智治"三治工程,借助道德感召、法规学习、技术嵌入等手段,唤醒农民群体作为国家公民的法律意识,提升道德素养,自觉摒弃传统陈旧的土地观念,采取合法的渠道表达自己的诉求。从根本上规避由于政策变迁引发群体性事件的风险,降低政策执行困境产生的可能。

5.2 "地方—民众"互动:纠正政策效果偏差

通过对话底层民众,强化地方政府与农民群体之间的政策沟通,不仅有助于搭建双方的信任桥梁,减少政策执行摩擦,根据政策实施效果反馈情况,还能够及时对地方的政策诠释内容做出调整,从而减轻地方政府的政策执行压力。同时,实现不同地区、同一地区不同时间段政策诠释标准的统一,做好政策变迁时间点上的过渡,能够降低农民群体的不公平感知,有助于在政策诠释前后实现双方政策图景的互动。

5.2.1 对话农民群体,完善政策方案

地方政府在政策诠释过程中,拥有根据政策实施情况和现有政策效果,做出新政策诠释的权力。这也是案例中P县政府最终采取的解决方案,在收到许多像刘晤详一样实施"违建"行为的意见反馈后,P县政府意识到了政策执行效果不佳这一问题的严重性,从而启动新一轮的政策议程,着手对接此部分民众的需求。由此可见,在不违背上级指示精神的前提下,地方政府可以基于政策效果反馈和政策执行难度,有选择地对政策诠释空间做出变通,以此满足农

民群体对维护自身利益的部分合法诉求。就具体的操作而言，地方政府在政策变迁过程中，需要做好政策过渡，关注政策变迁前后农民群体利益的变化，适时出台政策解释和相应的补偿方案，既能够维持原政策的权威性，又能够合法维护农民个体的利益，平衡他们的公平感知并增强他们的政策认同感。当政策图景与民众图景能够有效契合时，意味着政策内容能够满足民众的需求，政策自然也能够得到顺利地推行，进而取得理想化的政策效果。

5.2.2　加强府际沟通，衔接执行标准

在宅基地政策不断变迁的过程中，不仅是地方政府与民众间需要强化政策沟通，不同地区地方政府间，其实也需要加强政策沟通，尽量统一对农民群体的政策执行标准。案例中的 P 县政府在宅基地政策变迁初期，并未将退让道路红线一并纳入政策诠释范围内，所以，在后期征询市级和其他县政府部门的意见，将其纳入新的政策诠释内容中时，难免遇到较大的政策执行阻力，退让道路红线规划新内容的出现使得农民群体难以接受，无疑会起到加剧原有政策执行困境的作用。鉴于不同地区有着差异化的政策执行环境，在衔接政策执行标准时，并不要求地方政府做完全统一的政策诠释工作。但是，涉及政策对象根本利益诉求的内容还需多加沟通和商榷，或统一标准，或提出表面个性化而本质相似的诠释方案，以免产生因时间前后不一、地理空间不同所造成的差异化利益分配格局，诱发农民群体的不公平感知，重塑政府信任，从而达到增加其对政府工作配合度的目的。

参考文献

［1］艾希．农村宅基地闲置原因及对策研究［J］．中国人口·资源与环境，2015，177（S1）：74—77.

［2］杨帆，邹伟．农村宅基地建房规划管理：现实困境与制度重构［J］．南京社会科学，2017（05）：53—57.

［3］Baumgartner F. R., Jones B. D., Agendas and instability in American politics［M］. University of Chicago Press，2010：25.

［4］李文钊．间断—均衡理论：探究政策过程中的稳定与变迁逻辑［J］．上海行政学院学报，2018，19（02）：54—65.

［5］李金龙，王英伟．"间断平衡框架"对中国政策过程的解释力研究——以1949年以来户籍政策变迁为例［J］．社会科学研究，2018（01）：64—72.

［6］O'Toole L. J., Policy recommendations for Multi－actor implementation：An Assessment of the field ［J］. Journal of public policy, 1986, 6 (2)：181—210.

［7］Matland R. E., Synthesizing the Implementation literature：The Ambiguity－conflict Model of Policy Implementation ［J］. Journal of public administration research and theory, 1995, 5 (2)：145—174.

［8］陈丽君, 傅衍. 我国公共政策执行逻辑研究述评 ［J］. 北京行政学院学报, 2016 (05)：37—46.

［9］Manion M., Policy Implementation in the People's Republic of China：Authoritative Decisions Versus Individual Interests ［J］. The Journal of Asian Studies, 1991, 50 (2)：253—279.

［11］董玄, 周立, 刘婧玥. 金融支农政策的选择性制定与选择性执行——兼论上有政策、下有对策 ［J］. 农业经济问题, 2016, 37 (10)：18—30+110.

［12］李梦娜. 农村宅基地政策范式演变和发展趋势——基于1949年以来的政策文本分析 ［J］. 四川行政学院学报, 2022, 134 (02)：94—104.

案例四

被遗忘的角落：飞地
治理缘何走向无人问津？

文　宏　谢旭禾*

【编者语】

　　属地管理是我国政府治理的重要原则，科学规范属地管理是构建权责分明的现代治理体系的基本要求。但在基层治理实践中，尤其是在飞地治理过程中，如何理解"属地"概念中的"地"，是依据地理位置、还是依据行政区划，不仅成为社会争议的热点，也成为引发基层治理堵点、痛点、盲点的重要根源。因而，我们想聚焦飞地区域公共服务供给不足的问题，厘清飞地治理困境的本质，就如何破除基层管理和公共服务职责划分零碎化、无序化、交叉化的治理梗阻现象，基于现实视角提出应对之策。

　　为此，我们立足实践、深入调研，最终选取了广州市 H 区吉泰社区这样一块既"有故事"的"飞来之地"，又"有事故"的"是非之地"作为调研对象，对其历时十年之久的公共服务供给难题展开细致分析。具体看来，作为一个典型的、呈现聚居形态的飞地社区，自 2011 年建立以来，吉泰社区居民常年面临着交通闭塞、临水临电、看病困难、教育资源匮乏、两头跑等尴尬境地，日常生活受到极大困扰。十余年来，社区居民不断地向区、市、省乃至国家信访部门进行层层投诉和上访，一场公众与政府间的"公共服务拉锯战"就此拉开。但时至今日，种种问题仍未得到完全解决。这不禁引发了我们的思考，在持续加强基层治理体系和治理能力现代化建设的时代背景下，为何会出现这样的公共服务供给困境，又该如何实现对飞地的有效治理？

　　为了解答上述疑问，我们深入吉泰社区开展"跟踪式"回访调研，并多次前往飞入地政府部门与飞出地政府部门进行访谈，最终形成了一个兼顾典型性、

---

*　谢旭禾，华南理工大学公共管理学院硕士研究生。

*　谢旭禾，华南理工大学公共管理学院硕士研究生。

真实性和时效性的案例研究报告《被遗忘的角落: 飞地治理缘何走向无人问津?》。报告中全面详实地阐述了吉泰社区十年来的艰辛与苦楚,也为我们清晰地呈现了横向政府间最真实的碰撞与融合。我们希望,通过探讨这个案例,能切实在飞地公共服务供给这一复杂、动态、具体的情境下,回答好基层治理如何治理、何以有效、怎么维系等诸多现实问题。

最后,我们还想说,纵然个案研究具有某种特殊性,但"麻雀虽小,五脏俱全",从中以小见大,也能洞悉一类问题的社会本质。吉泰社区作为中国千百个飞地社区之一,其面临的公共服务供给问题是众多飞地治理困境的一个缩影。在基层治理与区域协同的重要性日渐凸显的时代背景下,破解此类社区的公共服务供给困境,刻不容缓。本案例提供的"情境—制度—组织"框架,可以为提升飞地社区治理水平提供一个有价值的思考与工具。当然,有关飞地社区公共服务供给的研究,还能从价值、文化、行为等多个角度进行更深层次的探讨,这也应是社会治理与公共服务研究的题中之义与时代命题。

摘　要: 本案例取材自广州市 H 区吉泰社区,经过长时间、跟踪式调研,对两地政府工作人员、飞地社区居民、相关居委会工作人员等进行了大量访谈,获取了丰富、真实的调研材料。总体而言,本案例按照起承转合的结构,力图通过有冲突和有张力的情节,对飞地治理困境展开叙事。具体来看,作为一个典型的飞地社区,吉泰社区身处佛山市 N 区地界,却受广州市 H 区管辖。自 2011 年建立以来,社区居民持续面临着交通闭塞、临水临电、看病困难等挑战,日常生活极不方便。为了改变这一现状,小区居民不断地向区、市、省乃至国家进行层层投诉和上访,一场民众与政府间长达十年的"公共服务拉锯战"就此拉开。结合案例,围绕"飞地治理缘何陷入困境?""公共服务缘何供给缺位?""跨域协同缘何执行艰难"三个问题,本报告借助府际关系理论、组织权变理论、模糊冲突理论,建构"情境—制度—组织"的分析框架。试图通过对个案的分析总结,厘清飞地治理过程中不同行动主体的行为逻辑,洞悉造成飞地公共服务供给困境的内在原因。在此基础上,进一步探索飞地社区的治理之道,为提高基层政府的治理水平、创新治理模式、更新治理机制提供参考。

关键词: 飞地治理;公共服务供给;府际关系;情境;基层治理

一、案例正文

0 引言

近年来，"属地管理"作为国家治理中的一项重要制度安排，已被广泛运用于服务供给、安全生产、信访维稳等各个领域。2020年，《中共中央办公厅关于持续解决困扰基层的形式主义问题为决胜全面建成小康社会提供坚强作风保证的通知》明确强调，要厘清不同层级、部门、岗位之间的职责边界，按照权责一致要求，建立健全责任清单，科学规范"属地管理"，防止层层向基层转嫁责任。2021年，《中共中央 国务院关于加强基层治理体系和治理能力现代化建设的意见》也指出，加强基层政权治理能力建设，需要强化乡镇（街道）属地责任和相应职权。以中共中央的指示与精神为指引，各级政府进一步深化"属地管理"工作，切实走好基层治理现代化道路，为打通政策落实"最后一公里"提供重要支撑。

在实践治理中，"属地管理"的制度设计和安排倘若严格落实，则可助推基层社会治理现代化建设的目标战略走深走实。然而，在现实情境中，有关属地管理的争论却从未停息，其中尤为热议的就是有关"地"的界定，及其引发的"飞地治理"问题。

属地，究竟所属何地，是由行政区划决定，还是由地理空间决定？当行政区划与地理空间存在冲突时，飞地究竟由谁治理？这些争议逐渐演变成一个严峻而紧迫的社会问题。

广佛交界之处，西江与珠江交汇之旁，就有这么一块"飞来之地"。在国家大力推行属地管理的大背景下，这里仿佛一个"隐秘的角落"，无人管理，无人问津，凄凄惨惨戚戚。建立在这块飞地上的吉泰社区，本该是环境优美、交通便利、设施齐全的崭新社区，现在却尘土飞扬、临水临电、宛若孤岛……

为什么一个好好的社区会呈现出如此面貌？为什么属地管理原则在飞地治理中饱受争议？又是什么样的困扰，让政府纵然使出浑身解数却还是收效甚微，最终只能导致这块飞地被遗忘在狭小的空间？

这一切，还要从十年前说起……

1 大起大落：一块飞地的前世今生

1.1 独在异乡为异客，"闲地"流转成"飞地"

"东西南北中，发财到广东。"

从 20 世纪 80 年代开始，民间就流传着这样一句俗语。可见广东发展势头迅猛、综合实力强劲。

广州和佛山作为两颗最璀璨的岭南明珠，长期以来地缘相连，文化相承，经济、交通脉脉相通，形成了一个"广佛同城"发展模式，堪称区域协同的典范。

然而，备受好评的广佛关系，最近却因为一点小小的争端，稍稍遇冷。

究其原因，是有这么一块飞地，身处两市交界，却长期不被两市管辖。在国家大力推行基层治理共同体，且两市责任共担、成果共享的协同发展势头正盛的背景下，还会出现这样的空头治理现象，实在是让人诧异。

聚焦这块飞地，可以了解到，这孤零零的一小块地方，面积约 0.92 平方公里，上面主要有一个吉泰社区，附近零散分布着些落后的产业园区。从行政权属上看，这块地属于广州市 H 区。但从地理位置上看，这块地被佛山市 N 区的 A 村和 B 村环绕，与 H 区无直接的地理接壤，到 H 区最近的村子直线距离达 5 公里，到广州市市中心、H 区中心乃至 N 区中心，距离更是将近 30 公里。属实是这边也不亲、那边也不近。

这块广州市 H 区的地究竟是怎么"飞"到佛山市 N 区去的？《H 县建县考》中的一篇文章稍有记录，提到 H 区的前身 H 县，是由佛山市 S 区、N 区等地割拨形成①。根据里面记载的明清时期 H 县土地人口情况，可以猜想，这块地可能是当时 N 区割拨给了 H 区，但是出于什么原因，我们无从得知。总之，关于这块飞地的历史并不详尽，来源和形成都无据可考。唯一可以确定的是，自新中国成立以来，历经多次行政区域改革，这块飞地的管辖权始终属于 H 区。

只是对于 H 区来说，这块地发展环境屡弱，且跨域开发难度极大，实在是不具备投资前景与建设意义。故直到 21 世纪初，这块地一直处于闲置状态。

而对于 N 区来说，就算 H 区将这块飞地拱手相让，他们都不想接过来这个"烫手山芋"——不说地方不大，先天条件十分贫瘠，就说接过来还要负责开发

---

① 花县处在南、番、清、从、三水等五县错壤的地方，建县较这五县更迟，是由南、番两县拨割形成的。两县共割拨八堡二十一图和散甲四十八甲，知县王永名将全图并散甲共联成二十六图，编为二十六里，辖村一百八十八个。

管理，还要跨区沟通协调，实在是没有看得到的好处，只有看得到的难处。因而，多一事不如少一事，还是干脆"甩手"为妙。

就这样，曲折的历史叠加残忍的现实，两地之间，一个难开发，一个无意管，姥姥不疼，舅舅不爱，这块飞地就这么被人遗忘，无人问津……

1.2　同城效应初显现，"飞地"跃升成"宝地"

地段，永远是赢家。

转折发生在 2009 年。那一年广州市和佛山市共同签署了《广州市佛山市同城化建设合作框架协议》，标志着广佛同城建设工作的正式启动。彼时广州市和佛山市同列广东省经济实力前三榜，中心城区集聚价值迅速凸显。广佛同城化的提出为两地带来了新的发展机遇，也为两地的居民带来了无限美好的愿景。

天时地利人和，此时身处 N 区的 H 区飞地，恰好成为广佛同城最大的受益者。广州 Y 房地产开发公司率先出手，以较低的价格从 H 区政府中拿下了这块飞地，风风火火开始建设。新建成的楼盘在广佛同城化的加持下，一举成为两市的新晋"宝地"，并吸引了大批市民入住。吉泰社区由此形成。

这块飞地为什么会成为市民和投资者眼中的"香饽饽"？原因有三：

第一，能享受同城红利。国务院批复的《广州市城市总体规划（2011—2020 年）》以及《佛山市城市总体规划（2011—2020 年）》中都提出，要深入推进广佛同城化，那么，在高度同城化的背景下，处于两市交界处的地段最容易实现"选一城，享双城"的同城红利；

第二，能低成本落户广州。对于想通过购房落户广州的人群来说，这里房价较低，在这里买房，既能成为"广州人"，也不会给自己带来太大的生活负担，是实现自己目标的较优解；

第三，地段发展未来可期。从新出台的政策来看，政府有意向对这里进行规划，教育、医疗、商圈等完善的配套公共服务建设指日可待，且在广佛同城"半小时生活圈"目标建设下，这里未来会拥有更便利的交通，就算住在郊区，也不碍事。

就这样，吉泰社区成为公众购房的优先选择，大家皆大欢喜，满心期待一个崭新的楼盘、一个美好的家园出现。

1.3　政策东风又拐道，"宝地"沦落成"废地"

计划不如变化快。

限购政策的来临，让好不容易迎来飞升的飞地，又走向低谷。

2010 年，广州限购政策正式出台，规定本地户籍家庭只能购买两套住房，外地户籍家庭只能购一套住房，并且需要提供社保或个税缴纳记录。2013 年，"穗六条"出台，限购条件加码，外地居民的购房资格条件升级为"5 年内连续 3 年"的社保或个税缴纳证明。

这样一来，原来楼盘锁定的目标客户群体纷纷被政策消散，置房客源大大减少。

一方面，想要通过购房落户广州的外地人，大多不符合社保或个税缴纳记录——没有购买资格；

另一方面，有实际居住需求的本地人，房票宝贵，完全可以选择更接近广州市中心城区的楼盘——被现实劝退。

同时，随着国家"房住不炒"理念及相关政策的进一步严格落实，整个房地产行业进入"凛冽寒冬"。Y 地产公司销售遇冷，资金无法回笼，增长乏力的颓势越趋明显，部分楼盘建设陷入停滞。在预期工程都无法完工的情况下，更不用提吉泰社区相关的公共服务供给、基础设施建设了……

首批购房的王先生面带忧愁，看着停工了好几年的烂尾楼，轻轻叹了一口气，而此刻的他并不知道，更大的困扰还在后面……

2 愈演愈烈：配套服务的供给难题

本来以为，开发商的资金链断裂已经是吉泰社区居民需面临的最大挑战了。可谁知，随着居民逐渐入住，飞地的负效应开始显现。水电、交通、医疗、教育，这些与我们生活紧密相关的基本公共服务，在这里，竟都成了奢望。

多年以来，吉泰社区居民不断信访，相关部门持续推进，但诸多问题仍未解决。

H 区委一干部表示："哎，说到吉泰社区就头疼，十年了，甚至省里都挂了号了，但很多问题就是没办法搞，甚至旧问题还没解决，新问题又来了，真是太难了。"

2.1 期望变失望，落落难合的入户之"急"

2.1.1 地虽偏远房价低，积分入户享便利

我想要有个家，一个不需要华丽的地方。

能在大城市有一间属于自己的小房子，是千千万万望楼兴叹的普通工薪阶层的终极梦想。

吉泰社区尽管偏处一隅，仍吸引了大批买家。

对于他们来说，吉泰社区不仅房价便宜，更重要的是，房产是广州入户积

分指标中的重要加分项目。《广州积分制入户管理办法》规定"申请人总积分满60分可申请入户"。而60分的申请门槛，房产就占了20分。

对此，吉泰社区居民李先生说：

"12年买房时候，尽管这里位置偏，但新房价格仅6千~8千，一百平方米的房子，总价100万不到，这么低的价格就能做'广州人'，加上广佛同城的远期规划'画饼'，我很难不上头啊！"

2.1.2 落户政策又调整，有房难做广州人

世事相违每如此，好怀百岁几回开。

怀揣着对房子和广州户口的向往，一大批人入住了吉泰社区。

然而，2014年广州对入户积分政策进行了调整，取消了房产加分项目，落户条件也逐年严苛。冲着落户而来的目标客户，乘兴而来、败兴而归。

居民刘女士到现在讲起这件事，还忍不住抹眼泪。

"你说我们这打工的收入，一辈子能买几套房，辛辛苦苦就攒下这一套，当时想好的，说没就没了，过几年小孩上学也不知道怎么办，感觉就是天都要塌了，晚上想到这件事都睡不着觉！"

而另一部分人决定及时止损，放弃定金。退了定的梁先生说：

"二期我下了5万块的定金，这入不了户我还是咬咬牙买别处算了，不考虑这儿，白瞎了我的钱啊。"

更为致命的是，因为飞地的特殊属性，交了的房子办不了房产证。

H区房管局是这样解释的：

"吉泰社区房产证办理困难的原因：一是早期编排区域内子编码，社区因飞地性质被遗漏，二是新旧政策衔接不畅造成的系统编码问题，其修改权限在省厅，所以现在一时也解决不了。早在售卖吉泰社区的时候，H区房管局就向省厅递交了申请，但因开发商内部管理问题，部分资料未补齐，导致房产证编码问题一直拖延至今。"

虽然房产证的事情已经挑战了吉泰社区居民的底线，但这个问题好歹还能交给对应的政府部门解决，且不会给社区居民的日常生活造成太大的影响。

下面这些，才是吉泰社区居民"急难盼愁"的重点问题，无时无刻不干扰着他们的正常生活。

2.2 永久转临时，十年长存的水电之"难"

2.2.1 频繁停电难说理，高额电价引争议

夏日的飞地，太阳像个大火球挂在天空，刺得人们的眼睛都睁不开。马路

上，柏油都已被太阳烤得发软了。一股热浪扑面而来，让人气也喘不过来。

不同于别的社区空调外机呼呼作响，吉泰社区透出一股让人窒息的安静——社区停电了！

本该是让人恼火和烦躁的事情，但吉泰社区的居民却表现出异常的平静。

原来，自社区建立以来，这里的住户们一直面临电力负荷过高、电压不稳等问题。停电、断电，已习以为常。

"当初说为了应急，搞了个临时用电，谁知道，这么久都没转成永久用电，真的离谱，三天两头断电的。最可怕的是不知道什么时候停电，有时人还在电梯里，就这么被困住了。"

社区首批居民李阿姨说道。

原来，因 H 区跨区域供电困难，吉泰社区一直都是通过接驳 N 区 G 镇，使用临时基建用电的。本来仅仅是分配给社区进行施工建设的用电量，现在还要供应居民正常生活。随着入住率的提高，电力负荷自然无法完全负载当下 1000 多户家庭用电。

另外，物业收取电费也存在不透明的情况，每年同时期的电费都相差巨大。李阿姨又提到，她们家在 2019 年 7~8 月的用电量为 800 多度，而 2020 年则变为 2825 度。

对于混乱的电费和不稳定的供电问题，居民们很生气。因为他们购房前对社区使用临时基建用电一事并不知情，以为就是普通的居民用电。

为此，居民们也曾就配套问题向 Y 地产讨个说法，Y 地产胡经理说道：

"由于吉泰社区属于飞地，周围都是佛山市 N 区，建设供电工程要途经佛山市 N 区七个自然村，投资估算约 6000 万元，牵扯到征地补偿等比较麻烦，现有的资金只能先保障正常的交楼。"

面对群众的数次信访，H 区住建局、供电局等部门多次在信访回复"会敦促 Y 地产尽快完成供电配套设施"。但截至目前，用电问题并未取得实质性进展。

2.2.2 水压不稳成顽疾，低劣水质惹人急

十年来，吉泰社区的供电是临时的，连供水也是临时的。

"临时用水本来就只是用于工程建设使用，满足不了社区生活需求，现在的管线水量水压就那么点，社区高层住宅供水压力肯定上不去，这个大工程我们物业想解决也解决不了啊，得自来水公司搞，为难我也没有用呀！"

说到这，Y 地产胡经理无奈地叹了口气。

由于是临时用水，社区现在用水是没有经过沉淀、过滤、消毒的工业用水，

所以杂质很多。家里安装了一套自来水精密过滤器的居民于先生说道：

"开始时水质还行，但后来啊，水质是越来越差。现在水质已经差到业主们用来洗澡，都怕会伤皮肤。我家里进水口安装了一套过滤器，一般情况下过滤芯可以用 6 个月，我家过滤芯使用一个月后已经变成了深泥黄色，倒出的水就像'黄汤'。"

2.3 社区成孤岛，步履维艰的出行之"愁"

2.3.1 交通线路不途经，临时公交难救急

"25 分钟可达白云新城""45 分钟可达珠江新城""半小时生活圈"……

吉泰社区内部，这样的宣传语随处可见。

然而，理想很丰满，现实很骨感。

吉泰社区交通非常不便。这块飞地一条市政路都没有，公交车无法进出，居民出行一般靠私家车和楼巴。

七十多岁的居民曾老太太表示："我不会开车，也不会骑自行车，赶不上楼巴就出不去了，这里对我来说就成了孤岛。"

在广州市中心城区上班的张先生说：

"以前住得虽然远，要花一个小时坐楼巴去地铁站，再换乘去市中心上班，好歹还是有公共交通。自从开发商倒闭没楼巴了，我这每天只能看运气拼私家车了。真是豪宅配置啊，没有私家车压根进不来也出不去。这个地方就像一个用钢筋水泥筑起来的牢笼。"

后来，个体经营的楼巴也因客流不足难以维系。

承包专线的曾司机说道：

"2022 年 5 月以来，我个体承包下这条线路，连续亏损 5 个月，每个月只能拿到 2 千多元工资。相比去上班，这几个月的总收入少了 2 万~3 万块，对于我家庭生计影响非常大。我想任何理性的人，都会选择放弃楼巴运营吧。"

另外，对于社区公交线路问题，H 区政府也曾经尝试和佛山市 N 区沟通，看能否共同经营一条临时线路。但是 N 区交通运输局给出的答复是：有一段路属于临水临崖路段，沿途两旁均没有安装防撞设施，落差约 2.5 米，往外延伸为西南涌水道，车辆行驶存在较大安全隐患，且路段较为狭窄，平均宽度不足5.5 米，急弯较多，不满足公交车安全行驶要求。

就这样，交通成为困扰吉泰社区居民的"心病"。

2.3.2 久未建成同心桥，无可奈何绕远道

除了"半小时生活圈"，吉泰社区建设之初，开发商还宣传市政有建设吉泰

大桥的规划。这样，社区就可以直接连通到对面的 G 镇，快速接驳佛山一环，解决居民的生活配套问题。

但后来因为征地、资金等问题，承诺中的大桥迟迟不见踪影，计划一再拖延，最终流产。

社区居民周大妈说：

"我们一家是盼星星盼月亮啊，想着大桥建成，买菜、看病、出去玩都能方便很多，还能在桥上看江景。想的倒是挺美，谁知道都是白日做梦。"

原广佛两地政府共同签署规划的市政路桥也未能如期开建。

"桥泡汤就算了，原本广佛同城规划要在社区东边建个四车道马路，说是一年建完，后来规划来规划去，给这条路规划没了，建去 5 公里外另一个地方。哎，又是空欢喜一场。"

居民王大哥深深地叹了口气。

赵女士也诉苦道：

"社区内只有小型菜摊，如果想吃一些鱼虾，我不得不绕道骑行 7 公里去 G 镇。去 G 镇买菜成了我一周一次的大事，但是 G 镇不让无牌电动车上路，广州又上不了牌。买个菜跟做贼一样，还要计划着时间躲开抓无牌电动车的执法队员，太惨了。"

2.4 公立改私立，刻不容缓的教育之"盼"

2.4.1 配套私立要价高，普惠园校未普及

"名校就在社区里，孩子就学无忧。"

进入吉泰社区，这个标语赫然映入眼帘。但事实上，除了临水临电无交通，教育也是吉泰社区居民们的"痛点"，曾多次上访反映教育问题却无果。

吉泰社区配套的吉泰实验小学属于私立性质，学费较高。前些年，这所学校变更了办学层次，成为九年一贯制学校。起初，小学学费为 15000 元/学期，初中学费为 20000 元/学期。第二年有所下降，小学学费为 12700 元/学期，初中学费为 13800 元/学期。不过，学费实行"新生新办法，老生老办法"的原则管理，老生无法享受优惠。每学期上万元的学费，对普通家庭来说，显然是一笔不小的开支。

居民李先生说："一个孩子读完小学六年，光学费就要花十五六万了，初中学费更贵，不容易啊。当时买房以为能上附近的公立学校，结果只能选这里。"

令家长们头疼的是，高昂的学费并没有换来相匹配的教学质量。

"学校所谓的那些名师，都是老教师，是作为学校的招牌招生用的，一般不

上课。上课的大部分是年轻人，学历一般吧。而且这两年因为疫情，很多老师追求'铁饭碗'，都考公、考编去了。我孩子刚上六年级，这学期班主任都换两位了。马上小升初了，换老师对孩子影响多大呀。"

李先生忧心忡忡地说道。

为了让孩子们享有高质量教育，几位居民代表多次前往广州市教育局、H区教育局，递交众多家长签名的信访材料，并向工作人员表达了大家的诉求：一是稳定专职教师队伍，完善教师聘任制度；二是大力推进素质教育，促进学生全面发展；三是尽快建成公立学校，补充普惠教育资源。

但多次上访，仍收效甚微。

2018 年教育部出台了《中共中央 国务院关于学前教育深化改革规范发展的若干意见》及《国务院办公厅关于开展城镇小区配套幼儿园治理工作的通知》，要求"到 2020 年，全国学前三年毛入园率达到 85%，普惠性幼儿园覆盖率达到 80%"，"逐步提高公办园在园幼儿占比，到 2020 年全国原则上达到 50%"。2021 年教育部等八个部门印发了《关于规范公办学校举办或者参与举办民办义务教育学校的通知》，提到"新建居住小区配套建设的义务教育学校，应当建为公办学校"。

这给吉泰社区的家长们带来了一丝希望。

他们期待着，公立幼儿园、小学、初中能够早日落成。

2.4.2 就近入学不获准，飞地难觅施教区

"什么？幼儿园不办了？"

吉泰社区居民林女士接到幼儿园打来的电话，说由于社区临水临电，幼儿园要停办了，孩子上学问题请家长自行解决。林女士简直不敢相信自己的耳朵，她的孩子已经在社区配套的这个私立幼儿园上了一年，本来再过一个多月就要开学的。

她非常愤怒："太不负责任了，说停办就停办，既没早点通知家长，又没推荐其他幼儿园，7 月中旬去哪里找孩子们适合的幼儿园呢？好的幼儿园在 5 月底就结束报名了！突然一个电话通知说不办了，真的太气愤了！"

有同样遭遇的张先生也抱怨道：

"没有学校，我们买房来干嘛？口口声声说什么名校，什么就学无忧，结果一通电话，幼儿园说不办就不办了！学校隐瞒事实，在通知前还拼命招生，我们新生光买校服和学习资料就花费了上千！"

家长们主动与园方交涉了两次，均无法解决问题。与此同时，有记者来采访，说是当晚 9∶30 会有电视新闻播报。然而不知道什么原因，最后这则新闻

并没有放送。家长们投诉无门，急得像热锅上的蚂蚁。

眼下孩子读书要紧，家长们只能匆忙打听周边幼儿园的信息。然而，离家近的幼儿园，只接受本学区内的适龄儿童。由于吉泰社区的居民没有佛山户口，社区不在学区划分的范围内。无奈之下，大家只好花高价把孩子送到离家 10 公里外的幼儿园就读。

2.5 舍近却求远，化简为繁的医疗之"忧"

2.5.1 异地就医成痛点，医保报销结算难

医疗保障作为最重要的民生之一，对于吉泰社区的居民来说，却也成了一件难事。

事实上，距离社区最近的医院 N 区人民医院 G 分院，到社区的直线距离只有 1.3 公里。但很多居民是广州户籍，参保地在广州，一般要前往划属广州的医院，才能进行医保的结算。

提起这件事，吉泰社区的住户罗小姐就头疼。

"每次想用医保结算，就要跑老远去，广州市最近的医院离这里差不多有 20公里！你说我们年轻的还好，没有很急的病开个车就去了，家里只有老年人的要怎么办？"

实际情况是，为了就医方便，很多人只能就近选择 G 分院，而在省内异地就医是需要进行备案申请的。

家里有孩子的吉泰社区住户常先生更是激动。

"之前我小孩半夜发烧，我赶紧带他去 G 分院挂急诊，但是医院不认我们的医保，非要搞什么备案，大半夜的怎么搞哦！我小孩都烧到 38 度了还搞备案！最后只能是直接结算了。"

明明医院就在家门口，但吉泰社区的居民要么得付出更多的时间去办理手续，要么得花费更多的金钱去看病买药，实在是让人为难。

之前没办成异地就医备案的居民陈小姐道出了难处：

"我的广州医保，在佛山能互认的定点医院就只有几家，社区对面那个 G 分院不认。我想做异地结算的备案，但是我的单位也是广州的国企，又不符合要求中规定的'异地长期居住人员、常驻异地工作人员'那几类，办不出来。所以要不是紧急情况，为了省钱我还是跑去广州的医院，挺折腾的。"

2.5.2 疫苗接种绕远路，相关政策有待完善

由于飞地的性质，吉泰社区居民户籍所在地为广州市 H 区 T 镇。因此在呼吁全民接种疫苗时，社区里过万常住居民，要去到 14 公里以外的 T 镇中心卫生

院完成疫苗接种。

业主卢先生回忆当时的情况：

"我们算广州居民，只能去 T 镇的卫生院去打疫苗，开车都要差不多半小时。又或者去找行踪不定的流动接种点，每次那个接种点出来，大家就在微信群里互相提醒。其实，社区对面的 G 镇接种点是最近的，但人家不接受我们去打，这不是舍近求远吗？"

2.6　有感转无感，逐渐淡漠的认同之"殇"

2.6.1　物理隔断无人管，网格管理漏网鱼

随着网格化管理在全国各地的普遍推行，广州市 H 区也全面开展网格化服务管理工作，通过绘制电子地图，全区 242 个村居共划分了 1638 个基础网格，其中 54 个社区和试点村划分为 705 个基础网格，每个单元有专门的网格员负责。然而，H 区网格化服务管理仍然有漏网之鱼——距离 T 街道办约 15 公里的吉泰社区。

多年来，吉泰社区困难重重，热心居民自发成立维权小组，东奔西走，为大家解决棘手的问题，争取应有的权利。每次找 T 街道办反映问题，他们都要驱车半小时，十分不便。

"咱们社区在管理方面一直处于群龙无首的状态，没有业主委员会，居委会也山高水远的。"维权小组成员老刘说，"之前有邻居吵架，还打起来了。当时我好心去劝架，结果有人说我拉偏架，气死我了。我看好多社区都有专职网格员，除了方便大家反映问题，还能帮忙调解矛盾纠纷。要是我们这里也有就好了，网格员说话有分量，大家都愿意听。"

2.6.2　情怀温度均匮乏，身份认同存困惑

"我和爱人都来自合肥的一个县城，到广州很多年了，一直不会说粤语，也听不懂。想融入这里，但文化背景不同，加上平常工作忙，和邻居很少深入交流。这里没有业主委员会，促进邻里之间沟通交流，也没有社区工作人员到访，开展完整社区建设，打造熟人社区。"吴先生说。

许多像吴先生一样的外乡人，怀揣着对大城市美好生活的向往，来到广州努力拼搏，在这里买下便宜的房子，想要成为名正言顺的广州人。但他们普遍缺乏归属感，有时会在身份认同上出现错觉，陷入追问"我是谁"的身份困境。

吴先生说："我小孩曾经问我，他到底是哪里人？我认真思考，发现自己也产生了认知迷茫。孩子在广州出生、成长，虽然不会讲粤语，但应该是广州人吧？而我拿着广州户口，就彻底摆脱生我养我的小县城，变成广州人了吗？"

从佛山搬来的老陈也产生了身份焦虑。他说："家住广州，十年来却始终要到佛山买菜，何其讽刺，何其心酸。这里就是边缘地带，H 区离太远，N 区管不着，广佛互相推来推去。有时觉得，自己既不是广州人也不是佛山人，而是一位孤岛岛民。"

在这种生活环境下，解决身份认同困惑，对居民来说尤为重要。不能清楚回答"我是谁"，就无法真正融入这里。和睦的邻里关系，友好的社区氛围，能够使居民增强对社区的归属感，构建对广州人身份的认同感，从而提高生活的幸福感。大家都渴望，在互联互动、共住共享中，由"最熟悉的陌生人"变为"邻里一家亲"，重拾家的温暖。然而，还未完善市政配套和社区建设的吉泰社区，犹如一座远离尘嚣、百废待兴的孤岛，许多居民的心，也好似一座座隔海相望、缺乏纽带的孤岛……

3　孰对孰错：飞地真空的治理难题

面对这些公共服务供给困境，十多年来，吉泰社区的居民没有停下上访的脚步，从镇一直到国家，居民们一级一级向上奔走。

2020 年 4 月，饱受公共服务供给之困的吉泰社区居民携《全体吉泰社区业主请求广州市长为民生谋福祉的信》，给政府施压，希望能够成立专项实施小组，落实重点难题的实施。

广州市民政局副局长吴向民临危受命，担任专项工作组组长主持工作。

3.1　民心所向：配套公建的获取之"困"

3.1.1　合法合规不合意，维权深陷"死胡同"

吴组长上任后面临的第一个难题，就是吉泰社区居民最迫切需要解决的临水临电问题。

但在与住建局的同事仔细了解过情况后，吴组长发现，事情并没有自己想象得那么简单。

因为从吉泰社区居民的角度来说，他们根据购房合同里第十二条交房条件写着"商品房项目工程竣工验收合格，必须要满足供水、供气、供电及通邮等必要居住条件，及公共服务单位出具的永久供水、供气、供电、通邮的证明文件"，认为没有接上永久水电的社区不该拿到预售证，现在能顺利售出楼房，肯定是政府在程序上出了某些问题。

然而，从住建局的角度来说，根据现行的《广东省商品房预售管理条例》以及国家住建部《房屋建筑和市政基础设施工程竣工验收备案管理办法》，商品房预售及房屋建设验收需要的条件中并不包括对永久水电的要求，只要房屋有水电供应就符合交楼条件，住建局就可以向开发商发放预售证；而居民和开发商签署的购房合同只是双方做的民事约定，不是对住建局的法律约束。

甚至在市里成立专班之前，住建局已因为临水临电问题经历过多起诉讼，但一直打到高院判决都认为住建部门没有责任。

这就让吴组长感到为难，一方面是程序正义，一方面是民心所盼。两方从各自的角度出发，好像都没什么问题，但这合法合规的事情就是不合公众的意。如果只是抓着有关条例并未将永久水电列为预售及办证条件就无视居民的急难愁盼，那维权根本就是一条走不通的死胡同。

3.1.2 民生民权无保障，凡事很难"跑一趟"

除了临水临电，《全体吉泰社区业主请求广州市长为民生谋福祉的信》中，还提到了其他各类民生问题。

此外，不仅民生没有解决好，民权也没保障。

近几年国家大力推行的"只跑一趟""一趟不跑"似乎在这里很难实现。

医保报销——广佛两地开证明。

电动车牌补办——两地来回交材料。

生育手续一个月办不好——两区互相"踢皮球"。

"我们已经很配合了，摊上这么个飞地，很多能自己解决的事我们就算苦点累点也都办了。但是很多时候想办个事两区政府来回推，我们跟在后面几十公里几十公里跑，真的顶不住。"

在一次社区调研中，一位社区居民向吴向民组长诉苦道。

3.2 飞出地政府：跨区管辖的话语之"争"

3.2.1 管理权力难划转，户籍民生"两难全"

为了妥善解决信中提到的各项问题，吴组长多次召集专班成员开了内部交流会。积极与大家同步问题处理进展，以期更好地解决吉泰社区治理过程中的实际问题。

这天，吴组长又召开了一次交流会，重点是要商量出行问题的解决措施。但会上商讨的结果却不尽如人意。

区规自局的罗科长提议说："目前居民上访维权主要是找我们飞出地政府，但是这个问题光靠我们这边肯定是很难解决的，主体越多事儿越难办，能不能通过转户籍的方式，让 N 区统筹接管，这样能最快解决水电路等配套设施问题，后面进一步解决教育医疗等公共服务供给问题也会容易很多，不知道大家觉得有没有可行性？"

区信访局的刘科长回应道："根据这十多年的上访诉求来看，可能95%的业主都不会同意这个方案。当初他们买这里的房，广州户口是一个很重要的决定因素，之前办证和积分问题也是闹了很久，好不容易解决了落户问题，如果现在又把户籍划转过去，大概率会让问题变得更复杂难解。"

确实，划转户籍是目前政府的最优解。但对于很多冲着"广州人"身份来买房的居民来说，户籍与民生一样重要。

单独解决民生的问题会简单很多，单独解决户籍问题也不是什么大问题，但要实现民生与户籍的兼顾，对于 H 区这么一个远在几十里外的飞出地政府来说，实在是太难了。

3.2.2 跨区治理财政紧，执行频频"碰钉子"

走不通划转户籍、将问题打包治理这条路，吴组长只能逐个问题解决。

但毕竟是长达十余年的沉疴痼疾，解决起来，也没有那么容易。

突出的问题，就是财政吃紧。兜里无钱，实在是办事困难。

供水公司就永久用水问题给出回复，说："几年前，我们公司就出资委托广东省建筑设计院编制了《供水管道工程初步方案》，整体供水工程投资预算大约需要1.7个亿。但是由于社区供水没有列入 H 区供水规划，项目建设资金来源没能落实，我们供水公司就一直无法投资建设。"

吴组长也提问到，就近从佛山市 N 区供水会不会节约一些成本，但供水公司那边又回复说："您说的这个角度我们也验证过了。看似社区周边都是 N 区的地域，但是这不代表 N 区的供水设施也在社区周边。经过我们的现场勘查，依据社区的设计规模以及长期用水量来分析，发现如果由 N 区重新铺设管道接驳供水的话，工程方案更复杂，施工难度更大，牵涉的审批环节更多，征地的协调及费用存在更多的不确定因素，社区周边 N 区居民的生活会受到较大影响。"

不仅是供水问题，供电修路和教育医疗都需要财政支持。

但实在没钱难办事，办事没钱难。仅依靠 H 区飞出地政府的一方力量，很难彻底解决吉泰社区的公共服务供给问题。

3.3 飞入地政府：望地兴叹的管理之"痛"

3.3.1 无权无责难规划，布局布出"真空地"

为了寻求 N 区政府的协助配合，吴组长带着专班成员来到 N 区政府参加两区协调会。

会上，两区政府就吉泰社区这块飞地的管理问题，展开了激烈的交流。

N区相关负责人员表示："吴组长，对于这个飞地社区，您也知道N区的处境，没有权也没有责，但是我们肯定会尽可能配合H区政府，您放心。"

他站起来，快步走到会议室墙上张贴的规划图旁边："吴组长，其实吉泰社区的存在让我们也很难办，您看这幅规划图，吉泰社区周边本来是成片的空地，又位于郊区，很适合建成工业园，本来有个轻微污染的项目有意愿迁移到这里，前期也谈过了，后来飞地修了社区，为了不影响居民们的生活，原来好好的规划也只能搁置。"

吴组长也走到规划图旁边，不紧不慢地说："确实是这样，这十多年不仅社区居民们的生活困难重重，周边N区地块的发展也处于停滞不前的状态。或许，根据现实情况，先围绕社区居民这个群体进行一些相应的规划，说不定可以一举两得，既解决了居民的困难，又盘活了周边的土地。"

N区负责人员回应："这确实是目前相对可行的思路，但是要落地也不容易，光是说服周边N区居民就需要花费很大力气、很长时间。"

…………

相似的对话在那天上午进行了多轮，好像对于吉泰社区这块飞地，飞入地飞出地两区政府都有倒不完的苦水、诉不完的苦衷。

但也确实，对于N区来说，本就不属于自己的一块地，还影响了自己辖内的发展规划，现在要倾注资源对它进行管理，实在是吃力不讨好。能稍稍施以援手，就已经是"仁至义尽"了。

3.3.2 资源外溢引民怨，飞地终成"眼中钉"

而就从N区辖内就近接入永久水电一事，N区工作人员又是有苦难言。

其实在工作专组成立之前，N区和H区也就此事进行过商议。但因为邻村的村民不同意从他们村里接电，项目就没能推进下去。

问及为什么不同意，邻村的居民提到，吉泰社区对他们来讲，就是"外来人"，现在这群人名不正言不顺的，不仅分走了他们的医疗资源、教育资源，还想从他们这里接走水电，影响他们的水压电压，休想！

本地人与外地人的隔阂，一直存在于社会中。显然，现在吉泰社区的存在已经引发了N区当地人的不满，而此时如果还强行改造水电，恐怕会让矛盾升级。

出于这样的考量，N区作为飞入地政府，想对吉泰社区施以援手的想法也暂时搁置。

3.4 高位推动：提级协调的执行之"苦"

3.4.1 群策群力助互治，问责泛化"副作用"

问题一天没有解决，上访就不会停歇。

虽然专班一直在努力推进，但是重重困难下，还是没有实质性进展，所以上访愈演愈烈，甚至闹到了省级层面。省市级单位开始介入指导。

借着高位推动，H区工作专班又和N区政府沟通协调了多次，市、区交通运输部门结合社区群众提出的公交出行需求，开展了多次现场调研，终于敲定了拓宽部分道路、开通首条公交线路方案。

终于，在2022年6月，吉泰社区迎来首班公交线进驻，相关飞地治理工作取得了重大进展！

但在高兴之余，吴组长又深感压力。因为他知道，表面上工作已经取得成效，但有关交通还有很多问题没有商定。是否一条线路就能满足居民诉求、后续如何管理优化、谁对公交具体负责、维护工作谁来进行、后续水电如何解决等等问题持续困扰着他。

同时，有关吉泰社区属地管理的争议还没解决，对于H区和N区来说，很多事容易超出能力范围，极易出现权责不对等的现象。上级政府也没给出明确指示，这样以后出现了问题，怎么办？动辄问责肯定会导致动力不足、弹性不足，问责不精准又会导致震慑和教育意义不足，以问责代替整改更会导致工作的指导性不足。吴组长夹在中间，是真的很难办。

3.4.2 多元共治见效慢，治理还需"持久战"

公交车开通了，这是社区居民们十多年来迎来的第一个好消息，民众有了盼头的同时，对水电路桥、教育医疗这些问题也催得更紧了。

居民刘阿姨在通车当天的采访中说道："有了公交真的方便好多，更关键的是这次公交线路的开通让大家看到了政府部门解决问题的决心，我还是相信政府的，只是希望能快一点，毕竟已经过去十多年了呀。"

维权小组的代表王小姐在高兴之余，也表达了更多期待："这十多年以来，社区业主们遇到太多困难了，真不容易啊，我们期待有更多公交线路能经停社区门口，期待临水临电问题能逐步解决，期待教育、医疗等公共服务能得到保障。"

吴组长看到这些报道，心里五味杂陈。

这一条公交线路开通背后付出了多少努力，只有他知道。要争取上级部门支持，要争取财政经费，要协调N区政府和公交公司……每一步都不容易。

而这只是开始，要解决水电路桥、教育医疗问题，虽然有上级部门的背书，但是涉及各方利益，这一大块硬骨头还得慢慢啃才行。

吉泰社区的公共服务供给，真是任重而道远呐。

4 何去何从：共建共治的前路漫漫

4.1 "两头跑"还是"两头管"，基层治理的现实痛点

回归问题本身，吉泰社区的问题，实际上也是千百个飞地社区的问题。

而居民与飞出地政府之间的矛盾就聚焦在，治理过程中，到底是该让居民受累"两头跑"，还是政府多投入资源、注意力，实现飞地与本地的"两头管"。

居民"两头跑"，说明政府未能深入学习贯彻习近平总书记关于加强和创新基层社会治理的重要指示精神，没有将公众利益放在首位，没有帮公众省事、省时、省钱、省心。

但从飞出地政府的角度来说，"两头管"实在是很难实现。一方面，注意力、资源有限，很难跨区域规划布局，另一方面，治理结构碎片化的情况还很严重，现实中，许多职能部门出于理性的考量，很容易采取"趋利选择性"策略，导致政策、文化、执法等治理功能上形成"各自为政 争权夺利"的"碎片化"局面，政府职能模糊，难以形成合力推动飞地治理。

居民与飞出地政府本该是紧密相连的两个主体，现在却因为地理位置的隐形隔阂，纷争不断，实在是让人唏嘘、引人深思。

4.2 "帮帮忙"还是"自家事"，跨区联动的权责困境

飞入地与飞出地政府间的关系，也是解决飞地公共服务供给困境时需要着重考虑的要点。

尤其是飞入地政府的态度，直接决定了飞地治理相关工作能否顺利开展。

如果飞入地政府能将这件事视为"自家事"，那工作的开展自然会顺利很多。但如果将其视为"帮帮忙"，管理的主动性必然有所欠缺。

事实上，飞入地政府鲜少会对辖内的飞地社区进行主动管理。因为相较于"飞地园区""飞地工厂"，飞地社区的治理投资高、难获利，属于"吃力不讨好"。

但回归到治理本心，飞地治理，既需要飞出地政府主动作为，又需要飞入地政府积极配合。只有推进两地政府合作持续、良性发展，才能促进飞地各项管理事务的顺利开展，实现从"各人自扫门前雪"，到"众人拾柴火焰高"的

转变。

4.3 "一家人"还是"好邻里"，飞地治理的认知难题

以吉泰社区为代表的飞地社区，为什么一直得不到飞入地政府的全力支持和认真接纳？

除了上述原因，还存在飞地社区与飞入地政府间的认同问题。

正如上文提到的，吉泰社区的居民觉得缺少归属感与认同感，N 区的村民觉得吉泰社区是"外地人"，两者"相看两生厌"，必然不会达成友好的沟通与交流。

在情感治理愈发重要的社会大背景下，构建"熟人社区"，实现情感共治，是构建基层治理共同体的重要一环，也是破解飞地社区治理困境的关键环节。

在未来的工作中，如何抓住飞地治理问题本质，实现飞地社区公共服务的有效供给，也是实务工作者和学界诸多学者进需要一步探索的议题。

二、思考题

1. 当前，我国各地深入推进"属地管理"改革，但究竟何为属地，属地的"地"应该如何界定，是依据地理位置，还是行政区划？

2. 自吉泰社区建立以来，由于社区公共服务供给问题，居民和政府陷入了持续十年的"上访—信访"死循环。为什么吉泰社区的问题迟迟不能被解决？

3. 从公共管理的角度来看，是哪些因素导致了当地政府和居民之间陷入相互抗争的循环？

4. 为了解决飞地社区的公共服务供给问题，提高飞地的治理水平，可以提出哪些可供参考的意见？

三、理论分析

1 案例回顾与问题提出

党的十八大以来，基层治理作为治理体系和治理能力现代化的基础性工程，在整个国家治理体系中的地位不断提高。党的十九届五中全会将"社会治理特

别是基层治理水平明显提高"，作为未来一段时间国家治理效能实现新提升、取得新突破的关键途径，以党的重要文件的形式，再一次强调了"十四五"时期，要在加强基层基础工作、提高基层治理能力上下更大功夫。

行政区划是大政国基，是国家实行空间治理和行政管理的基础单元。清晰有效地将地理空间转化为责任空间（颜昌武、许丹敏，2021），不仅是属地化管理、网格化管理等重要治理举措的基本遵循，更是构建权责分明的基层治理体系提供重要抓手。2021年，《中共中央 国务院关于加强基层治理体系和治理能力现代化建设的意见》明确指出，要通过"优化乡镇（街道）行政区划设置""强化乡镇（街道）属地责任和相应职权"等具体形式，建设人人有责、人人尽责、人人享有的基层治理共同体。

然而，"飞地"因其独特的空间关系和复杂的权属关系（姚丹燕、刘云刚，2019），成为基层治理与行政区划间的特殊存在。飞地突破了"地理边界与行政边界尽可能相一致"这一常见的属地管理标准，以至于相关区域总是出现管理权属划分模糊不清的情况。飞地情境下，属地管理的"地"该如何界定，是遵循地域空间，还是行政区划，这不仅成为社会争议的热点，也成为引发基层治理堵点、痛点、盲点的重要根源。尤其是本案例中这种呈现聚居形态的飞地社区，其治理过程与遵循属地管理的行政区划设置存在严重背离，导致经常出现水电、交通、医疗、教育等重要公共服务的供给困境，部分地区甚至陷入"三不管"的治理真空状态，严重制约基层治理现代化的整体进程。

飞地的出现是一个无法回避的政治学与行政学难题（姚尚建，2012），如何攻克因其产生的民生建设系列困境，已然成为党和国家正在关注并迫切需要解决的突出问题。当前，国内外诸多学者围绕"飞地治理"具体内涵、执行逻辑、梗阻困境、优化策略等问题进行了诸多探讨，并积累了一批丰硕的研究成果。有研究指出，飞地治理的特殊性在于飞出地的行政管辖权势必要与飞入地的政治权力相遇，两地政府制度间的碰撞与融合，是影响飞地区域获取重要基础设施和公共服务的关键（王倩，2017；张钊、马学广、王新仪，2021；陈帅飞、曾伟，2016）。而相较于近年来国家大力发展的"飞地经济"，飞地社区的治理主体间很难基于资源互补、共同利益认知以及成本收益的分析，产生共同的需求。故此，在飞地治理过程中，飞出地政府极易出现控制力薄弱、行政管理松弛且治理成本较高等问题，而飞入地政府也可能基于"自利"和"他利"的双重考量，拒绝突破行政边界的刚性约束，向飞地社区提供额外的帮助。针对上述问题，可以通过促进政府职能转变（英明、魏淑艳，2017）、强化区域联动机制、优化治理软硬环境等路径，实现资源有机整合和协调分配，回应和满足公众需求。综合看来，已有研究多聚焦于宏观的"政策—体制"层面与中观的"区域—价值"层面，对于微观层面的飞地公共服务供给这一复杂、动态、具体的情境，在飞地治理困境的形成机理有待进一步明晰的情况下，如何治理、何以有效、怎么维系等问题缺乏理论回应。

本案例聚焦的吉泰社区，就是这样一块既"有故事"的"飞来之地"，又"有事故"的"是非之地"。自 2011 年建立以来，吉泰社区居民常年处于交通闭塞、临水临电、看病困难、教育资源匮乏、两头跑等尴尬境地，日常生活受到极大困扰。十余年来，社区居民不断地向区、市、省乃至国家信访部门进行层层投诉和上访，一场公众与政府间的"公共服务拉锯战"就此拉开。时至今日，种种问题仍未得到完全解决。不由思考，在持续加强基层治理体系和治理能力现代化建设的时代背景下，为何会出现这样的公共服务供给困境，又该如何实现对飞地的有效治理？为了有效分析案例中治理症结，并提出针对性地解决建议，本文基于府际关系理论、组织权变理论、模糊冲突理论，构建了"情境—制度—组织"的解释框架，试图聚焦飞地公共服务供给中的种种问题，分析困境产生的内在逻辑，从而对飞地治理这一概念有更深刻、全面的认识。

2 理论基础与适用性分析

2.1 飞地治理缘何陷入困境：基于府际关系理论

2.1.1 府际关系理论

府际关系（Intergovernmental Relations）即不同层次政府间的权力互动和利益博弈，包括上下级政府、同级地方政府及政府内部职能部门间的关系。府际关系可覆盖各级各类政府机构，主要呈现纵向府际关系、横向府际关系及斜向府际关系的三种形态。其中，纵向府际关系主要是一种领导与被领导的关系，其本质是科层制、责任制、政治承包等制度产物（谢庆奎，2000）；横向府际关系不存在管理与被管理的关系，其本质是政府主体之间的水平互动，以交流和合作为主；斜向府际关系是跨层级的、无隶属关系的地方政府与政府部门之间的关系，其超越了传统的条块基础，为构建多元伙伴型府际关系网络奠定了坚实基础。整体看来，为了民生目标与公共计划的执行，政府各层级间呈现出纵横交错、多元交叉、彼此渗透之势（Robert B. Denhardt，2013；林尚立，1998）。

府际关系的涵盖维度呈现为多维度、多主体的复杂网络，其实际内涵也十分丰富。有学者指出，府际关系可以划分为静态与动态两个维度，静态层面主要呈现为政府间的制度关系与法律关系，动态层面主要围绕组织间的管理幅度、管理权力、管理收益，呈现为利益关系、财政关系、公共行政关系和权力关系（谢庆奎，2000），其中利益关系是府际关系的核心内涵，影响其他几种关系（谢庆奎，1998；王敬尧、陶振，2008）。其他学者也基于上述概念进行了补充，认为事权与财权对政府间关系格局的影响最为深刻（高进、刘聪、李学毅，2022），在此基础上形成的利益关系，决定了府际关系基本框架的构成。同时，需要强调的是，行政区划作为政权建设和政府管理的重要手段（边晓慧、张成福，2016），为政府间关系网络的划分提供了基础性框架。即府际关系的发生以行政区划为载体和基本单位（李庆华，2007）。政府间互动的前提之一，就是法律明确规定了各政府隶属管辖的区域范围，在此遵循下，各政府主体，尤其是横向的各政府之间，才能围绕区域性公共事务的有效治理（马光荣、赵耀红，2022），展开复杂的协作、博弈、竞争（郭施宏、齐晔，2016）。也有学者据此观点，构建了区域间经济关系与区域间政府关系的理论框架（姜乐军、邱德梅，2019）。

2.1.2 理论适用性分析

在我国层级制的行政体制下，水电、教育、气暖等公共物品或服务的供给通常是基于行政区划，逐层逐级委派负责的。但由于飞地的行政属地与地理空间不相连接，仅由飞出地单一行政主体很难实现对特定公共问题的有效治理，往往需要府际协作，供给公共服务，才能在实践中更好地解决治理难题。

本案例中的 H 区政府，因为地理位置的限制，需耗费高昂的公共设施运营成本，才能满足吉泰社区居民的治理需求。为了更好地解决这一难题，H 区政府曾多次就交通、水电等问题寻求 N 区政府的帮助，充分体现了府际合作的核心内容是确保公共服务供给的有效且高效。

同时，在本案例中，两区政府久未达成共识的协商会议，也体现出组织间的权力关系和利益关系是影响府际合作的关键性因素。公共服务作为具有典型外部性的产品，一方面，受行政区划刚性边界与硬性管控的约束，N 区政府对于超出本区域的事务无权涉及，前期对于吉泰社区的治理属于"有心无力"。另一方面，在后期协商共治时，N 区居民又出于"自利"与地方保护的角度，认为这是一件"无利可谋""费力不讨好"的事情，导致 N 区政府合作动力不足。此间体现的府际协作与博弈表征，为理解组织间横向治理界面的协同机理出具重要参考，也为完善政府间跨地域的公共服务供给逻辑提供了思考锚点。

因此，府际关系理论与我们的案例分析较为匹配。

2.2 公共服务缘何供给缺位：基于组织权变理论

2.2.1 组织权变理论

权变理论（Contingency Theory）又称管理情境论、情境决定论、随机应变法等，是 20 世纪六七十年代基于系统管理理论和经验论发展起来的一种组织管理理论（A. Allan Schmid，1999）。"权变"即权宜应变，强调组织系统内不存在普适的、单一的、规律的最优管理模式，有效的管理举措应该是根据组织内外部条件的变化而及时应变的。权变理论的代表学者卢桑斯认为，权变关系可被视为环境变量与管理变量之间的函数关系，组织管理应以实践和整合各类管理理论为基础，在不同的治理情境中实现动态调整，具体问题具体分析，再精准适配与之相应的管理行为来解决现实问题（F. Luthans，1976）。管理学家格鲁克在研究诸多文献后也提出，组织处在一个动态开放的环境中，其治理效果不仅取决于自身的特征，也和所属情境的匹配程度呈现出正相关（William F. Glueck，1982；李育林，2014），而对其优化治理，原则之一就是根据环境的变化，采用更大的分权化和弹性的组织结构形态（陈会玲等，2021）。

作为组织理论研究中被最广泛运用的思想之一，权变理论将"计划"与"变化"有机结合，在复杂环境中彰显出了较强的理论适应性。有学者运用该理论对政府绩效评估（吕双旗，2013）、服务型政府建设（张立荣、冷向明，2009）、政府资源配置（孙志建，2022）等领域开展了持续而深入的研究，为实现政府领导力在不同治理情境中的效能提升提供了具体方案。将组织权变理论引入公共行政，一方面是对治理实践的理论补充；另一方面也提示实务部门要与外部环境及内部组织系统中的各要素保持动态统一、随机权衡，寻求符合特定条件的个性化发展模式。

2.2.2 理论适用性分析

公共事务嵌入特定的外在环境与内在组织，是社会的核心组成部分。公共事务的属性及社会环境的特征是选择不同治理方式的基础。因此，社会治理机制的选择必须和复杂的情景相协调，建立在对事务属性的理解把握之上。

本案例中，可以将飞地的公共服务供给体系视为一个开放系统，将相关制度与组织的战略性调整看作是内外部因素相互作用的结果。同时，飞地特殊的空间嵌入性与制度套叠性，决定了仅由飞出地政府供给公共服务，难以满足飞地当地居民的诉求。因此，飞地治理迫切需要飞入地政府打破传统的行政区划框架，与飞出地政府形成合力，齐抓共管实现公共服务的有效供给。而这种从单一管制走向多元共治、从居民群体自下而上维权走向政治势能自上而下推动的过程，正是为了适应飞地区域社会情境变化所做出的"权宜之变"。

因此，组织权变理论与我们的案例分析较为匹配。

2.3　跨域协同缘何执行艰难：基于模糊冲突理论

2.3.1　模糊冲突理论

马特兰德（Matland R. E., 1995）在对"自上而下"和"自下而上"政策执行研究路径进行整合和延伸时，提出模糊性（Ambiguity）与冲突性（Conflict）作为政策的两个基本属性，影响着政策的落地执行。基于此，他构建一个用于解释公共政策执行难的"模糊—冲突"理论。

具体而言，模糊性是公共政策的固有属性，对政策执行有着显著的影响。政策执行中的模糊性来源很多，具体可分为目标的模糊性与技术手段的模糊性。在目标层面，冲突性与模糊性呈现负相关关系，降低政策冲突的方法之一就是设置模棱两可的目标。在技术手段层面，政策执行所需手段不存在，或政策执行者无法确定使用何种政策工具以及如何使用它们，都会造成政策执行的模糊性。政策的冲突性能够直接影响政策执行过程。当存在冲突时，政策执行者的行为极易发生改变。对于某些政策，冲突是无法避免的，试图通过调整来避免政策的冲突性，难度极大。此外，冲突性的程度会随着政策执行者的利益感知而变化。以政策冲突性与模糊性为横纵坐标，可以将政策执行模式划分为四类：行政性执行、政治性执行、试验性执行和象征性执行（竺乾威，2012）。

国内学者曾运用模糊冲突理论对我国政策执行情况进行研究，并在节能减排（何瓦特、唐家斌，2022）、环境政策（朱玉知，2013）、农业政策（黄建红，2022；Douglass C. North，2014）等方面取得了一定的研究成果。可见，模糊冲突理论在我国治理体系与公共政策研究中同样具有极强的适用性，是一个常用的分析框架。

2.3.2　理论适用性分析

模糊冲突理论从中观层面，对影响政策执行的内在因素和外在力量进行了探究。本案例虽不完全局限于政策执行方面的内容，但模糊冲突理论提供的政策属性视角，也能满足飞地治理中精准需求。具体来说，飞地治理也具有高模糊性与高冲突性特征。一方面，飞地治理在政策目标设置、宏观制度设计、治理手段确定等方面，均存在模糊地带；另一方面，在飞出地与飞入地之间的府际合作治理过程中，也时常出现权责冲突、利益冲突等状况。引入"模糊—冲突"分析框架，既可以运用分类的方法较为全面地分析飞地治理模式的存在问题，又可以遵循自上而下的执行路径，将多个主体间的政策互动、资源分配、利益博弈纳入考量。因此，模糊冲突理论与我们的案例分析较为匹配。

3 分析框架：基于"情境—制度—组织"范式

3.1 飞地公共服务供给困境的多维度分析

3.1.1 情境维度

根据组织权变理论，情境是研究基层治理的基本维度之一。

一方面，治理情境包含众多要素。制度环境、社会资本、资源力量等与治理相关的要素均可被纳入情境的讨论范畴。不同要素之间相互联系、相互作用，共同构成基层治理的生发系统。因而，讨论飞地社区的公共服务供给问题，首先需要重点围绕飞地的特殊治理情境展开。

另一方面，系统内各要素的变化也影响着情境。情境不是固化的，而是动态的、灵活的。由于系统内各要素具有关联性，当某一要素发生改变时，整个治理情景往往也会随之改变。飞地治理是一个持续变化的过程，旧问题的消解与新问题的产生都持续对治理环境产生影响。因而，飞地治理不应只是考虑某一问题的背景，而应置于由飞地治理问题及影响治理成效的因素所构成的情景之中。

可以说，情境既是过去现象的表征，又是现实情况的直接反映，更是影响未来走向的核心要素。作为一个特殊的场域，厘清飞地区域的公共服务供给困境，势必要将情境因素纳入考量，并重点关注情境中区别常规治理模式的特殊变量。

3.1.2 制度维度

基于府际关系理论，制度可被视为治理的框架，也能作为纵向府际关系的重要支撑。

一方面，制度的权威能为治理提供自上而下的指导。道格拉斯指出，"制度是一个社会的游戏规则，更规范地说，它们是为决定人们的相互关系而人为设定的一些制约"（Douglass C. North，1973）。上级政府只有通过设置明确的工作领导机构制度、监督制度、管理制度，才能较好地约束下级政府的执行动机和行为。与民生息息相关的公共服务供给作为飞地区域的社会治理重要内容，必然要在制度化的组织体系框架与约束激励机制下进行。

另一方面，制度的建设与持续优化是国家实现高质量发展的中心任务之一。道格拉斯等人还指出，制度在一个社会中起着基础性作用，但其又具有刚性、滞后于现实等先天缺陷（Douglass C. North，1980；李振、任丹、宫兆杰，2021；

李元元、于春洋，2019）。因而，随着社会治理新问题的持续涌现，制度的不断革新成为时代发展的必然要求。

整体看来，面对飞地这一特殊的治理难题，从制度视角解析其内在机理并形成具有针对性的应对制度体系，是新时代基层治理现代化背景下的题中之义。

3.1.3 组织维度

组织是社会系统运行的基本载体，在科层制下，组织内部及组织间的分工与合作是常态。理顺上级组织与下级组织的纵向隶属关系和领导关系，是维护政权稳定的必要条件（O'Toole、Laurence J. Jr，1997）。横向治理界面中组织与组织之间的协同，则是治理政策落地、落实、落细的保障。

一方面，位于行政体系末梢的基层组织是政策执行的核心主体。一般而言，政策执行主要依托府际关系或组织间关系开展行动进而达成政策目标的。在考虑飞地公共服务供给无效的问题时，必须加强对组织关系的理解。在跨域性的治理情景中，尤其需要关注横向政府间的互动。

另一方面，日趋复杂的社会问题对组织提出了更高的要求。奥图（O'Toole，）认为，"尽管有时单一行政主体就能完成政策的执行，但成功越来越要求多个组织一起实现政策目标。政府间让渡计划和规制的重要性、公私伙伴关系的凸显、跨越行政边界的突出政策问题的出现都表明，跨组织管理在处理今天的政策执行挑战中的核心地位。"（O'Toole、Laurence J. Jr，1997）飞地治理困境的深层次生成原因就在于，由飞出地政府管理的单一治理模式难以应对复杂的治理情景、匹配公众日趋多元的诉求。要想实现公共服务的有效供给，提升社区治理的水平与效益，势必要将飞入地政府、社会组织、企业等多个主体共同纳入治理系统，以组织的优化推动治理的优化。

3.2 情境、制度与组织的内在逻辑关系

简要来说，情境是客观状态，制度是硬性约束，组织是行为主体。三者共同构成了治理政策的执行系统。

其中，制度的动态演进与组织的弹性调整是基于情境的发展而发展的。当外生性环境中的某一要素发生改变时，为了维持社会状态的稳定，制度会在情境需求的引导和驱使下作出具体的安排；作为制度执行主体的组织在新制度的规约下，对内部结构与组织关系进行及时的调整，以适应环境新变化、匹配情境的新需求；同时，组织在调整的过程中也在不断地反馈和塑造社会治理的情境，即情境本身也存在一个社会建构的预设情境（杨华锋，2022）。与之相对应的，情境本身同样可能对制度与组织构成制约或支持，即情境是制度与组织的

生发系统。综合看来，在整个治理系统中，制度与情境、组织与情境、制度与组织之间均存在相互作用、互相反馈的闭环关系链条。

3.3 基于"情境—制度—组织"的分析框架

只有正确分析困境，才能找到问题的答案。本文以制度的高模糊性与组织的高冲突性为视角，将府际关系理论提供的制度—组织要素与组织权变理论提供的情境要素结合起来，建构新的分析框架作为理论工具。在此基础上，聚焦吉泰社区的现实情况，围绕"飞地治理缘何陷入困境？""公共服务缘何供给缺位？""跨域协同缘何执行艰难"三个主要问题，从非正式解释、注意力欠缺、制度紧缩、权力异化、利益博弈、信息不对称等方面，着重探讨与回应飞地社区治理中的公共服务供给难题等相关问题。

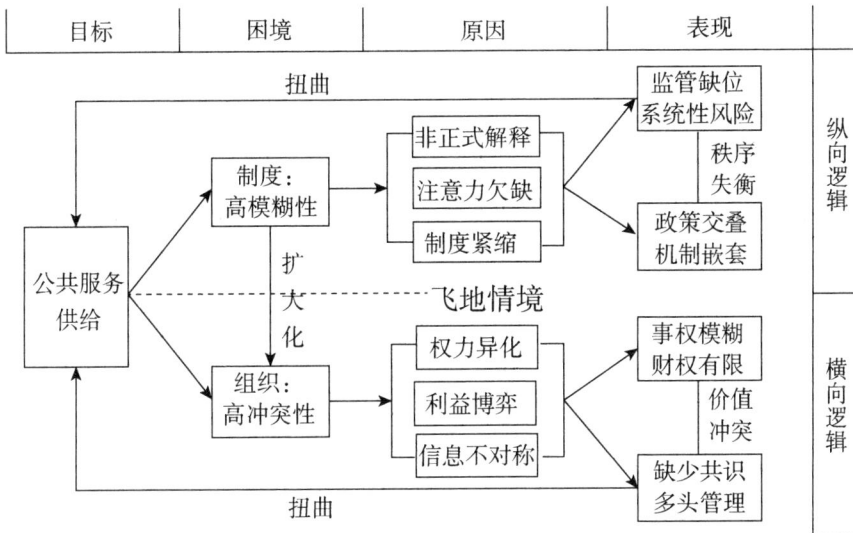

图 4-1 "情境—制度—组织"的理论框架

4 内在逻辑：基于实证案例的飞地公共服务供给困境剖析

4.1 情境：飞地治理的现实表征

4.1.1 "棘手性"公共难题日益增多且纷繁复杂

正如让·皮埃尔·戈丹所言，"治理是一种集体产物，或多或少带有协商和混杂的特征"（Jean-Pierre Gaudin，2010；张立荣、陈勇，2021）。在飞地这一特殊的治理情境中，公共供给多主体、多层次的治理特征尤其显著。随着府际网络、组织结构、利益收益、社会资源等的关系愈发复杂，可持续、主体化的弹性治理机制的建立难度逐渐增大，飞地公共服务供给的矛盾也随之凸显（李振、任丹、宫兆杰，2021）。

一方面，飞地公共服务供给难题的涵盖领域愈发广泛，空间嵌入性与制度套叠性的属性明显增强。相较于之前仅需解决区域整体规划、基础设施建设等基础性难题，近年来公众意识逐步觉醒，对社会保障、医疗卫生、商贸市场、教育科技、娱乐设施等公共物品的需求逐步提升，政府治理压力激增。更为突出的是，飞入地飞出地两区政府间的合作机制存在一定的滞后性，很难及时、精准匹配公众的最新需求。在吉泰社区的维权过程中，从一开始《全体吉泰社区居民请求广州市长为民生谋福祉的信》中提出的"永水永电通交通"，到后面在"广东珠江"频道中提到的就近入学、就近打疫苗，公众日益增长的美好生活需求与公共服务供给不平衡不充分的矛盾仍待得到缓解。上述情境的复杂化趋势，决定了常规治理模式与手段很难契合当前飞地社区的发展需求，制度的革新与组织的调整成为提升治理效能的必要环节。

另一方面，飞地公共服务供给难题的延伸衍化迅速，极易形成突发公共事件。社会的系统性、复杂性决定了治理往往是"牵一发而动全身"。如果在问题初期不加以干预解决，微小事件极易通过社会关系网络、信息链条等酝酿成巨大灾害。在吉泰社区事件的发展过程中，企业、媒体、社会组织等主体的介入将事态不断外放、扩大至第三方层面，给政府部门带来了一定的舆论压力。管控不力让小规模的维权事件演化成基层治理现代化背景下的负面典型，导致 H 区政府公信力严重受损。尤其是媒体发布的一篇名为《10 年临水临电缺公交！广州 H 区吉泰社区居民遭遇无法解决的困难？》的新闻，在网络上广泛传播并引发了诸多讨论。虽然舆论也具有正向的促进作用，但公共服务供给是一项长期性、综合性与系统性的跨域空间治理工程，需要长期的投入与管制。如果政府部门因短时间内的巨大舆论压力而陷入为了政绩草草了事的治理误区，是否更不利于公共难题的消解呢？这一问题的提出，及其背后可能造成的舆论危机，又为飞地治理创造了新的治理情境的可能，倒逼治理政策不断创新、未雨绸缪。

4.1.2　"碎片化"治理现象客观存在且难以消弭

在飞地治理过程中，城市空间的碎片化会导致治理实践的碎片化。粗线条的管理权属划分，往往导致横向地方政府之间、地方政府部门之间处于分割、矛盾、冲突等状态，极易引发基层治理中的梗阻现象。在吉泰社区案例中，集中体现为公共服务供给的零碎化、交叉化。

一方面，飞地公共服务供给中存在难以消解的集体行动困境。飞地中的基础设施及公共服务属于非典型的公共池塘资源，其供给与治理的过程会涉及多个利益主体。即便地方政府间已达成共识或缔结协作契约，但具体执行过程中，行政区划和地理界线的隔阂仍会带来各自为政、地方保护主义等不良现象，继而造成供给失灵的集体行动困境。案例中，H区政府与N区政府之间、H区政府与开发商之间、开发商与企业之间也曾多次协商达成共识，但出于对协作风险与交易成本的考量，很多决策难以落地，相应的公共问题也就无法解决。以永久用电问题的解决为例，H区政府曾多次沟通协调，并推动开发商与电力公司洽谈建设合同。但据开发商反映，城北供电公司在多次催促的情况下，仍未对建设合同金额作出肯定。同时，2022年H区区委领导到佛山市进行调研时，也对吉泰社区的问题进行了探讨。但无论是出于自利和他利的考量，抑或是因为工作量有关的其他原因，多个主体都对吉泰社区的问题含糊应答，直接诱发"1+1<2"的治理窘境。纵观十年来的交涉历程，此类现象，在解决医疗、教育、交通等问题时也有出现。可以说，集体行动困境作为跨区域协作治理情境中的重要表征，已极大地影响了飞地公共服务的供给效能，并严重影响到当地居民的幸福感、满足感。

另一方面，飞地公共服务供给中存在大量避责行为。在行政区划存在刚性壁垒与府际成本分担机制尚未健全的背景下，地方政府要解决日趋复杂的"棘手性"公共难题，往往需要付出远高于传统公共问题的治理成本。在无力承担高额治理成本的情况下，可能会选取"避责"策略或将问题"转嫁"给其他治理主体，以减少公共难题带来的风险与潜在责任。通过吉泰社区可以发现，在不同阶段解决不同的问题过程中，两区政府都采取了一定的避责政策。这也是导致吉泰社区的飞地问题历时十余年仍未能得到解决的重要原因。比如，公众根据购房合同提出临水临电改接用水用电的诉求，但H区政府认为现行的法律法规均未明确指定房屋验收要永久水电，仅有水电供应即可满足交楼要求。"照章办事"的避责思维成为公众与政府"拉锯战"的重要原因。随后，针对学区房、医保报销、疫情防控两头管理等问题，N区政府也出现了"忙而不动""限制议程、议程重设""推脱谦让、强调困难"等诸多"合法合规但不合民意"的懒政怠政行为（白云锋，2019），严重制约了飞地空间公共服务供给问题的解决，也让飞地社区的治理走向更难化解的局面。

4.2 制度：顶层设计中飞地治理模式的高模糊性

4.2.1 非正式解释：法律文本表述的模糊性

作为一个特殊的地理实体，飞地的实际管辖主体在法律解释上具有多义性

（陈帅飞、曾伟，2016）。按照《中华人民共和国宪法》《中华人民共和国地方各级人民代表大会和地方各级人民政府组织法》等重要文件的规定，在法律层面，飞地的管辖权属于其行政上的隶属者，即由上级飞出地政府主要负责，飞入地政府主要进行协助工作。

但是，现有法律并未对"协助""监督"等管理范畴进行具体定义，对于飞入地政府权限尺度的界定也不够清晰，难以引导飞入地政府承担相应的管理职责（Edgar Bodenheimer，2004）。同时，法律条文的模糊性与抽象性也决定了，飞地的治理权责无法通过权威背书精确到每一具体部门，而是在管理体制与具体管辖单位之间保留一定的由地方政府自主确定的空间，这也在某种程度上为飞地治理各方主体的角力提供了场域。

可见，"形式逻辑在解决法律问题时只具有相对有限的作用"（练宏，2015），缺少法律的充分解释与有力指导，即为飞地治理具体事务无法获得有效解决的深层原因。

4.2.2　注意力欠缺：政策目标设置的模糊性

我国行政权力和资源呈现一种"倒金字塔"式的分配结构，这决定了上级政府的注意力与下级政府工作重点直接关联。下级政府会对领导高度重视的任务，保持着强烈的政治热情，并投入更多的精力和资源（边晓慧、张成福，2016）。这也就解释了为什么国内多地高度重视"飞地经济"的探索推进，却对"飞地社区"的公共服务供给问题很少关注。"飞地经济"是我国大国经济发展背景下，在区域发展非均衡的前提下，寻求发展的回旋余地和整体发展优势的一个重要途径，在"十三五"规划纲要中被着重提出。与之形成对比的是，在"飞地社区"的治理过程中，决策者面对的决策信息存在极大的不对称性，无法完全把握基层社会的实际状况。而"飞地经济"的快速发展，则吸引了决策者绝大部分的注意力。可以说，"飞地经济"的发展在一定程度上转移了决策者对"飞地社区"的关注和重视。

此外，将飞地社区的公共服务供给问题归入基层治理领域，也会出现如上的注意力欠缺问题。因为飞地社区难并非广泛存在，仅限于"一隅之地"，且相关矛盾并未上升成严重的社会问题。整体性的贫富差距、区域发展不平衡等急难险重问题才是地方政府在有限资源与有限精力的前提下重点关注的社会问题。所以，无论是基于特定性的飞地治理视角，还是基于整体性的基层治理视角，飞地社区的公共服务供给问题均鲜少进入政策议程，也无法获得针对性的治理举措，只能融入普适性的基层治理目标，被集中、模糊地处理。

4.2.3 制度紧缩：创新性顶层设计的模糊性

制度，通常被视为一系列用来建立生产、交换与分配基础的政治、社会和法律基础规则。在国家宏观制度转型进程中，制度完善并非一蹴而就，具有一定的滞后性，该特性引发的制度创新供给不足也被视为中国治理实践中的重要桎梏（张紧跟，2017）。

飞地公共服务供给作为基层治理现代化背景下涌现出的新问题，催生了一批新的治理举措，也让以往粗放的制度体系不再适用于现行的跨区域治理机制。而要在短期时间内建立覆盖多地、适配多领域、涵盖多种公共服务的制度规则，让飞地管理创新工作转变为常规工作，难度可想而知。因而，尽管吉泰社区的社区居民通过层层上访，在一定程度上推动了区级层面的制度创新，但新的管理规则仍未明晰，只有零星的几条区级政策规划。更为重要的是，这些制度还存在着缺乏操作性、供给不足、难以和现实问题顺利接轨、成效难以评判等问题。由此，形成了一种旧有规则大量退出而新生制度增量匮乏（或无效）的"制度紧缩"状态（倪星、王锐，2018）。

此外，制度紧缩与飞地治理中两区政府权责交叉的现实情境相交叠，不仅会使飞地当地面临新的制度非均衡难题，还有可能引发组织内部的非系统性风险，加剧飞地公共服务供给的治理难度。

4.3 组织：合作视域下两区政府管理的高冲突性

4.3.1 权力异化：服务微空间重叠的冲突性

将城市空间切割为不同的行政区域，是实现精准管理与精细服务的重要途径，也为地方政府的行动权限提供了明确的界线。地方政府的一个突出特征就在于只能在特定行政区行政，管理其辖内的各项事务，对辖区外的各类事项则无权涉及。

但由于飞地地理区位的特殊性，对其的治理规划势必会打破了一般的行政区划刚性规定，集中呈现出跨区域管理、交叉式管理的特点。在同级政府间的治理合作过程中，确定权力分界、界定利益归属、重塑行政流程，进而实现服务最优供给等治理目标，均非易事。

事实上，案例中的协商共治过程，"三不管""扯皮""衔接不畅"等现象的出现属于跨区域治理的常态，物理空间的分离与服务场域的重叠，势必会在制度层面形成双轨嵌套，进而导致在实践层面存在治理维度的交叉、空白、冲突等风险。

4.3.2 利益博弈：利益认知差异化的冲突性

地方政府合作的逻辑基点是共同的合作需求。而共同需求的产生一般是基于资源互补、共同利益认知以及成本收益的分析（Robert Axelrod，2007）。因此，政府部门在展开合作之前，一般会对自己的成本收益进行分析，在"他利"的基础上，融入"自利"的考量。

飞地社区的治理作为具有较强负外部性的公共问题，既不涉及土地、矿产等发展性市场资源，也不会增加税收等公共财政收入。在"利"层面，飞地治理属于典型的"吃力不讨好""无利可图"类型。需要明确的是，对于飞出地政府，实现对飞地社区公共服务的有效供给既是公共服务供给均等化的必然要求，也是检验其治理效能的重要通道，即便跨区域供给水电、交通要花费高额的治理成本，但"自利"与"他利"的行动目标始终是一致的，为了实现区域内部的和谐发展、贯彻以人为本的治理理念，飞出地政府必须主动且甘愿对飞地社区的发展负责。对于飞入地政府，其治理结构中并不涉及飞地区域的管理事务和公共服务职能，协助飞出地政府共同供给公共资源反而会侵占本地资源，阻碍本地的经济发展与社会民生。因而，要想实现"他利"，势必要牺牲本地部分的"自利"。在此情境下，如果缺乏合适的回报与正反馈机制，飞入地政府将会出现严重的合作动力不足问题。那么，在合作治理的过程中，如何界定让利尺度、共享其他发展权益，实现双方的利益最大化，就需要两区政府不断深入交涉、磨合。

4.3.3 信息不对称：资讯结构性梗阻的冲突性

信息系统是连结政府与公众的桥梁，信息的发布、传递、反馈等环节都与基层治理的决策、过程和结果紧密相关。在飞地的治理过程中，由于制度层面的组织结构固化与物理层面的区位分离，信息咨询系统存在结构性梗阻。

一方面，由于交叉式管理，飞地社区的居民权益诉求往往面临两条表达路径，如何避开两区政府的推诿、避责，精准将信息资讯传播反馈到对应的利益表达渠道，是社区居民要面临的重要难题。另一方面，对于政府部门而言，由于地理位置的限制、网格化管理机制尚未健全，飞出地政府与飞地社区之间往往存在着信息不对称（张乐、童星，2019）。飞出地政府无法实时掌握飞地的发展状况，进而导致本该承担主要责任的飞出地政府时常会出现无意识的"失聪""失灵"行为。而对于飞入地政府，因管理权力有限，面对飞地社区居民反馈的资讯与诉求，通常只能"转送""交办"，不仅信息的及时性受损，传递过程中信息的精度与准度也可能受到影响。因而，信息资讯的交流不畅也是导致飞地公共服务供给困境的重要原因之一。

5 矫正路径:一场从"无"到"有"的管理覆盖

5.1 以制度与法律协调实现统筹规划

5.1.1 顶层设计模糊性的削减:优化飞地政策体系

推动制度建设是实现飞地社区有效治理的根本举措。第一,完善飞地社区治理的顶层设计。从国家尺度建立高层次的决策规范和管理制度,纵向干预打破区域间的行政壁垒,实现结构支撑。第二,开展飞地社区治理的立法探索。制度建设,立法先行,飞地社区治理作为跨域空间治理的新兴形式,需要法律为其打造独特的"硬环境"。可参考国外一些行政程序法中关于行政协助的规定,在飞地两区政府间设定明确的附随权利义务(叶必丰,2017),给地方政府间的跨域协同治理提供法理样板。第三,促进飞地社区跨域治理的理念融合。统筹建设以两地协同为导向的飞地治理新理念,政治势能高位推动地方政府树立治理新思维,通过持续互动,强化飞地相关治理主体对跨域治理的认同。

5.1.2 下层分工模糊性的削减:健全执行监管机制

良好的府际关系网络是创新飞地社区治理的源动力。第一,重点关注两地政府间的管辖与必要协助关系。依据上述法律制定规范化的管理机制,划定区域内两地政府主管与协管的分工界线,防止两地管理交叠处出现监督盲区与治理真空,也为后续监管考核机制的开展提供明确的责任清单,同时,着重关注行政协助"不得以额外的经济对价为前提"(白云锋,2019)。第二,加强区域协作奖惩机制。上级政府,或专门设置的监管部门,需持续、定期对两地政府进行监督与考核,对违反合作协议的对象施以行政或利益处罚,通过形成监督管理的倒逼自查制度,引导地方政府向着协商共治的方向发展。第三,创新地方政府官员的晋升激励与政绩考核机制。量化飞地治理绩效,将合作性发展指标作为飞地区域官员晋升的重要标准,引导地方政府官员多通过协商合作,提供飞地区域的公共服务供给效率。

5.2 以关系与话语契合实现力量整合

5.2.1 自利性冲突的减弱:构建飞地治理保障体系

建立健全飞地治理相关保障体系,是推动跨域公共服务供给与高质量发展常态化的关键。一是加快完善飞地区域的基础设施建设。对水电、交通、燃气等基础设施安排投资建设专项资金,既为公众解决急难盼愁的民生问题,也切实拉进公众与两地政府的关系，为两地政府后续对该区域的开放利用做好基础保障。二是加大对飞地社区公共服务供给的财政支持力度。畅通两地政府的财政沟通协调渠道，高位推动建立相应的财政激励制度、财政收支监督制度、财政补偿制度等具体支持措施，消解两地政府间的过度竞争和消极合作。三是完善跨域治理的利益协商机制。在有了顶层统一规划与地方财政支持后，飞地治理过程中所受阻力大大减少，但在责任与成本的考量外，两地政府还需就利益分配达成共识，即通过定期召开联席会议等方式，及时对利益诉求、利益补偿、利益冲突等情况凝聚共识，以促进飞地治理中整体利益的合理化配置。

5.2.2　协同性冲突的减弱：整合多元执行主体力量

飞地公共服务供给的核心问题在于如何化解治理过程中的集体行动困境，促进两地政府之间的协同共治。基于此，一是要搭建多元主体协同治理网络。结合"复合行政"治理观，飞地相关的跨域公共服务供给，不仅要包含纵向府际合作及横向尺度中的同级政府合作，还要包含政府与社会组织、企业、公众之间的关系，通过上下左右交叠与嵌套而形成的多层次合作体系。二是加强"第三方治理"在飞地社区公共服务供给中的作用。社会组织作为治理体系中的重要组成力量，能有效缓解公共服务供给失灵、政府治理效率低下、社会公平失衡等难题，因而，可通过向社会组织购买公共服务等方式，提高飞地社区的治理效能。三是完善飞地治理联席会议机制。飞地治理的本质是以居民需求为导向，因而，在治理网络的构建过程中，既要有政府等主体的参与，又要保障居民的自治话语权，需要通过建立沟通机制、完善议事规则等方式，培养社区居民的主人翁意识，让居民发声，也让政府的治理更能贴合民情。

5.3　以资源与技术耦合实现高效治理

5.3.1　整体化治理的增强：完善跨域资源流动机制

资源要素的跨区域流动是飞地治理的重要推力。一是以资源要素统筹提升飞地治理效率。政府与政府之间、政府与市场之间应提前对现有资源进行全面梳理与规划布局，完善资源储备与交互体系，建立健全不同主体间的资源匹配机制，以减少重复投入、降低治理成本。二是引导各类资源在空间上建立有机联系，以适应动态发展的治理需求。面对飞地地区人民日益增长的美好生活需求，以及风险社会背景下愈发受到重视的应急需求，飞地治理中的要素流动不应是固化的、不变的，政府部门及其他主体应定期优化资源配置网络，弹性调整资源配置方案，以确保跨区域资源流动的畅通，并能在某项特殊的治理需求被提出时，达成快速响应与无缝对接。三是建立资源共享平台。受地理区位的限制，飞地社区与其管辖政府、其他治理主体间很难实现有关资源的实时沟通，因而就需要建立资源共享平台，编制资源共享目录，畅通资源流动渠道，以实现治理资源互联互通，方便不同治理主体灵活调整治理策略。

5.3.2 数字化治理的增强：完善跨域信息共享机制

飞地治理作为一项兼具长期性、系统性、复杂性的综合跨域治理工程，需要持续接受信息反馈，才能实现治理的精准匹配。一是创新信息采集、更新、整合和分析应用工作机制。在基层治理信息化的大背景下，两地政府应提高对数据的价值、地位、管理利用方式的认识，通过主动收集和处理飞地相关数据资料，建立动态的数据治理机制，构建起用数据说话、用数据决策、用数据管理、用数据创新的飞地治理格局，真正实现信息数据"一网采集、两地共享"。二是要打通政情民意和征询反馈双向互动通道（崔元培、魏子鲲、薛庆林，2022）。建立常态化管理和信息实时共享机制，一方面，公众能突破地理空间的信息传递限制，自下而上传递民情民意，信息传递的真实性、准确性、可见性都能大大提升；另一方面，政府部门受公开平台的监督，既能精准回应公众诉求，又能真正实现治理的"在场"，公共服务供给过程中的信息不对称现象极易消解。三是寻求新技术在跨区域治理协作中的应用场景。积极打造数字中台治理体系，推动两地政府的共性治理业务向中台聚集，让数字赋能实现飞地治理创新，推进数字治理与基层治理实践的充分融合。

参考文献

［1］颜昌武，许丹敏. 基层治理中的属地管理：守土有责还是甩锅推责？[J]. 公共管理与政策评论，2021，10（02）：102—112.

［2］姚丹燕，刘云刚. 从域外领土到飞地社区：人文地理学中的飞地研究进展［J］. 人文地理，2019，34（01）：20—27.

［3］姚尚建. 制度嵌入与价值冲突——"飞地"治理中的利益与正义［J］. 苏州大学学报（哲学社会科学版），2012，33（06）：61—67.

［4］王倩. "飞地经济"治理中的地方政府合作研究——以深汕特别合作区为例［J］. 厦门特区党校学报，2017，157（05）：40—47.

［5］张钊，马学广，王新仪. 尺度重组与制度嵌入："飞地经济"的跨界空间治理实践［J］. 贵州省党校学报，2021，196（06）：61—71.

［6］陈帅飞，曾伟. 复合行政视角下国内飞地管理研究［J］. 湖北理工学院学报（人文社会科学版），2016，33（06）：45—49+83.

[7] 英明，魏淑艳. 府际关系：公共政策执行的关键变量 [J]. 广西社会科学，2017，270（12）：123—128.

[8] 谢庆奎. 中国政府的府际关系研究 [J]. 北京大学学报（哲学社会科学版），2000（01）：26—34.

[9] 〔美〕罗伯特·登哈特. 公共行政 [M]. 北京：北京大学出版社，2013.

[10] 林尚立. 国内政府间关系 [M]. 杭州：浙江人民出版社，1998.

[11] 谢庆奎. 中国政府的府际关系研究 [J]. 北京大学学报（哲学社会科学版），2000（01）：26—34.

[12] 谢庆奎. 中国地方政府体制概论 [M]. 北京：中国广播电视出版社，1998.

[13] 王敬尧，陶振. 分税制视野下府际关系的特征与走向——府际间财政资源分配的视角 [J]. 江汉论坛，2008（04）：82—85.

[14] 高进，刘聪，李学毅. 县级行政区划调整与府际竞争——基于撤县设市与撤县（市）设区的比较 [J]. 浙江社会科学，2022，314（10）：37—44+156.

[15] 边晓慧，张成福. 府际关系与国家治理：功能、模型与改革思路 [J]. 中国行政管理，2016，371（05）：14—18.

[16] 李庆华. 长三角地区经济一体化制度建设——基于政府间磋商机制的研究 [J]. 现代管理科学，2007，169（04）：31—33.

[17] 马光荣，赵耀红. 行政区划壁垒、边界地区公共品提供与经济发展 [J]. 金融研究，2022，506（08）：55—73.

[18] 郭施宏，齐晔. 京津冀区域大气污染协同治理模式构建——基于府际关系理论视角 [J]. 中国特色社会主义研究，2016（03）：81—85.

[19] 姜乐军，邱德梅. 现代学徒制背景下高职院校思想政治教育的创新路径——基于权变理论视角 [J]. 职业技术教育，2019，40（26）：64—67.

[20] A. Allan Schmid. 财产、权力和公共选择 [M]. 上海：上海人民出版社，1999.

[21] 权变管理理论体系的建立者——弗雷德·卢桑斯 [J]. 现代班组，2012（07）：25.

[22] William F. Glueck. 企业政策与策略规划 [M]. 台北：东华书局，1990.

[23] 李育林. 基于权变理论的海洋灾害应急管理研究 [J]. 太平洋学报，2014，22（05）：85—94.

［24］陈会玲，蔡力，李宁等．新型冠状病毒肺炎疫情下武汉市粮食应急管理经验与启示——基于权变理论视角的分析［J］．浙江农业学报，2021，33（05）：923—931.

［25］吕双旗．基于权变理论的政府绩效评估［J］．中国行政管理，2013，334（04）：32—34.

［26］张立荣，冷向明．当代中国服务型政府建设的标准体系——基于系统权变模型的理论与实证研究［J］．政治学研究，2009，88（05）：99—106.

［27］孙志建．怎样合理配置有限的政府监管资源——基于风险的监管模式的兴起及其潜在运行风险［J］．上海行政学院学报，2022，23（02）：32—44.

［28］Matland R. E.，Synthesizing the Implementation Literature：The Ambiguity-Conflict Model of Policy Implementation［J］．Journal of Public Administration Research & Theory，1995（2）：145—174.

［29］竺乾威．地方政府的政策执行行为分析：以"拉闸限电"为例［J］．西安交通大学学报（社会科学版），2012，32（02）：40—46.

［30］何瓦特，唐家斌．农村环境政策"空转"及其矫正——基于模糊—冲突的分析框架［J］．云南大学学报（社会科学版），2022，21（01）：116—123.

［31］朱玉知．环境政策执行模式研究［D］．复旦大学，2013.

［32］黄建红．基层政府农业政策执行悖论与应对之策——基于"模糊—冲突"模型的分析［J］．吉首大学学报（社会科学版），2022，43（02）：116—124.

［33］〔美〕道格拉斯C.诺思．制度、制度变迁与经济绩效［M］．上海：上海三联出版社，2014.

［34］North D. C.，Thomas R. P.，The rise of the western world：a new economic history［M］．Cambridge：University Press，1973.

［35］North D. C.，Structure and change in economic history［M］．New York：W. W. Norton，1980.

［36］李振，任丹，宫兆杰．制度紧缩与基层官员避责行为的策略与类型分析［J］．深圳社会科学，2021，4（02）：75—84.

［37］李元元，于春洋．府际关系视野中的当代中国族际政治整合——以民族地方政府为中心的讨论［J］．青海社会科学，2019，（6）：156-163，187.

［38］O'Toole，Laurence J. Jr.，Treating Networks Seriously：Practical and Research-Based Agendas in Public Administration［J］．Public Administration Review，1997（1）

［39］O'Toole，Laurence J. Jr.，Treating Networks Seriously：Practical and Research-Based Agendas in Public Administration ［J］. Public Administration Review，1997（1）

［40］杨华锋. "情境—意识—行动"框架下国家安全治理的模型假设［J］. 国际安全研究，2022，40（06）：61—85+152—153.

［41］〔法〕让·皮埃尔·戈丹. 何谓治理［M］. 北京：社会科学文献出版社，2010.

［42］张立荣，陈勇. 整体性治理视角下区域地方政府合作困境分析与出路探索［J］. 宁夏社会科学，2021，225（01）：137—145.

［43］李振，任丹，宫兆杰. 制度紧缩与基层官员避责行为的策略与类型分析［J］. 深圳社会科学，2021，4（02）：75—84.

［44］白云锋. 飞地协议管辖：一个组织法问题的出路［J］. 中国土地科学，2019，33（02）：12—18.

［45］陈帅飞，曾伟. 复合行政视角下国内飞地管理研究［J］. 湖北理工学院学报（人文社会科学版），2016，33（06）：45—49+83.

［46］〔美〕埃德加·博登海默. 法理学：法律哲学与法律方法［M］. 北京：中国政法大学出版社，2004.

［47］练宏. 注意力分配——基于跨学科视角的理论述评［J］. 社会学研究，2015，30（04）：215—241+246.

［48］边晓慧，张成福. 府际关系与国家治理：功能、模型与改革思路［J］. 中国行政管理，2016，371（05）：14—18.

［49］张紧跟. 公民参与地方治理的制度优化［J］. 政治学研究，2017（06）：91—102+128.

［50］倪星，王锐. 权责分立与基层避责：一种理论解释［J］. 中国社会科学，2018，269（05）：116—135+206—207.

［51］〔美〕罗伯特·阿克塞尔罗德. 合作的进化［M］. 上海：上海人民出版社，2007.

［52］张乐，童星. 环境冲突治理中的结构固化与功能障碍［J］. 学术界，2019，252（05）：110—121.

［53］叶必丰. 区域协同的行政行为理论资源及其挑战［J］. 法学杂志，2017，38（03）：79—89.

［54］崔元培，魏子鲲，薛庆林. "十四五"时期乡村数字化治理创新逻辑与取向［J］. 宁夏社会科学，2022，231（01）：103—110.

案例五

情能生巧治：情感纽带何以串起
社区治理"同心链"

文　宏　高雨竹*

【编者语】

随着社会分工的逐渐细化，中国传统的"熟人社会"已经发生改变，社会个体之间的情感联系逐渐淡化。情感作为"熟人社会"的核心要素，是基层社会治理中的重要资源，利用这一资源有助于构建和谐稳定的社会，提高群众的获得感、幸福感和安全感。但已有研究对情感资源在社会治理中的关注度不足，缺乏翔实、丰富的案例支撑，对于"情感治理"的讨论仍然停留在理论分析上。因此，基层治理如何从情感视角切入，在社区中打造社区治理共同体，以及在社区内部形成矛盾自我解决机制，是当前基层社会治理研究亟待回应的重要命题。

基于此，本案例取材自 P 市幸福小区"情感治理"案例，经过长时间的定点观测，对市、区、街道中的干部和居民进行了大量的访谈，获得了丰富的资料积累。

本案例按照"起承转合"的结构和插叙的叙述方式，保证写作中素材的规范性、严谨性和可读性，描绘出"有生机、有矛盾、有感情"的治理情节，还原了幸福小区"山重水复疑无路、柳暗花明又一村"的社区共同体的打造过程。具体而言，社区作为社会的细胞，往往最容易被忽视而又最容易产生问题的场域，特别是建成时间长的老旧小区，想要解决层出不穷的历史遗留难题，更是难遇转机。2018 年，P 市熟人社区建设工作正式拉开帷幕，经过多年的走访协调，幸福小区终于名副其实成为"幸福"生活的代名词，是什么因素让过去难以协调的问题迎刃而解，幸福小区能否持续"幸福"下去，当居民之间串起社

---

* 高雨竹，华南理工大学公共管理学院硕士研究生。

区"同心链"，这种情感联系能否一直保持？P市幸福小区的自治经验能否解决全国的社区治理难题……

本分析报告在情感社会学的基本框架下，结合场域理论和行动者网络理论，建构了情感治理"继承—发展—升华"的分析框架，并立足P市幸福小区社区治理共同体建设的案例，揭示了"情感"这种治理资源的发生逻辑与行动方式。研究发现，面对快速城市化进程中出现的邻里关系对立化、矛盾解决离地化、治理工具形式化等问题，需要在规则遵循的基础上，通过情感继承、情感发展、情感升华凝聚分散的社区力量，帮助社区治理顺利推进。报告进而提出培育身份认同、厚植信任基础、调动社区资源等对策建议。

最后，需要说明的是，本案例的核心内容曾参加由中国学位与研究生教育学会、中国科协青少年科技中心主办，全国公共管理专业学位研究生教育指导委员会联合主办的第七届中国研究生公共管理案例大赛，并在上千个案例文本中脱颖而出，获得了全国"三等奖"的成绩，得到了全国专家的高度认可。

摘　要： 社区治理生动实践传递着我国基层治理的民生温度和情感故事。情感作为新引入的治理变量，是基层社会治理中的重要资源，在构建新时代社会治理共同体新格局中发挥着联结个体与群体的重要作用。本案例报告基于社区治理中多重的现实困境，探索情感资源在刚性制度与柔性治理之间互嵌融合的可行路径，明晰情感导入社会治理的发生逻辑与作用机制，进而弥合社区治理中基层干部和群众间的"冰冷隔膜"，有效发挥情感基层社区治理的"润滑剂"作用，通过社区治理共同体的构建积极营造"熟人"氛围，再造情感资源，有效发挥"党建"作用，厚植信任基础，重构"身份"认同，从而唤醒基层社区积累的"沉睡资源"，推动其转化成为基层社区日益繁杂的治理任务和目标实现的支撑力量，全面提升新时代社区居民获得感、幸福感、安全感。

关键词： 情感治理；城市治理；治理规则；基层治理共同体

一、案例正文

0　引言

2022年10月16日，习近平总书记在党的二十大报告中指出，"完善社会治理体系"、"建设人人有责、人人尽责、人人享有的社会治理共同体"。2021 年 11 月 11 日，十九届六中全会通过的《中共中央关于党的百年奋斗重大成就和历史经验的决议》指出，"完善社会治理体系"，要"推动社会治理重心向基层下移"。社区是基层基础，是党和政府联系群众、服务群众的"神经末梢"，社区治理离不开居民的参与和配合。为切实贯彻落实党中央、国务院关于社会治理的决策部署，完善社会治理体系，各级政府想方设法地将党的领导的政治优势同社区的群众自治优势及广大群众的个体参与优势等有机结合，努力实现政府治理和社会调节、居民自治的良性互动，不断重建和提升居民的社会认同感和社区归属感。

P 市积极响应国家政策，多方面加强和创新社会管理，加快社会治理现代化转型。经过几年的努力，P 市的社会治理软实力得到极大的提升。尤其是近年来，P 市政府开展集中的社区环境治理行动，无论是化解邻里纠纷、治理小区脏乱差，还是破解停车难、旧楼加装电梯等难题，都取得了实质性进展。然而，在这片整洁和谐的社区群中，一个臭烘烘的脏乱差小区显得格格不入。这个小区就是"远近闻名"的幸福小区。

要说幸福小区的"名气"，那是从建成之初就有的，不过当时是人人称赞的美名，现在是避之不及的恶名。

20 世纪 90 年代，幸福小区初建成，人们提起它都要竖起大拇指，称赞一句模范和谐小区。幸福小区作为 G 单位的家属楼，虽然住户较多，但大家基本都是同一个单位的同事，同事之间互相熟识、往来频繁，居民之间有什么困难都是"一排篱笆十根桩，一家有难大家帮"，矛盾也可以及时化解，邻里之间一派和睦，可以说是"远亲不如近邻"的真实写照。

为什么短短二十几年，如此和谐的幸福小区如何就变成了不和谐的"不幸福小区"呢？

由于特殊的历史因素、地理位置，幸福小区现在外有臭气熏天的"垃圾围城"，内被横七竖八的乱停车塞满，中间还有一条条私拉充电的电线，让幸福小区看起来仿佛脏乱差臭的盘丝洞。

幸福小区的"幸福"不再，真的只是因为社区的居住环境变差吗？虽然在众多开展社区环境治理的社区中，幸福小区的社区环境问题可谓是各种问题的"集大成者"，但在经过社区环境治理行动后，幸福小区的问题应该可以迎刃而解。然而，幸福小区的治理问题却迟迟得不到解决。在集中社区环境治理行动一片向好的形势下，为何偏偏出现幸福小区这个"困难户"？这一切，还与小区居民有关。

本以为居住环境恶劣的幸福小区居民会主动参与、积极配合社区环境整治行动，谁知街道和社区工作人员在工作的推进过程中却屡屡受阻。虽然幸福小区一开始是一个远近闻名的和谐小区，但随着社会经济的不断发展，许多幸福小区的初代居民因工作变动而迁出，而来到 P 市工作从而定居在幸福小区的外来人口逐渐增多。多年的变迁下来，老居民已经不多，熟人小区变成了陌生人小区。居民们"相见不相识"，虽然同住一个小区，却逐渐变得"比邻若天涯"，小区慢慢演变成一个仅仅用来居住的场所。居民们对于小区的感情淡化，小区事务也不愿主动参与，甚至懒得配合，"事不关己高高挂起"的居民们面对 P 市政府的社区环境治理行动自然也是视若无睹、无动于衷。

面对冰冷的"经济人"居民，街道和社区的工作人员是从何处破题？对于层出不穷的社区问题，街道和社区的工作人员又如何逐一击破？建设社区治理共同体的道路上的重重障碍，怎样从根源上解决问题？貌似无解的"山重水复"，是通过何种"巧治"迎来了"柳暗花明"？在"幸福"和"不幸福"之间反复摇摆的幸福小区，最终如何成为真正的"幸福小区"呢？幸福小区的幸福之路并不顺利，故事的开头或许要从幸福小区物业撤场讲起。

2 情之所"起"：闹市区的"桃花源"

2.1 道路平旷，屋舍俨然，幸福小区名不虚传

阳春三月，春暖花开，邓必勤带着新人同事小白，来到了评选为 P 市年度最美小区——幸福小区里参观。今天的天气格外晴朗，小白走进小区，映入眼帘的是平旷整洁的道路以及竞相绽放的黄花风铃木，黄花风铃木十分高大且夺目，明亮的黄色让人不由燃起对美好生活的铮铮热情和希望。

深入小区，在整齐划一的楼栋下还有一处月牙形状的池水，水很浅，也很安全，白天楼栋和树影倒映在水中，使小区内有了山水间的灵气，林间传来鸟鸣，绿树成荫，一片雅静悠闲。

突然，传来一阵悦耳歌声，带着民族风情的歌声隐隐飘荡在小区。原来是小区公园的文化广场上，老年人艺术团在排练着合唱曲目，他们作为幸福小区代表队之一，准备在社区文化节时进行表演。老年艺术团成员都是幸福小区里的退休老人，却个个精气神十足，歌声浑厚有力，竟让小白感觉到了年轻的朝气。

"小白，你觉得幸福小区怎么样？"

"听闻幸福小区是 P 市年度评选最美小区，一直没来过，今日刚走进小区就

让人眼前一亮，静中有人情，闹中有安逸，不愧是闹市区的'桃花源'！"小白的回答带了点兴奋。

2.2 阡陌交通，鸡犬相闻，可想当年千头万绪

幸福小区自治管理三周年的日子，广东省第一块小区综合治理感恩石在幸福小区正式揭幕。

邓必勤作为参与治理全过程的基层干部感慨万千："经过三年多的持续治理，我们冲破重重困难和困境，克服了各种各样的阻碍，终于柳暗花明又一村。如今的幸福小区真是与三年前大不相同，焕然一新，真正实现了蝶变。"

"你看到小区这片黄花风铃木了吧，你知道吗？黄花风铃木的花语是'感谢'，小区能有如此大的变化，其实我们要感谢的人很多，感谢小区党员和楼长们、感谢志愿者们、更要感谢小区所有居民……是他们的合力建设，才有了今天的幸福小区，这块'感恩石'表达了群众的心情。"

说着说着，邓必勤不禁深深感叹，一阵风吹落了很多黄花风铃木花瓣，也把他的思绪吹向了三年前那个千头万绪的自己……

是什么让幸福小区变成了一个目之所及皆是美好，心之所至的归处？

这一切还要从三年前幸福小区物业公司撤场说起……

3 难"承"重任：大社区竟"无人管"

3.1 老旧小区，地广人密，物业生计难以维继

3.1.1 位置好，流动强，管理成本成倍涨

P市位于广东省中部，地处珠三角腹地，有着优越的地理条件，是中国先进制造基地和广东重要的制造业中心，对全省乃至全国的务工人员有强大的吸引力。全市总面积3797.72平方公里，常住人口735.06万人，其中户籍人口385.61万人。P市历史悠久，是岭南文化分支广府文化发源地之一，素有崇文尚武的民俗传统。

幸福小区建成于20世纪90年代，是P市G单位的家属楼，位于P市老城区，坐落在美丽的生态公园旁。能够分配到九十年代新兴的住宅，这里住户曾经都是令人艳羡的对象，他们既是邻居也是同事，平日里一家遇到困难，小区邻居就会自发地伸出援手，邻里关系和谐，小区管理高效便捷。

随着P市经济的高速发展，该小区的情况有所改变，幸福小区似乎不再如往昔幸福。

作为广东省的制造业中心，P市吸引着众多外来人口到这里定居，外来人口约占P市总人口的50%。一方面，这些外来人员如同新鲜血液注入这座城市，为P市增添了创新创业的活力，另一方面，蜂拥而至的外来人员，也给社会治理带来了众多挑战。

经过二十年的变迁，幸福小区也大变样了。原本小区的居民都是邻居兼同事，大家守望相助，可随着社会经济发展和初代居民工作变动，如今已经有超过七成的初代居民搬离这里，取而代之的是来自五湖四海的新房东和新租客。

"那时候我们在楼梯上碰到的邻居基本都不认识，也不会打招呼。我家对门的那一户是租出去的，短租，我印象里有时候一年会换好几批租客，有几次我下班晚，回家一听里面人说话声音都不一样了，就知又有新租客了。"一名资深的楼长在访谈时对调查团队这样讲道。

幸福小区的人员频繁流动，导致物业公司管理困难，物业公司需要一次次上门登记新住户的基本信息，需要不断加派人手对小区内不文明的行为进行劝导，但一直收效甚微，也没有得到小区居民的支持帮助，加之物价上涨、人工成本增加，物业费也一直停留到十几年前的水平，物业公司运行遭遇重重难关。

"我们当时啊，真的是费力不讨好！"物业公司的一名工作人员在接受访谈时，提起人员频繁流动导致的管理困难依然唉声叹气。"你说说，邻里之间磕磕碰碰都是小事，本来矛盾调解完了就好了。但是架不住他总换邻居，三天两头有新矛盾产生，我们物业都赶上解决矛盾的流水线了。这个解决完了，好嘛，下一个来了。再有那些租客，也不把这儿当家啊，都不爱护这个小区，物业跟在他们屁股后面收拾烂摊子都收拾不过来，还得不到小区居民的支持。这么难我们也没涨价，后来物价上涨，啥都贵了，我们跟着市场价涨价，他们还不同意，真是寒心啊！"

3.1.2 提价难，沟通困，物业撤场不得已

由于居住人口增多，人员构成复杂，邻里缺乏信任，物业工作得不到支持，小区卫生环境、公共设施老旧等问题亟待解决。加之物业公司经营成本上涨，连续几年转盈为亏，物业公司提出在每年每户500元的基础上涨至800元，但因欠缺有效沟通，业主与物业管理公司矛盾持续激化，物业管理公司一怒之下决定不再续签物业服务合同，在服务期满之后正式撤场，小区治理工作陷入困境。

在物业管理公司撤场后，幸福小区曾3次成立自治小组，但都因各种原因导致自治失败，使得自治小组解体。

由于小区治理长期处于真空状态，乱扔垃圾、楼栋杂物堆放阻塞消防通道、宠物随处大小便等不文明现象频发，积累的问题越来越多，小区治理已经处于

刻不容缓的状态。

3.2 政府接管，实惠价低，小区居民甘之如饴

3.2.1 生活题，政府帮，专业服务不如前

街道办新来的干部邓必勤早就听闻了幸福小区的大名。他去年刚刚毕业，一来就被派去处理这个问题。他准备撸起袖子大干一场，多次深入小区了解情况，实地调研小区居民日常生活的基本需求，努力寻找解决之法，为小区居民谋幸福。最后，他申请由街道办出面，协调清洁工帮忙，解决了垃圾清运等生活必需的公共服务。

但是出乎邓必勤的意料，幸福小区的整体环境并没有稍微变好一点，反而变得更加恶劣。公共服务并不能补足物业管理的缺位，失去了管理的居民，对空间的利用无所不用其极，乱堆乱放杂物，随意停放摩托车、电动车，甚至争抢车位。

"哎，那个小邓，你来评评理哦，平时我一直是停这个位置的，只不过昨天晚回来了一点，就被他给占去了，让他换个地方停他还不肯！"

邓必勤刚进小区就被一位阿姨给拦下了，她拉着邓必勤哭诉道："现在这个小区的住户哟，真是了不得哦，杂物都堆到天花板了，也不怕倒了砸到人，我每天领我家小孙子路过都胆战心惊的，你们社区工作人员也不来管管。还有今天这个车位，这你得给我个说法吧，咱这车位到底怎么办？难道我还要每天为了车位早早回家？"

虽然政府帮忙解决了幸福小区居民日常生活的基本需求，但物业管理所能带来的专业化服务是政府无法弥补的，小区居民的生活质量大大降低。

3.2.2 自己事，自己管，政府终究非全能

物业管理公司刚刚撤场时，幸福小区的居民也过了一段开心日子。没有人管，停放车辆、丢弃垃圾、堆积杂物都随自己心情，还不用交物业费，节省了一笔开支，心里美滋滋的。但是没过多久，恶劣的小区环境就让小区居民高兴不起来了。杂物乱堆的安全隐患，垃圾乱放的脏乱差臭，争抢车位的劳心劳力，等等。这些随着管理角色缺失而引发的问题让居民们日渐焦虑。好不容易政府进场，但由于政府提供的是保障日常生活基本需求的公共服务，终究不能让居民满意。

"当初我住的那个单元，楼道门坏了锁不上就没人管，害得我不敢在楼道里放东西。听说楼下的小李有个快递放在门口，他没多久就回来了结果东西还是不见了。还有那个楼道的灯，坏了就在那儿放着，一个灯泡能要多少钱，就是

没人换，你等我，我等你，都不愿意当这个'冤大头'。最后还是我家里老人来过年，我怕他们看不清台阶摔跤才换的。除了这个灯，还有路灯，路灯坏了也没人管。我的车就因为这样，被其他住户的车碰到了好几次。"作为幸福小区的首批居民，王先生细数许多不便之处。

虽然小区居民日常生活的基本需求得到了保障，但时间长了，各种各样的隐藏矛盾都浮出水面，暴露了出来。

3.3 矛盾激烈，层出叠见，房子降价十万火急

3.3.1 电梯装，上楼易，众口难调成难题

首当其冲的就是幸福小区的电梯加装问题，看着周边的老小区慢慢都装上了电梯，在幸福小区居住的老年人也都开始着急。

2018 年 11 月，P 市 N 区人民政府印发了《P 市 N 区既有住宅加装电梯财政补助经费管理暂行办法》，明确规定符合条件的住宅可按每座电梯统一定额 3 万元的标准予以补助，力求减轻居民加装电梯的资金压力，进一步激励更多的旧楼加装电梯，提高居民生活品质。

幸福小区是 P 市有名的老旧小区，建于 20 世纪 90 年代，原为国有企业和单位的职工宿舍，人口密集，老龄人口较多。拟以老年住户较多的 6 栋为试点，入户询问居民对加装电梯的意见，推动本小区旧楼加装电梯工作有序开展。

6 栋原为糖厂职工宿舍，为 8 层步梯楼房，现住户多为退休职工，但部分退休职工因饱受"无电梯，爬楼苦"的困扰，已经搬走了。邓必勤针对这一情况，决定从顶层住户入手，由易及难，一步一步开展工作。

住在 6 栋顶层的王大爷是名退休老职工，今年 72 岁，听闻消息后当即兴奋地拍大腿表示赞同："俺和老伴这么多年以来盼星星盼月亮，终于盼到在咱们这栋加装电梯啦！去年我们女儿打算给我们换套电梯房，但是我们在这里住习惯了，不舍得搬。"

看着王大爷兴奋得像个孩子，邓必勤心里有种说不出的感动。

可随着入户数量逐渐增多，加装电梯遇到的阻力也越来越大。和高楼层住户几乎全票通过不同，中低楼层住户有不少质疑声音，主要集中在：

一是影响楼体外观和占用公共空间。小区的电梯是装在楼体外的，占用了大量的室外空间，影响了户外的整齐、整洁与美观，还因此减少了停车位。

二是担心房子贬值。加装电梯会降低低楼层房屋的采光度，降低房租和二手房出售价格，使业主利益受损。

三是费用分摊问题。虽说政府有相应补贴政策，但后续维修、用电等费用

筹资问题仍需商榷。

邓必勤认真梳理汇总不同住户意见，对居民关心的常见问题进行耐心解释，通过多次入户，反复沟通，终于使该栋住户意识到加装电梯的重要性，成功迈出加装电梯工作的第一步。

然而，真正的困难才刚刚开始。

由于涉及不同居民的利益诉求，经费分摊问题成为现阶段加装电梯的头号矛盾。在加装电梯的第三次协调会上，低楼层住户和高楼层住户的矛盾激化到极点：

住在二楼的年轻人小刘："我家住在二楼，平时用电梯的情况很少，凭什么电梯日常维护费用要平均分摊到各户呢？"

住在顶层的王大爷不乐意了："前两次会议已经基本确定了，电梯加装这个'大头'费用根据不同楼层进行分摊；电梯日常维护费和楼道的照明电费性质差不多，还是平均好。"

住在三楼的老李："老王，你这么说就不对了啊，照明电费多少钱，电梯日常维护费用又多少钱，两者根本没有可比性。"

小刘接着附和："李叔说得对，如果王大爷觉得电梯日常维护费和楼道照明电费性质一致，那我觉得两者都可以根据不同楼层进行分摊，这样最公平。"

王大爷生气地说道："照你这么说，那以后是不是全部公摊费用都要我们老两口出大头啊？"说罢，愤而离席。

第三次协调会就这样不欢而散了。邓必勤看着眼前的一幕，有种说不出的怅然与无助。

3.3.2 垃圾堆，传千里，社区环境惹人急

提及小区"垃圾围城"的外号，小区居民钟叔无不痛心地表示："以前物业管理费缴纳充足的情况下，物业公司的服务质量还是不错的，制度改革后，拒缴和欠缴管理费的居民越来越多，物业管理公司的服务质量大不如前，但有总比没有好啊。"

原来，2017年前，该小区物业管理由雅卓物业承包，物业管理费为35元/月/户，起初由居民每月只负责支付小部分费用，剩余部分由原单位负责。后经原单位制度改革，居民自行承担物管费，由于物业服务质量日渐不能有效满足居民的需求，拒缴和欠缴管理费的现象日益增加，物管公司收费难，小区管理质量每况愈下，最后经营不善撤场。

物业管理公司的缺位，导致路面随处可见的生活垃圾无人清洁，草丛中宠物的大小便无人处理，小区环境卫生大不如前，路过的居民时而能闻到阵阵恶

臭，忍不住绕道而行。

3.3.3 停车难，充电难，摩电安全如何管

P 市城市面积不大，幸福小区的居民工作基本上骑电动车就可以到达，电动自行车、摩托车、三轮车等电动车，逐步成为群众出行代步的重要工具，保有量迅猛增长。小区现有的车棚和充电车棚已经无法满足居民的停车、充电需要，不少居民开始把电动车推进楼道里，从家里扯一根长长的电线进行充电，小区安全隐患极大。

住在一楼的刘奶奶对拉线充电意见就更大了："现在电视上多少因为电动车充电着火的，万一他们这些车着火了，遭殃的可不就是一楼的我们家，瞧瞧这电线挂在楼道口，充电器挂在我家外墙水管上，旁边那辆电动车充电器就在脚踏板上，旁边就是空调外机和配电箱，我现在是睡觉都睡不踏实。"

刘奶奶年纪大了，还因为拉电线的事和邻居闹了矛盾，吵得不可开交，甚至拿剪刀剪了邻居的电线，导致双方最终经过民警的调解才停止双方的争执。

当前，电动车违规停放和充电乱象导致的人员伤亡的事故时有发生，电动自行车由于长期在外充电，电线插头已经陈旧脏污，大量电动车拥挤停放极易引发火灾问题，电池接触不好也会因为过载导致爆炸，另外，小区人员密集更有小孩频繁走动，其误触充电设备也有可能导致意外的发生。

为此 P 市还曾专门出台了电动自行车管理条例，条例中专门针对电动车的静态管理进行了说明。

然而，对于居民区深处的电动自行车集中停放地来说，由于不容易从小区外面看到，以及特殊的城市管理性质，规定很难充分地贯彻执行，小区管理只能依靠街道和物业，而针对幸福小区这样的建设历史长的老小区来说，管理难度更大。

3.3.4 小区改，任务重，各抒己见难协调

P 市政府在 2019 年 12 月下发了《P 市老旧小区改造工作实施方案》，文件中特别提到了要将老旧小区改造和环境整治当成重点工作来抓。幸福小区作为一个规模超大、问题突出的老旧小区，被列入了第一批小区改造的名单中。

小区改造工作时间紧、任务重，为了有针对性地解决小区突出问题，邓必勤决定对小区居民深度走访和实地考察。经过调查，邓必勤发现，电梯加装协调难，垃圾围区治理难，人员混杂管理难和摩电安全保障难这四座大山摆在小区的治理路上，这四座大山事关幸福小区人员安全、环境保护，是小区改造治理的重点工作。

然而，当邓必勤实际组织推进落实解决这四个问题时，才发现幸福小区问题的复杂程度依然超乎预料。

"解决这些问题的困难，在于直接触及各方的利益，缺乏归属感和认同感的居民，凡事都要使自己利益最大化，都不愿意妥协让步。"

社区治理通常牵扯着各方利益，要协调好各方意见，根源在于平衡好各方利益，街道工作人员虽然有丰富的基层工作经验，但是对于幸福小区而言始终属于外人，无法与小区居民取得共情，因此在与居民交流过程中难以被居民信任，居民们也害怕听信了街道工作人员的建议后，邻居受了益，自己吃了亏。

彼时，幸福小区还有物业管理的时候，曾经规划了专门的停车充电位，设有两个车棚，共 8 个充电桩、40 余个插座，但对于幸福小区来说是远远不够的。时至今日，由于缺乏必要的维护，仅剩 2 个充电桩、10 余个插座能够正常使用，幸福小区的停车乱象仍然没有得到改善。

为了改善"飞线充电"的安全隐患，街道工作人员曾联合消防部门多次进小区，宣传消防安全知识，尤其对于电动车"飞线充电"的隐患作了说明，居民虽然明白其中的不安全因素，但还是没有做出行动，电线仍在窗户上吊垂。

街道与消防的工作人员曾上门劝说在单元门口充电的居民，但大多都无功而返，因为对于 P 市市民来说，电动车属于日常交通出行最便利的方式，电池充电是基本生活需求。

在小区附近上班的张阿姨每天上班下班都需要骑电动车，她并不是故意不遵守规定："小区有充电区的时候，想在车棚找到一个充电的地方需要提前下班至少十分钟，有时也找不到充电位，现在车棚能充电的地方也没剩几个了，我们也是没有办法才从自己家扯电线充电。"

一边是迫在眉睫的安全隐患，一边是居民生活的交通工具，电动车何去何从成了幸福小区治理的重要问题。原有的公用充电车棚是前物业与充电桩生产公司合作在幸福小区投放的，并没有为此收居民的费用，后来的维修保养也十分不完善，现在实用性不强，发挥作用的仅仅是顶棚遮雨。而如果要重新建一个符合全小区居民需要的电动车停放充电的车棚，资金从哪里来？用地应该选在哪？如何让全体居民达成共识？要解决这一系列问题是个艰巨的任务。

3.4 专业管理，有市无价，治理问题举步维艰

3.4.1 无物业，无管理，房子降价着了急

正所谓"房子三分建，七分管，小区物业管理水平直接影响居住环境的好坏"，随着幸福小区物业公司撤场，居民自治小组和政府接手治理以失败告终，

幸福小区陷入了管理真空的状态，小区的治安、环境卫生和公共设施的脏乱差等问题日益突出。

作为 P 市核心地段之一的生态公园板块，板块辐射的周边楼盘房价坚挺，幸福小区作为该板块的大型小区，更是声名远扬。

"当时我刚毕业工作，有许多的客户慕名而来，我带着他们去看房子，结果发现幸福小区的环境确实很差，客户们看过就没了下文。"一名资深的房产中介向调查团队这样介绍。

由于幸福小区的物业管理真空导致了严重的社区治理问题，这与同等条件和地段的其他周边商业小区形成了鲜明的对比，逐渐有了"幸福垃圾场"的外号，并慢慢臭名远扬，这一现实问题劝退了许多潜在买房客，幸福小区的楼市行情急转直下，房客比迅速攀升。

一开始，小区业主还自发地联合行动，要求凡是挂牌出售房子的业主必须将挂牌价保持在周边小区房价同等水平，共同维护小区业主的利益。这种举措确实在初期稳住了房价，但是在同等价格的条件下大家都去买周边物业管理良好的小区，幸福小区根本有价无市，没有人来看房。渐渐地，一些急于变卖房子的业主只好降价促销，赔钱卖房。到了后来，幸福小区就彻底成了生态公园板块的楼市洼地。

原本一些对于物业管理持中立态度、对小区治理漠不关心的居民也开始着了急，"咱们一副身家都在这套房子上，要是房价跌下来，那可是大缩水，可不能为了省几毛钱的物业费做赔本买卖"。

为了改变这一局面，一些热心的小区居民开始自发筹划，准备重新引入其他物业管理公司。

3.4.2 物业处，几轮换，业主难觅如意家

2017 年至 2018 年，面对小区治理困境，热心居民以成立业主委员会，更换物业管理公司的方式谋求治理出路，引进了第二家物业管理公司——骏马物业，以收取每平方米 0.55 元物业管理费进入小区服务。由于业主委员会缺乏治理经验，欠缺有效的沟通协商，导致成员内部矛盾频发，并出现部分成员与物业公司有利益挂钩等不透明操作，于 2018 年底业主委员会成员集体辞职，在任半年的业主委员会由此解散，物业管理公司再一次出现收费难困境，发生了野蛮催缴物业管理费的现象，居民与物业管理公司的矛盾不断激化，此后骏马物业在 2018 年 8 月正式撤场。

自 2011 年 8 月物业管理公司撤场后，在接下来将近三年的时间里，小区进入管理真空状态，成为小偷常光顾的"垃圾围城"，居民对小区的责任感和归属

感正在慢慢消退。

4 经"转"功成：自留地变"责任田"

4.1 干部下沉，摸清机理，治理结成一张网

4.1.1 基层治理需实践，拨开云雾见青天

面对扑面而来的重重难题，邓必勤仿佛落入了一个无解的黑洞，他驻足在小区的一棵小树旁显得有些无助和迷茫，随处可见的垃圾更让他眉头紧锁……要怎么样才能拨开云雾，冲破困境呢？

他思索许久，一直想找到问题的症结所在，为何一件大家都能受益的加装电梯事情也会有如此大的分歧？为何垃圾随处可见、电车随意停放都没有居民主动提出要如何解决，仿佛事不关己，冷眼旁观？为何邻里纠纷却越来越多？他不由联想到：虽然现如今网络通信愈加发达，但人心却愈加冷漠。人们更喜欢把自己关在家里，不愿与外界接触，只关注自己的利益，于是，家里的那扇大门，就仿佛成了冷漠的保护墙，人们的内心变得更加封闭，不愿敞开，居民甚至连对门的邻居都不认识，又何谈一起商议，成功解决难题呢？

心中的答案似乎已经逐渐明朗……他决定重整心情，重新出发。他心里想："既然做的是正确的事情，为何不坚持？找到问题的症结点，就一定会有解决办法的！"于是，邓必勤决定多走访走访小区居民，多了解更多居民的想法和需求，再来思考问题的对策。

在走访的这段时间里，邓必勤发现小区里竟然有很多党员和退休干部，有的党龄还很长。这让他心生一个想法：何不让党员居民带头成立工作小组，充分调动党员的积极性，实现居民自治？

4.1.2 小区问题小区治，情感化解是良方

邓必勤的内心终于心生一丝欢喜，着手开始规划准备。他希望通过打造党建阵地，由基层干部带领小区广大党员，搭建起小区服务治理体系，并再由党员带动居民一同参与社区治理，实现多元共治局面。他把这一想法和方案上报给上级领导，令人欣喜的是立即获得了上级领导的大力支持，并让他尽快行动起来！

邓必勤首先通过多方走访、与党员深入沟通，进行宣传和号召，充分调动党员居民的"主人翁"意识，让小区党员成为楼长，由楼长组成工作小组，并指导楼长们共同制定议事规则，共同商议解决小区各项问题。

对于加装电梯问题，邓必勤组织楼长工作小组进行专项研讨，经常召集楼

长们开展大大小小会议，同时分头走访听取居民群众诉求和意见，为了更方便快捷沟通，还创建了小区微信群、楼栋微信群，让居民一起来商议，一起提意见。

其中电梯费用分摊问题存在最大分歧，楼长们根据居民的不同意见，合议出一个最优方案。为了获得居民群众对方案的认可，楼长分头分别跟低楼层、高楼层居民做工作，以自己也是作为小区居民的身份，感知居民的问题，对居民进行正向情感引导，强化居民们"感恩党、跟党走"的思想认知，积累与居民的情感资源，以获得了基层群众更多的理解和支持。这样一来二往，邓必勤以及其他干部、楼长和居民之间也有了更多的信任和理解，在三方的共同努力下，居民终于相互做出了一定的让步，加装电梯的筹备方案终于落定并且可以往下继续推进了。

4.2 党建引领，群众动员，群众拧成一股绳

4.2.1 一个楼道一家长，邻里沟通有方向

构建社区治理共同体，单靠基层干部是不够的，还需干部动员社区党员、群众和社团等组织，以打造党建阵地为基础，将"为人民服务"的个人情感输出给基层群众，使群众获得正向情感体验，凝聚群众情感，共同建设和谐社区。幸福小区致力于凝聚小区楼道在职党员、流动党员、户籍党员等的，同时动员居民们共同加强楼道的联系工作，从楼道开始深化邻里情，引领党员以创建"熟人社区"为抓手参与楼道治理。如今党员楼长已发展了 5 名，为社区自治注入了一股重要的红色力量。

不仅如此，2020 年，幸福小区所在街道联合直联团队、志愿者、治安队员，小区物业人员开展摩电整治行动，幸福小区楼长身穿红色工作服，显得格外注目。在他们的带领下，不少居民也主动参与社区治理，协助订立居民公约，协助居委会、物业落实公共管理事务和服务事项，监督小区环境卫生、治安和消防等情况。

俗话说，众人拾柴火焰高，社会治理工作亦然。社区治理作为社会治理的缩影，其能否保持有序和谐，关系到整个社会的和谐与否。目前，幸福小区所在街道结合实际，直面难题，开展一个又一个治理项目，情感则在治理过程中发挥着润滑剂和调节器的作用，不断深化邻里情谊。例如在幸福小区开展的"旧楼换新装"环境改造项目，在楼长们的带领下，街坊们一起动手对二楼平台扶墙、楼梯栏板进行翻新，项目十分顺利地完成。与此同时，围绕"高空抛物"问题，幸福小区通过"流动便民服务岗"等形式，宣传高空抛物的危害，从而

提高居民的公共文明意识和责任感，促使居民合力营造良好居住环境，打造"齐参与，齐共治"的氛围。

4.2.2 党员群众齐动员，邻里和谐问题解

在实际中，例如小区环境脏、公共垃圾桶乱等问题不是一次集中清理就能一劳永逸，邻里矛盾也不是一次化解，矛盾就不再出现。不同主体存在不同的利益诉求，相互之间不可避免产生各式各样的矛盾纠纷，因此我们更需要构建群众利益表达机制，畅通群众诉求回应机制，整合资源，激发居民群众的正向情感。

一方面，完善群众利益表达机制，通过创熟工作经验，组织力量构建协商沟通平台，发挥社区党委、党员的带领作用，运用"助人自助与适切服务"的社会工作手法，发动小区居民积极参与社区治理，就地化解社区治理过程中的矛盾及问题，把服务对象转变为推动社区建设的重要力量，尽可能团结大多数力量，及时反馈居民利益诉求，构建利益基础上的共同体。另一方面，畅通群众诉求回应机制，通过积极动员居委会、物业公司、街坊志愿者互助会、居民等，构建多方联席会议制度。对收集上来的诉求认真研究和回应解决方案，强化居民联系，能够有效缓解情感冷漠，关系疏远等，大大减少矛盾纠纷，真正推进小区自治，提升居民的幸福感和安全感。

4.3 心手相牵，活动相连，居民干部一条心

4.3.1 社区活动一线牵，你来我往心相连

"邻里节"是幸福小区所在街道的一个"重头戏"，自2014年以来启动首届"邻里节"，以贯穿全年的文化活动，引领社区治理和服务创新，让关爱涌入每个社区。"邻里节"以"全年无休、全民同庆"为服务宗旨，持续整合近百场社区文化活动，唱响社区居民心中的主旋律，促进市民共融共享。"邻里节"活动丰富多彩，主要包括乒乓球、羽毛球比赛、才艺展示大赛、脱口秀大赛等等，面向青少年群体，还开展了象棋比赛、桌游比拼、幸福好声音等青春栏目，可谓精彩纷呈，多姿多彩，吸引了广大居民的参与。

以文化为纽带，情能生情，亦能将情意带到社区建设中。多年来，幸福小区寄以真情感化居民，培育社区文化，为文化社团、社区组织搭建平台提供适切服务，筛选出一批正能量骨干参与社区工作，同样也获得了他们的真情反馈。在活动上结交的友谊延伸到社区事务中，很多难题都迎刃而解了。

4.3.2 小区和谐氛围好，社区家庭共同建

从幸福小区的故事中，我们可以发现，幸福小区虽然外来人口比例高，本

地人与外地人的联系阻隔较大，但通过一系列的"创熟"工作，积极推进多元共治，本地人与外地人之间的关系逐渐融洽，情感纽带逐渐生成，有效解决了小区氛围陌生化、小区治理碎片化等问题，居民自我包裹，个体原子化的感觉逐渐淡化，群体家园归属感则越来越强烈。

一方面，家园归属蕴含着一种乡土情怀。以"创熟"为抓手，激发居民"主人翁"精神，让不同居民个体迅速熟络起来，增强对社区的认同感和归属感，将"小区的事"变成"我家的事"，实现从"外乡人"到"本乡人"的转变。另一方面，家园归属蕴含着邻里互帮互助的情感内涵。通过营造和谐家风、邻里亲情的相帮相助的和谐氛围，将情感移植到邻里街坊，以邻为伴，强化对"远亲不如近邻"的情感认同，来往之间用情感资源串起邻里相亲的同心链，从而强化了群体家园归属感。

5　人情相"合"：基层治的"金钥匙"

5.1　以情相牵的基层治理何以可能？

经过多年来的沉淀积累，幸福小区以情感相牵的"创熟"工作在探索总结的过程中不断焕发生机和活力，促成了很多基层社区治理老大难问题的解决，已成为基层社会治理的一个"闪亮品牌"。

在全国以基层治理创新经验为主题的论坛上，幸福小区的治理经验成功入选了基层社会治理创新的典型案例。

邓必勤作为项目负责人上台分享了自己的心路历程："作为幸福小区转变的亲历者，我切身体会到有情感羁绊的小区和没有情感连接的小区是完全不同的。"他顿了顿，眼里噙着泪花，继续说道："刚到幸福小区的时候，其实挺不幸福的，处处是冷漠，事事推进难，作为基层工作者有时候感觉特别无助。但当社区党组织和党员开始发力，物业公司、辖区企事业单位、居民住户齐参与的时候，小区就成为了大家真正意义上的'家'，每个人都是贡献者和受益者。"

实际上，幸福小区实现"不幸福小区"到真正的"幸福小区"的"华丽转变"，仅仅是P市基层社会治理创新的一个缩影。

近年来，P市紧紧围绕"党建引领，创新服务"的治理主线，充分发挥社区党组织的"火车头"和党员的先锋模范作用，坚持以社区党组织为主导，整合辖区企事业单位、社团组织、物业公司、居民住户等力量，尽可能团结绝大多数力量，共同聚焦解决群众难心事、烦心事、揪心事，让社会各界力量在党建引领下成为参与公共治理的"生力军"，带领各方实现共建共治共享的治理目标。

在本次论坛上，P市市委书记赵开来总结分享当地基层治理经验时说道：

"根据中共中央、国务院《关于加强和创新社会管理的意见》的工作要求，我市一直探索一份基层社会治理的有效答卷。目前，我市以'创熟'工作为抓手的基层治理工作取得了阶段性成果，主要得益于以下几个方面：

一是党建引领，红色先行。我们把党的领导植根于基层、扎根于人民群众之中，抓住党员骨干为核心这个基层治理的关键，突破"无组织、无抓手"等治理困境，在社区出现问题时，优先依靠党组织、党员和骨干的力量去解决问题。

二是培育楼长，促进感情。楼长通过和楼栋内居民"拉家常"般的沟通交流，促成了很多基层社区治理难题的解决，已成为我市城市社区治理的一股重要自治力量。

三是社区'搭台'，居民'唱戏'。我们在基层社区治理的实践中，我们把'戏台'交给居民，以居民为主角，充分尊重居民的居住体验与情感。解决社区问题时以居民群众的需求为出发点，以社区党委组织为指挥棒，指导自治小组、街坊会成员协商解决小区事务，让居民切实参与到社区建设与治理中，构建多元共治的基层社会治理体系。"

P市的基层治理经验和做法确实具有切实可行的操作性和可推广性，其背后更值得我们深思的是情感治理这种模式所蕴含的巨大能量。

将情感嵌入城市基层治理中，能够唤醒社区中"沉睡的情感资源"，实现个体与群体的有效联结，有利于解决基层治理碎片化、社区氛围陌生化、个体原子化等问题，推动基层社会秩序与活力的统一，打造具有温度、温情与温暖的基层治理共同体，从而推动社区的高质量治理。

5.2　社区居民的情感联结何以持续？

阳春三月里，幸福小区的柳树冒出了嫩绿的新芽，黄花风铃木熙熙攘攘地挂满了枝头，映入眼帘的全是春意的盎然。不管是下课后一起打闹回家的孩子，奔波了一天下班回家的青壮年，还是在小区路上散步的老人家，总忍不住驻足停留，对这片属于大家的春意细细欣赏。

看着小区里的春意盎然，邓必勤心里油然而生一种感动与自豪：幸福小区终于成为名副其实的"幸福小区"了。

远处，王大爷手拎着满满两大袋东西走过来，迎面和邓必勤打招呼道："阿勤，你来啦，要不今晚来我家吃顿便饭。"说罢，王大爷放下两大袋东西，用手擦了擦额头上冒出的汗珠。

邓必勤笑了笑说道："王大爷，今天心情不错呀，怎么一下子买了这么多菜回来呢？现在有电梯方便了，现在也没必要囤菜啦。"

王大爷乐呵呵地回复道："看着小区一天天变好，我们这些老人家心情能不好吗？现在连我女儿和外孙回来看我们的次数都增加了，今晚他们一家三口又回来看我和我老伴了。"

邓必勤回应道："那您得抓紧时间回去准备一下饭菜了，我还有点事儿忙，就不打扰你们享受天伦之乐啦。"

王大爷听罢连连点头，挥手作别后，忙拎起两袋东西匆匆回家。

邓必勤看着王大爷远去的背影，忍不住陷入了沉思……

近年来由于 P 市领导的高度重视，以幸福小区为例的老旧小区治理才能在短期内获得如此多的关注和高度集中的资源力量，但在未来，幸福小区的治理模式能否持续有效运转，焕发新的活力，尚且留下一个问号。

幸福小区的"华丽转变"得来不易，正是因为其中道路的崎岖，街道办工作人员和小区居民尤其想守护好现在来之不易的成果。幸福小区能否一直保持这份"幸福"呢？幸福小区的成功经验是否能够在全国推广开来？靠情感连接的小区感情能持续多久呢？恋爱有热恋期，也有"七年之痒"，那我们以情感为连接的基层治理呢？究竟如何才能激发"情感资源"源源不断的活力，真正提升基层治理水平，加快构建共建共治共享的社会治理新格局呢？

此外，情感作为一种"柔性"机制，本身亦有正向功能与负向功能。如何避免其对正式规则、制度权威和程序正义的隐性消解，在兼具开放性与流动性的社会治理中实现二者的平衡和兼顾？如何有效融合政府、市场和社会三种力量，采取多种手段，将稀缺的资源嵌入治理过程中，强化资源与目标的关联性，提升公共服务的精准度，进一步唤醒"沉睡的情感资源"，从而更加有效、更加精准地推进基层治理体系和治理能力现代化呢？

这些问题，可能不仅仅是需要邓必勤思考的问题，还应该是 P 市决策层乃至全国每一位基层治理官员需要去思考的，更需要经过实践进一步检验，去思考去探究问题的答案。

二、思考题

1. 案例中社区矛盾为何一直得不到彻底地解决？影响矛盾冲突的具体原因

是什么？

2. 社区改造本应是改善社区环境的好机会，为何总是得不到很好地推进？

3. 幸福小区设立"楼长制"、创办俱乐部和文化活动等等后，为何能有效缓解治理困境，背后蕴含着怎样的学理逻辑？

4. 情感这一资源是如何在基层社区发挥作用的？说一说你的看法。

4. 阅读案例，你可以从中获取社区治理的哪些经验？这些经验对于基层治理有何作用？

三、理论分析

1 案例回顾与问题提出

随着我国经济社会的发展，在资本和人口动力的驱动下，城市社区成为众多功能和服务的承接者，也承载了居民的诉求和对政府的信任。与此同时中国的社区内部结构也在发生改变，人口流动性增强，以及人民对美好生活的需求，社区居民的构成也在不断变化，社区情感逐渐淡化。复杂的社区构成必然导致难以解决的社区问题，如有学者在对社区治理中的问题进行研究时就发现社区中的各类主体处于总体协作，但局部分散的状态（胡小君，2016）。由此可见，社区这样一个基层治理单元存在的问题呈现复杂性、自利性、频发性等特征，甚至出现社区内部矛盾激化、物业被迫撤场、街道管理无效等现象，

社会发展中的制度建设和社会镶嵌是社会治理中"理"的体现，我们对感性议题的讨论就是社会治理中对"情"的兼顾。当我们对一种社会现象进行分析时，不能冒出一个问题想一个解决方案这样的"打地鼠"式治理，而是要透过现象看本质，对问题产生的深层次原因进行探索，从社区存在的问题入手，只能就事论事很难形成良好的理论对话。由此，本研究从"情感治理"的大角度切入，着眼于基层工作者的管理视角，重点围绕"情感因素"的生发机理和作用效果展开分析。不断化解社区问题的过程，也是社区治理体系逐步搭建的过程，社区情感资源的重启，在此期间发挥了重要的作用。回顾已有学者对于基层情感治理的研究，他们主要关注的是情感治理的具体内涵、运作逻辑、功能、困境梗阻、推进的策略等，但已有研究较少结合典型的基层情感治理案例探讨城市基层治理共同体的情感作用逻辑。本研究主要关注的问题是："在基层

治理的实践中，事务处理的'离地化'和矛盾不断增多的问题，如何运用情感资源降低基层治理的成本，在行政资源有限的情况下利用好情感资源，情感资源的生成背后又有怎样的逻辑。"

对这一问题的解答，一方面能够在理论层面丰富基层情感治理的研究体系，引导更多学者关注相关议题；另一方面，从现实层面，能够更直观地面对社区生活中出现的种种难题，甚至对基层治理的困境的出现原因给出更合理的解释，为基层社区治理共同体的建设提供经验借鉴（文军、高艺多，2017）。为此，我们一方面通过情感社会学以及场域理论，挖掘在社区这个场域中存在的矛盾和冲突；另一方面，结合城市治理的行动者网络理论，讨论基层治理者如何与群众进行有效的交流和对话。通过对社区场域治理的时间点和矛盾点的把握，有效分析情感这一资源发挥作用的条件，进而剖析其发生作用的机理，以达到有效治理的目的（潘小娟，2021）。

为了有效分析案例中矛盾产生的机制，和矛盾解决的逻辑，还需结合整个事件存在的大背景，包括政策、经济、文化等方面，分析人物的活动。在客观背景上，可以看到P市近年来经济发展非常迅速，人口流动加快，加上城市管理的不断迭代，使得案例中的小区问题频发，且非常棘手。通过案例中的各类矛盾我们可以发现，在基层问题解决中，"人"的因素十分关键，当"理"深入到社会治理的最基层，"情"的因素将成为影响政策效果的重要关注点。综上，我们不仅需要通过情感社会学以及场域理论去理解城市社区治理"为何难"的问题，还有必要结合行动者网络理论了解主体之间的互动过程，了解矛盾缠身的根源以及化解矛盾的妙方。

2 理论基础

2.1 情感治理理论

情感是社会学中的一个相对小众的话题，许多古典的社会学家都将情感作为其理论建构的一部分，例如，迪尔凯姆曾研究过宗教情感；韦伯将情感行动归为四种行动之一，还指出科层制的完善会导致情感的去除（郭景萍，2007）。当然，古典的社会学家虽然对情感因素有了一定的关注但未能对情感的内在机理进行深入分析，1986年，美国社会学会建立了情感社会学分会，情感社会学才正式成为一个分支领域。鉴于研究背景的不同，本研究主要对当前存在的情感问题进行分析，许多看似个体的感受与全球化的大背景息息相关，结合当前互联网和新媒体技术的变革，情感的传导不再依靠特定的纽带链接，个体可能直接被贯通在整个社会氛围中。通过对情感社会学相关学理的引用借鉴，我们能够充分理解情感问题存在的复杂之处，以及情感产生的传导和互动过程。

2.1.1　情感的社会前提

社会规范和文化是情感塑造的重要因素，情感在很大程度上是与生物特征分离，而通过认知标签和特定的认知场景来区分不同的情感体验，霍克希尔德提出了情感剧场理论，他认为感知规则和展示规则反映了互动群体的情感文化和情感概念，促使人们进行情感运作，控制情感以实现自我。肖特认为个体是在社会规范与内在刺激的共同作用下建构情感，他强调社会规范对情感的解释、表达和唤醒的作用（王鹏、侯钧生，2005）。

2.1.2　情感的社会唤起

情感的唤起主要取决于情景中行动者的预期和经历是否一致，当二者高度不一致时，情感唤起就发生了。特纳指出由预期与经历的一致性所引发的情感唤起受到以下变量的影响：预期的性质、预期未被满足的程度、自我的显著程度和被卷到类似不一致中的经历的程度、不一致与他人直接认同的相关性、对不一致的原因所归因的性质。这些变量通过复杂的相互作用最终唤起了不同的情感。

2.1.3　情感的社会后果

学者们对于情感的后果的研究主要有以下几个方面：其一是学者往往会将情感与社会控制的结果联系起来（王鹏，2014），霍克希尔德指出行动者会在不同的场景中根据不同的感知规则和展示规则进行情感运作，而情感运作简单来说就是对情感的管理，个体在不改变外部表达姿势的情况下来改变内部感受。其二是情感在社会交换的过程中具有促成团结的作用，主要是通过社会交换中的共同行动以及共同行动的情感影响反映出来。归因研究表明有一种追求私利（或快乐主义）的归因倾向，也就是说，个体往往会把好的事件或行为当作内在归因，而把坏的事件当作外在归因，这种倾向被视为交换关系的重大威胁。其三是"人情"与"面子"，这一方面的内容主要引起了中国学者的关注，这是与中国传统国情相关的研究。

当我们把情感治理的相关内容引入到基层治理的研究当中，我们能够发现，作为社区里的人，一方面传统的中国邻里观念为情感的生发奠定了基础，我们可以通过内在的激发和外在的唤起来加深这三种来自记忆深处的情感。另一方面，基层社区治理需要对行动者的预期进行管理，当行动者预期被满足后，其更有可能呈现出正向的情感发展，此外，通过搭建共同的活动渠道，增进行动者之间的联系能够加深行动者之间的熟悉感，帮助共同行动网络的形成。通过情感治理的手段，能够在规则的基础上达到社会控制的目的，促进社区团结，进而推动基层治理共同体的产生（郭根、李莹，2021）。

2.2 场域理论

场域理论是布迪厄提出的一个经典理论，他曾经说过"场域是位置间客观关系的一个网络或一个形构，这些位置是经过客观限定的"。他的社会学研究也正是基于场域这个单位展开的（李全生，2001）。简单来说，场域是由社会成员按照特定的逻辑要求共同建设的，是社会个体参与活动的主要场所，也是集中的符号竞争和个人策略的场所。场域内是充满力量的，隐含着统治者与被统治者，且存在对抗，甚至场域边界的确定都充满了不同力量的对抗。当前社会中，存在各种各样的场域，这是社会分化的结果，也是一种场域自主化的过程。布迪厄的场域概念不是单纯地分割空间，而是指有一定文化特征因素在其中作用的相对独立的具有社会性的"场域"，主观性的东西已经被包含进去（李姚姚、彭宗超，2019）。

"惯习"和"资本"是场域研究中的两个重要概念（邵璐，2011）。资本决定了场域只具备相对自主性而非完全自主性，并且这里的资本只是呈现与经济资本的相似性，只用经济和非经济空间来划分是不准确的。而"惯习"则是一个持久的、可转移的秉性系统，在潜意识上发挥作用，还包括个人的知识储备和对世界的理解。"资本"和"惯习"这两个概念为场域中的人规定了可能的本质属性。一方面是作为一种客观存在的制约关系，场域建构了惯习，惯习将场域建构成一个有意义、有价值的空间，个体的能量投入其中。

情感的产生与唤起需要构建认知标签以及特定的认知场景，活动的参与是情感产生的必要条件，城市基层治理共同体中的情感生发也往往遵循这一机理，这是一个从"被动"到"主动"的过程，从被动式地参与活动到配合参与活动，最后自主参与活动呈现一个阶梯化的进阶过程。情感不仅是一个个体的心理体验，情感的累积将会影响行动者的行为方式，进而影响整个治理过程。而共同场域是情感生成的前提和基础，意味着不同主体在一定的治理空间和载体中实现互动，社区就是一个典型的共同场域，在社区中存在的各种互动塑造了社区情感，但社区的情感并非都是正向的，也并非所有的场域活动都能够得到居民的情感回应。因此，只有当场域中的活动引导正确，影响力可观，才能够产生正向的情感反馈，情感最终成为一种社会资本，得到不断积累，民众的惯习行为能够得以重构，在社区内的个体、组织以及整个场域形成多层次的互动，通过竞争和合作的关系建立，完成治理模式的创新。

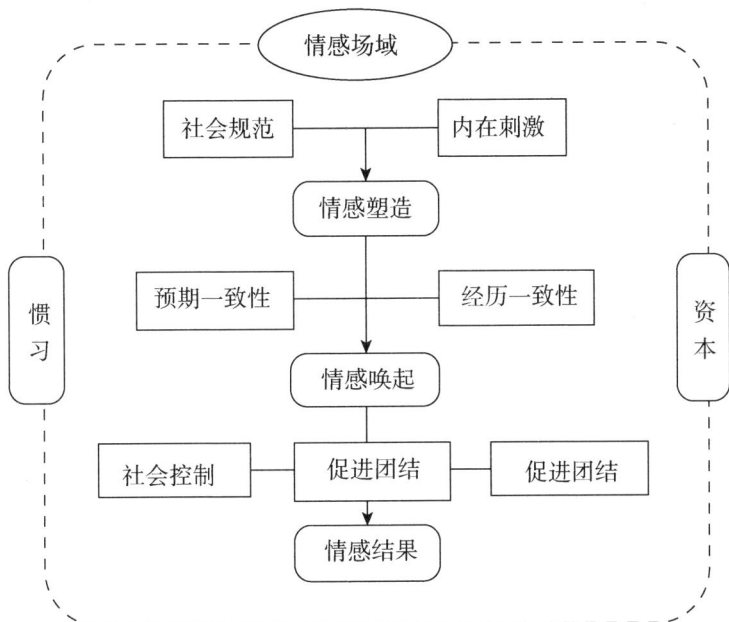

图 5-1　基于情感社会学与场域理论的分析框架

2.3　行动者网络理论

行动者网络理论的主要提出者是法国的社会学家米歇尔·卡隆（Michel Callon）、布鲁诺·拉图尔（Bruno Latour）和约翰·劳（John Law）。整个理论的核心主要是三个概念，即行动者、异质性网络和转译。其中所有人和非人的科技、机构、市场主体等异质性要素都被称为行动者，都具备同样的行动能力，这是行动者网络理论中的一般对等原则，此外，由于每个行动者都具有行动能力和各自的利益取向，网络的是否稳定取决于行动者利益的转译（朱剑峰，2009）。转译是建立行动者网络的基本途径，而转译成功的关键就是让被转译的行动者满意在网络中的角色转变，过程包括问题化、权益化、摄入和动员这四个基本环节（王佃利、付冷冷，2021）。

按照行动者网络理论中的一般对等性原则，在社区治理网络中的行动者包括人类行动者与非人类行动者，这是一个由这两者构成的异质行动者网络（刘伟忠，张宇，2021）。存在于治理网络中的行动者，进入治理网络的目标更多是由于自身的利益，同时行动者网络又会对其原有的行动方式进行限制。因此，在治理过程中，各种行动者构成了一个动态且复杂的行动者网络，通过对网络的转译路径变更，以及动员机制建立，能够在网络中找出复杂问题的解决办法。

为什么用心良苦的社区改造政策，有利于改善社区环境和保障社区安全，却最后会导致邻里矛盾，基层治理陷入困境？为什么唤醒情感资源成为解决问题的"题眼"，促成社区共同体意识的回归？我们把视野放在这个社区的行动者网络中，或许能够找到答案。

由于社区是一个特殊的场域组织，一方面是社会治理的基层单元，另一方面又是居民生活的场所，往往面临"灯下黑"的问题。对于地方政府来说，社区是最接近民众的治理单元，需要将上级的指示落实到位，同时也需要获取民众的配合，但当上级的政策与民众的价值思维发生冲突，社区治理就会陷入难以推进的窘境。有学者指出，在异质网络行动者形成利益联盟的过程就是不同行动者集体行动的过程，每个行动者的利益需求不同，就存在着不同的利益实现方式，进而产生利益冲突，在不断的冲突和协调中形成社区治理网络利益联盟。此外，还需要社区治理行动者网络中的核心行动者的征召和动员作用。

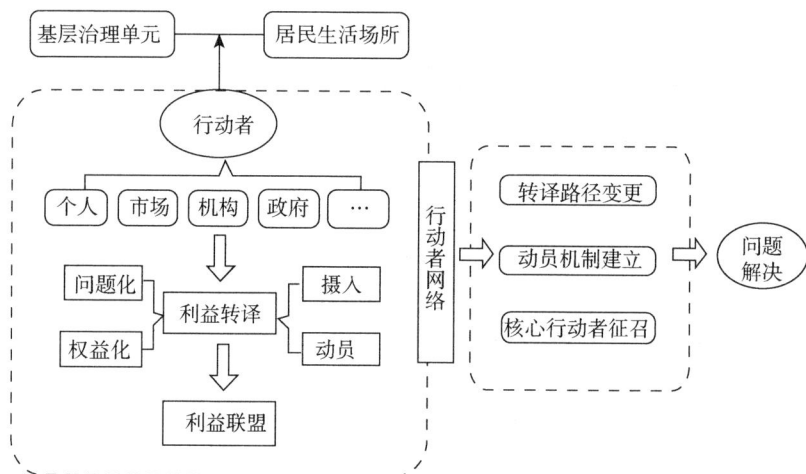

图5-2 基于行动者网络理论的分析框架

从现象上看，案例中幸福小区改造难题的产生，实际上属于社区异质网络行动者利益需求的不匹配下产生的矛盾。一方面，就小区民众而言，民众的需求与官方政策的规定有出入，官方并不能完全解决社区居民的利益诉求，故而政策的执行一直难以落地。另一方面，为了完成政策落地的任务，政策内容行动者的利益感知有出入，在个体层面虽然承认政策的正确性，但由于一些原因无法配合，导致社区治理陷入僵局。

3 分析框架："继承—发展—创新"的情感生成逻辑

在本案例中，"情感"作为一种黏合剂成为社区治理共同体构建的重要因素，从微观的社区治理样态来看，基层社会是国家权力与社会的直接交汇点，国家权力与社会的互动将直接塑造着基层社区的治理样态。社区是城市化的产物，人口的高速流动导致的是社会的原子化，邻居之间从过去的熟人关系，变成了陌生人关系。社区看似是一个很小的治理单元，但其承接了大量的"政策执行"工作，"麻雀虽小，但问题复杂"，城市基层社区共同体的情感除了自然情感的生发，更多是在各种活动的互动中不断加固了联系，结合已有的理论和实践，我们提出了继承—发展—创新的情感治理分析框架，针对案例情景进行分析，以探求情感生成的内在逻辑。

3.1　传统中国社会中的情感继承

当今社会的情感生成移植于传统中国社会，因为在情感生成的初级阶段，通过移植已有情感的方式，能够有效地将个体带入到情境当中，在社区这个场域当中，主要表现为对个体身份认同的重新构建，并强化居民群体对社区的家园归属感。情感的产生与唤起需要构建认知标签以及特定的认知场景，在新的情境中，通过对已有的情感进行转移和植入，帮助个体对场域的快速融入。这种传统情感可能来自中国传统文化的塑造、个体情感记忆的积淀以及场域本身自带的情感留存。这种传统情感作用的发挥，一方面是帮助个体快速建立身份认同，身份认同的建立于时空场景关系密切，也通过人与人之间的交往后天获得，一旦个体能够建立身份认同，将会增加其在场域中的安全感和归属感，个体能够在已有认同的基础上，将原有认同移植到新的场域，会加快其在新场景中塑造身份认同的速度。另一方面是帮助个体强化群体归属。社区是个特殊的场域，承担着人生存必要的居住功能，每个人的成长都是在家园中、社区中，这种家园成长回忆也将转变成对新家园的期待，这种普遍的"家园情感"能够在新的场域中快速重塑，新居住群体在陌生的场域中产生了新的寄托，进而产生共鸣。

3.2　社区治理场域中的情感发展

除了传统中国社会的情感移植之外，群体进入新的场域仍然需要情感的再创造、再生产来实现个体情感的新发展。情感不会凭空产生，情感的唤醒需要外在刺激，需要人与人之间不断地互动。在社区治理中，大量的基层事务是基层干部与群众之间的互动，在这种打交道的过程中，往往也同时产生了情感。基层干部参与到居民的日常生活中，有利于减少普通群众与基层干部之间的隔阂，特别是日常生活中的私人交流，能够深化两者之间的情感关联，增加居民对基层干部的熟悉感。根据行动者网络理论和情感社会学的相关概念，建立情感联系后，一方面能够协调利益诉求，有效达成治理共识。利益是行动者达成共识的重要因素，在现代社会，个体更加的原子化，更关注自身利益，需要基于利益和规则，化解治理过程中不同主体之间的矛盾纠纷，柔性处理国家和社会间的鸿沟，建立利益表达与诉求回应机制，在社区内营造积极的情感产生氛围。另一方面，切实整合治理资源激发社区活力。情感的生成离不开互动，需要合适的场域，社区通过各种各样的活动，改善已有的相对陌生的邻里环境，整合场域内的各种资源，实现情感的再造。

3.3 基层治理共同体的情感升华

情感升华为情感治理提供动力。在基层社会治理的过程中，通过调动情感资源能够增加行动者的治理参与度，形成行动者之间的信任机制。通过创新活动方式，在场域内营造良好的行动者之间的关系，在情感继承和情感发展的基础上，为基层社会治理提供更大的推动力。一方面，营造合作氛围，培育责任意识。行动者之间的情感纽带是信任产生的重要来源，长期的信任积累也需要通过对话沟通实现升华，提升行动者参与治理的自发性。同时能够将责任意识有机地植入到日常活动当中，助推社区共同体的情感生成，构建稳定的情感基础，改变过去原子化的社区状态。另一方面，强化情感联结，夯实责任基础。情感是高度私人化的，有时会出现与高度公共性的基层社会场域相左的情况，通过将治理责任的嵌入，培育主体间的信任，进而提升基层治理体系的执行效率，形成情感层面的利益联盟，实现基层社会的良性自治。

4 案例分析：社区治理共同体构建的情感建构过程

当前，我国已经经历了充分的现代化发展，传统基层社会建立起来的"人情"联系正被客观的市场化、法制化的规则消解，如此就会面临邻里互动减少，邻里关系淡漠的问题，城市基层治理的活力和创造力就难以被激发。在不断摸索基层社会治理共同体构建的过程中，我们发现情感是一种有效的治理资源，特别是能够在基层发挥显著作用，通过调动情感资源，达到个体之间的联结，形成稳固的基层社会治理共同体。

4.1 现实图景：社区治理的情感冲突与重塑

4.1.1 政策规划与个体追求的不相匹配

社区是一个相对较小的治理单元，也是基层政策的落地生根之处，城市化发展至今，学者们基于"国家—社会"理论框架对基层社会进行了深入的研究，揭示了国家权力和社会力量的博弈过程，在基层社会管理制度变迁的过程中，各方行动者都在根据自身的利益发挥作用。城市基层社会治理中的核心参与主体是物业公司、街道办事处和部分区政府职能部门，但随着公民主体意识的进步，也成为重要的利益相关方，相关的利益和冲突也大多集聚在这些主体之间。

表 5-1 多主体利益分析表

参与主体	相关利益	相关行动
社区居民	社区公共利益私人利益	邻里互动自治行动
物业公司	经济利益居民相关利益	以盈利为目的的社区活动
居委会	资源争夺利益社区居民利益	行政整合活动认同困境
街道办事处	社会公共利益部门利益管理与协调，成本	行政整合部门内部性上级问责
区政府职能部门	社会公共利益部门利益	行政内卷化政权内卷化

对比不同参与主体的利益倾向和采取的相关行动，关联到案例上可以知道，当城市治理行动在社区展开时，物业公司往往与居委会以及街道办事处一起成为政策的基层执行者，对于物业公司来说，与居委会和街道办事处形成良好的关系对于自己的经济利益更有好处，居委会、街道办事处作为基层的治理主体，是政策落地的末端，一方面是为了社会公共利益，另一方面是为了部门利益。而对于居民来说，政策的落地过程如果不能够维护自己的利益，民众希望政策图景与实际的政策图景发生偏差时，就会陷入认同困境，导致问题难以解决甚至激化矛盾。案例主人公邓必勤在进行社区治理活动的过程中，屡屡碰壁，正是由于政策内容的规划与居民具体的个人利益发生了冲突，导致居民产生了负面情绪，此时居民关注的利益可能包括：经济利益、居住环境、基础设施等等。

4.1.2 治理活动与治理预期的不相一致

每一个政策制定的初衷都一定是正向的，但在具体执行的过程中往往会出现偏差，这在基层治理的过程中十分普遍。基层干部进入社区开展工作，本应该是改善老旧小区环境的必要环节，但为何矛盾不断？预期治理下，地方政府的科层位置决定了其行政权威的作用范围，根据对相关基层工作者的访谈，我们可以发现，权力较小的基层干部是政策执行的末端，执行的灵活性较大，但同时又受到上级的考核压力，因而在执行过程中的细节处理就显得尤为重要，基层治理的关键在于如何有效将政府、市场和社会力量等多方主体有机地整合，而非过分关注"上游"反应。同时，居民对于政策也有一定的治理预期，这种预期是在原有基础上的处境改善，而牺牲个人利益为代价换取的改变，当治理预期与实际治理结果发生冲突时，会出现不同程度的政策执行阻碍以及政策失真。

结合我们对于社区治理的相关工作文件进行分析，区级的社区治理政策仍然是政策目标较为空洞，政策中所提及的社区治理措施较为宏观，给基层组织留下了很多操作空间，且"自上而下"的推行当中没有对政策执行后的完善机制留有余地，后期治理资源供给不足。具体而言，当 P 市社区改造工作持续推进，并遇到政策执行受阻的情况时，会发现上级政策和基层执行实际脱节的情况，基层干部只能被迫采取更加韧性的执行策略，但其资源获取能力十分有限，基层政府由于利益导向，会将财政拨款用于更加紧迫的地方，虽然 P 市对于老旧小区加装电梯、矛盾纠纷都给予了部分补贴，但由于社区自身缺乏创造资源的能力，在社区治理政策执行中逐渐陷入社区越来越依赖基层政府的支持，而基层政府资源调动能力有限供给能力不足的循环悖论。

4.1.3 治理结果与民众需求的相互调和

通过对治理规划和治理活动的作用路径的分析，可以发现在社区治理中基层干部政策执行受阻，主要是由于治理结果与民众需求的不匹配性而导致的。

一方面，在治理规划与个体利益追求不匹配的情况下，居民容易对治理行动产生抵触情绪，在政策出台之初就不被看好，在政策进入执行流程之初就遇到难以协调的难题。另一方面，治理活动与治理预期不一致的话，就政府行动者而言是政策执行的偏差问题，无法对各方主体的利益进行协调，就民众而言，容易造成对政府信任的流失，增加之后社区治理行动的难度。那么，对于这样必要且重要的社区治理活动，在"人"的因素密集的基层社区，往往更容易陷入政策困境，治理的结果往往难以与居民的需求相符合。

通过对案例的持续观察，社区治理的困境出现了转机，在已有资源无法保证治理活动顺利进行的情况下，"情感"这个被忽视的资源成为基层社区治理的"解题密码"，在社区里形成了情感场域，特别是调动党组织在基层的引领作用，从原有的情感记忆基础出发，通过各种活动增强情感联系，实现情感资源的进一步发展，进而将情感资源转化成为治理的有效动力，让治理结果与民众需求最大程度在社区内部调和，形成稳固的社区治理共同体。

4.2 生发机制：共同场域中的情感召唤逻辑

4.2.1 基于共同联系的利益协调

社区是各种行动者发生联系的共同场域，在这个场域中，物理空间和网络空间重叠，基层党组织、基层政府、社会组织与社区居民能够实现不同空间上的情感同频，产生家园归属感，助推城市基层治理共同体的建构。一方面是对原有家园记忆的继承。中国传统文化中的乡土情怀和远亲不如近邻的家园文化，能够加速社区居民融入集体，进而增强其归属感，特别是对于新加入社区的居民来说，和谐的邻里文化能够增进其自我认同感，案例中通过在小区建立楼道群，通过"线上+线下"的形式，打通治理的"最后一米"，同住一栋楼的人能够互帮互助，形成情感共同体。另一方面，共同的联系导致共同的问题和需求，共同的利益诉求有助于行动者网络的形成，加之在共同场域中无形中增加的交往机会，都让行动者之间的情感培育成为可能，进而将原子化的个体重新联结，有机组合成更大的集体。案例中为了让新加入居民参与到治理当中，特别放宽了楼长的评选条件，楼长都是居民自行评选然后我们居委会任命考核。虽然很多人都不是业主，但通过楼长这个平台，他们能够有机会参与到基层治理中来，大家在互信基础上有了更多接触后，使大家的感情能够迅速地升温。

情感与利益互为表里，原子化和陌生化的城市社区往往容易产生矛盾，而充分的联系和熟识，让解决邻里之间的矛盾有了转机，面对以往难以调和的社区矛盾，社区居民之间往往能够尽量地退让，做到利益的相对平衡，和谐的邻里氛围也避免了矛盾激化，采用情感的方式能够有效解决历史遗留的利益问题，能够更好地推动生活共同体、利益共同体和价值共同体的构建。

4.2.2　基于共同行动的情感沟通

共同行动是消除陌生感的重要机制，通过搭建共同的活动平台，增加原子化的个体活动交流的机会，消除个体异质性带来的不安全感，多元主体间的信任得到建立，实现情感上的有机互动，增加社会资本的积累。一方面，建立"事缘型"纽带，打破社区成员之间的隔阂，实现互动过程原本个体化居民、碎片化社区的黏合。成员通过集体行动能够深化彼此之间的理解，进一步增强彼此间的对话、沟通与协商。另一方面，情感植入活动，定期的常规活动，能够在较短的时间内实现个体生活与公共生活的联通，包括基层干部在内的各个主体都能够充分地交流互动，实现从"居住认同"到"情感认同"的转变。案例中通过多样化的社区活动，强化了在场的"共情"感，带动更多人参与其中实现"我""我们""他们"之间的融合，提升个体在新环境中的参与感和主体感，塑造个体新的身份认同。

共同的场域塑造共同的权益，每个人都有自利性以及获利性，将情感与自利性有机结合，营造具有温情的治理氛围，这样能够帮助各方行动者参与到治理中来，通过多元主体间的接触、碰撞和杂糅培育"创熟文化"，形成共同记忆以构建"熟人社区"，塑造社区共同体意识。

4.2.3 基于共同经历的情感唤起

党建引领是城市基层治理中的重要抓手，具有共同经历的党员同志，能够在基层党组织的组织下成为参与基层社会治理的强大力量，将中国共产党为中国人民谋幸福、为中华民族谋复兴的初心使命和家国情怀嵌入到共同体建构的愿望来，并依托基层社会治理的党组织，激活党员的服务意识，发挥党员先锋模范作用，召唤其他主体广泛参与，有助于推动城市基层治理共同体的建构。换言之，将"家国情怀""美好生活"等情感期许进一步嵌入到城市基层治理共同体的共同愿景中，将党的组织资源、优势、活力转化为推动发展资源、优势、活力，让基层党组织和党员干部在共同愿景的引领下带领更多主体一起找回初心、共担使命。案例中将党在基层的作用充分发挥，提出了"跟党走"的口号，用党建工作引领社区治理，充分调动了社区党员的积极性。

共同经历对人的影响有着充分的长尾效应，特别是对于党员来说，唤起党员在社区活动中的责任感和使命感，公开亮出党员身份，从责任层面唤起邻里情怀和责任意识，用党员的先进性来带动、感染普通群众，让大家逐渐成为社区治理的"同路人"，为社区治理共同体的构建提供了源动力。

4.3 资源凝结：信任培育下的情感联结固化

4.3.1 强化责任下的动员机制构建

情感治理可行的重要因素在于不同主体间责任心的激发，只有明晰自身责任主动参与治理的行动者，才能真正成为社区治理共同体的一部分，才能在社区内部形成凝聚力，促使社区这个场域被有效改善，实现基层治理现代化的目的。一方面，强化党组织的能量。在原有基层党组织的基础上，进行组织结构调整，扩大基层党组织的覆盖范围，强化党群共建的工作体系，夯实党在基层的执政基础，保证了党组织在基层的动员能力和凝聚能力，通过党的政治领导，形成对社区党员的引领作用，加强思想宣传，在整个社区形成参与治理的良好氛围，将群众组织起来。另一方面，强化基层党员责任意识。面对基层治理行动力不足的情况，要求社区党员和在职党员下沉工作，让党员在社区形成一张网络，利用党员在不同楼栋的影响力，达到影响整个社区的结果。以案例中"党员在楼道"活动为例，深入每个楼栋的党员能够点对点动员楼栋邻居，居民也能够更直观感受到社区的变化，增进对政策的影响，让社区共同体的构建更有可能。

4.3.2 共同利益中的联盟网络形成

个体利益偏好往往成为社区治理活动能否成功的重要因素，面对生存环境的变化时，本能反应就是先维护自己的权益，容易产生抵触情绪。而社区是一个整体，社区中的居民生活相关、利益相系，一方面，公民需要认识到公共利益的存在，社区问题是公共问题，需要公民在这个场域中形成更加紧密的联系，成为具有共同行动能力的整体，才能更好地维护公共利益。另一方面，需要形成共同体的利益诉求，共同利益可以指代共同体利益，表达着绝大多数成员的利益诉求，但在一个相对较大规模的共同体中，利益差别性和多样性会使得共同体的形成更加困难。此时，情感作为感性联系能够成为同质性共同体的重要"黏合剂"，能够帮助形成基于共同体利益的行动者联盟。

5　对策建议：迈向社区治理共同体的情感实现路径

5.1　发挥"党建"作用，厚植信任基础

坚持以党建引领为核心，把党建工作延伸到社区的"最后一米"，发挥社区党员的带头作用，实现党群共建，能够凝聚各方力量参与到社区建设中来，是创建"熟人社区"的关键和重心。在这一前提基础上，通过创新党的服务方式，改变以往的自上而下的治理路径，探索自下而上推动基层服务型党组织建设，实现以党组织引领居民参与制度建设，充分发挥基层党组织和党员的先锋模范作用。

一是改革基层党组织结构，深化基层党组织建设，全面推进社区"大党建"改革。在具体的实践过程中，构建了由街道党工委领导的街道行政党组织、社区党组织、区域商会党组织、新经济组织党组织、新社会组织党组织等组成的新型党组织体系架构，并创造性地提出"将党组织建立在街坊会上"，确立以党组织为核心的基层领导格局。

二是发挥党员先锋模范作用，党员带动居民社区治理的积极性。案例中通过落实机关在职党员到居住地社区居委会报道制度、开展党员在楼道"亮身份、亮承诺、亮方式"的"三亮"行动、拟定党员个人承诺，党员根据自身特长认领服务内容、建立党员奉献社区的示范机制，鼓励社区党员争当"创熟"标兵等行动，让原本分散的党员聚合起来，集中力量参与到社区治理当中，发挥党员的"创熟"号召力，进而激发居民参与创建"熟人社区"的积极性。"缺乏治理的维权是荆棘满途，难以开展的。"要逐步引导居民群众从提'意见'变提'建议'，从对抗变合作，从监督变同路，实现群众自我管理、自我服务、自我教育的功能。"

三是以党组织引领居民参与制度建设，形成有序的居民"创熟"参与秩序。

基层党组织加大力度推进楼长、巷长、街长等建设工作，继续发展自治小组、街坊会在推动协商议事、化解矛盾、推动公众参与的作用，切实让居民担当治理的主角，在街坊会的基础上继续探索成立红色业委会、破解居委会"难作为"问题。完善《社区居民公约》《社区自治章程》等与相关群众自治制度和社区居民代表会议、业主大会、社区议事协商会议等群众议事制度，在社区中营造以契约精神、诚信精神、互助精神为主的社区文化氛围。通过理顺党组织与社区各类其他组织之间的关系，打造社区多元治理格局，社区内各主体之间能够相互合作相互支持，形成以社区党组织为核心、以社区自治组织为主体、以其他各类社会组织为重要力量、社区居民广泛参与的社区治理结构。

5.2 营造"熟人"氛围，再造情感资源

现代社区的空间安排无法为居民创造人格化的社会交往机会，因而"陌生人社区"大量存在，导致社区内社会资本存量低。在这一过程中，居民之间在很多共同问题上难以形成共识，构建和谐的邻里关系对建设和谐社区至关重要。依托社区"熟人文化"，破解陌生人社区道德培育的难题，构建和谐的邻里关系，通过"邻里情"弥合地缘关系中血缘和宗亲关系的缺失，是社区治理共同体能够维系的重要情感基础。

一是重塑了邻里情感纽带，构建和谐邻里关系。例如案例中从楼栋出发，深入挖掘了邻里之间的情感元素，将"远亲不如近邻"的传统思想重新焕发生机。文化活动的开展建构了属于本社区的社区文化圈，打破社区内的文化隔阂，增进了居民对于社区的文化认同，有助于建立新型的睦邻关系，增强社区的内部认同感，打造"共生不陌生、互助不互扰"的新型邻里关系。

二是培育了公共道德，建立社区教育平台。案例中建设良好的社区文化，开办了新型社区学院，在社区中以居民需求为导向，设立了各类居民喜闻乐见的文化课程。除此之外还包括各类主题讲座和小组活动，进一步提高居民的素质和文化水平。

三是进行社区文化建设，开展系列社团活动。以居民兴趣为导向开展多种文化活动，并在此基础上培育兴趣社团，发掘社区归属感较强的热心居民，引导社团组织开展服务社区的志愿活动。向上争取上级民政部门的支持，进行合法备案，巩固了社区共同体的文化根基，在社区内培植了健康向上的文化形态，推动了社区情感再造。

5.3 重构"身份"认同，充分调动资源

社区共同体的建设有必要对社区内部包括人力资源、组织资源、文化教育

资源在内的各种资源进行整合，能否有效整合社区资源对社区的可持续发展具有重要作用。在案例的矛盾解决过程中，充分认识到了资源对于社区建设的重要性，帮助各个社区开展多种整合社区资源的活动，持续推动社区内资源的优化配置。

一是居民是社区内最重要的人力资源，是激发社区活力的关键力量。社区治理的过程中，充分发动社区居民成为社区志愿者，开展了党员志愿服务、楼长志愿服务、社区社会组织志愿服务等多种形式的志愿活动，广泛发动社区居民为社区建设贡献力量。

二是充分识别本地区特色，发挥新市民在社区建设中的作用。关注新市民数量庞大，非户籍常住人口众多的特点，能否利用好新市民的作用对社会治理共同体建设有重要影响。为促进新市民的融入，让新市民也能够体验社区服务、参与社区建设。

三是统筹社区组织资源，推动多元主体共建共治共享。有序的组织是社区共同体建设的必要条件，一个重要的环节就是在社区中成立街坊会，组建"创熟"汇，有效地改善了居民、物业等多元主体的关系，帮助各主体之间进行良性互动，为社区和谐奠定了良好的基础。针对多样性的社区治理难题，着重发挥基层政府的作用，推动各综合执法部门进小区，聚焦社区治理的疑难杂症，加大各职能部门的执法力度和联动协调，从源头上预防和化解小区冲突，建设良好的小区秩序。

六、参考文献

[1] 胡小君. 从分散治理到协同治理：社区治理多元主体及其关系构建 [J]. 江汉论坛，2016，454（04）：41—48.

[2] 文军，高艺多. 社区情感治理：何以可能，何以可为？[J]. 华东师范大学学报（哲学社会科学版），2017，49（06）：28—36+169—170.

[3] 潘小娟. 基层治理中的情感治理探析 [J]. 中国行政管理，2021（06）：6—10.

[4] 郭景萍. 西方情感社会学理论的发展脉络 [J]. 社会，2007（05）：26—46+206.

[5] 王鹏，侯钧生. 情感社会学：研究的现状与趋势 [J]. 社会，2005（04）：70—87.

[6] 王鹏. 基于情感社会学视角的社会秩序与社会控制 [J]. 天津社会科

学，2014，195（02）：75—79.

［7］郭根，李莹. 城市社区治理的情感出场：逻辑理路与实践指向［J］. 华东理工大学学报（社会科学版），2021，36（02）：121—135.

［8］李全生. 布迪厄场域理论简析［J］. 烟台大学学报（哲学社会科学版），2002（02）：146—150.

［9］李姚姚，彭宗超. 场域变迁视角下的地方治理创新研究——基于 H 区预算听证创新的案例分析［J］. 东北大学学报（社会科学版），2019，21（06）：591—598.

［10］邵璐. 翻译社会学的迷思——布迪厄场域理论释解［J］. 暨南学报（哲学社会科学版），2011，33（03）：124—130+209—210.

［11］朱剑峰. 从"行动者网络理论"谈技术与社会的关系——"问题奶粉"事件辨析［J］. 自然辩证法研究，2009，25（01）：37—41.

［12］王佃利，付冷冷. 行动者网络理论视角下的公共政策过程分析［J］. 东岳论丛，2021，42（03）：146—156.

［13］刘伟忠，张宇. 与异质性行动者共生演进：基于行动者网络理论的政策执行研究新路径［J］. 贵州社会科学，2022，392（08）：128—135.

案例六

"不要建在我的小区":事先规划好的
社区养老中心缘何走向"一闹就停"?

文 宏 张 茜*

【编者语】

正所谓"老有所终,壮有所用,幼有所长,鳏寡孤独废疾者,皆有所养"。截至2022年底,中国60岁及以上人口达到2.8亿人,深度老龄化将成为我国今后较长一段时期内的基本国情。如何有效应对人口老龄化带来的挑战,是世界各国共同面临的一道难题。对此,中央出台各项政策,把积极应对人口老龄化上升到国家战略层面,全力探索新型养老模式,例如"物业+养老"模式、"医养结合"模式等。在研究过程中,我们发现了一种"社区嵌入式养老"的新模式,能够有效解决社区居民的养老难题,具有明显的正向效应。但作为一种邻避设施,社区养老机构在建设过程中困难重重,社区居民反对的声音极大。已有研究聚焦于养老机构建设的优势、困境、解决措施等,对邻避冲突衍生机理的研究不足,仍需进行进一步的探索。

为此,我们深入基层,选取了吉祥小区作为调研地点,希望立足于田野,探索养老机构建设过程中"一闹就停"的原因。总体来看,主要是社区对于邻避设施的解决方式缺乏系统性和统筹性,政府事先的规划与利益相关方的认同出现偏差。具体来看,主要是政治、利益和文化三方面功能的嵌入不充分,没有形成社区共识主导的公共价值。一是在政治系统上没有有效统筹推进。吉祥小区的养老机构在嵌入过程中,党政组织没有对未来发展状况作出设想、部署、谋划和安排,组织内部协调不足;同时,基层党建引领并没有充分动员群众,导致政策营销困顿难行,这是导致养老机构建设执行困境的第一层原因。二是在利益系统上没有有效协调各方。不同主体有不同的利益选择。小区居民作为

---

* 张茜,华南理工大学公共管理学院硕士研究生。

理性经济人，必然会对自身的收益与风险进行权衡。尤其是投资型业主，认为养老机构的设置弊大于利，对房价会产生较大影响，政府的政绩并不应该让老百姓来埋单。政策执行应该重点关注不同主体的利益均衡，关注重点的偏差是导致养老机构建设执行困境的第二层原因。三是在文化系统上没有有效衔接融合。规则和认同是影响政策能否落地的重要因素。社会的流动性和社区的陌生化导致居民想法各异。事实上，社区应该成为建立规则和形成共识的重要阵地。由于治理过程中缺少情感思维的运用，社区居民的家园归属感不足，是导致养老机构建设执行困境的第三层原因。当然，站在现实案例与学科发展的角度，我们也在后续提出了相应的解决措施，进行展望。

经过扎实的调研和细致的梳理，最终我们形成了一个集真实性、有趣性、丰富性于一身的案例研究报告。这种现象给予了我们极大的启示：利益无法达到绝对的均衡，但"谁闹谁有理"定会导致规则的无效，因此在邻避设施的治理过程中要更加强调统筹衔接。全面深化改革要实现系统性重塑、整体性重构。在未来的老龄化治理中，我们必须要从关注局部的被动调整转向以共识牵引的政治统筹、利益均衡和文化协调。

吉祥小区的养老机构建设，还有很长的路要走，但我们始终相信：作为一种新型养老模式，"社区嵌入式养老"能够较好地解决养老服务需求多元性与供给的单一性之间的矛盾；能够为积极应对人口老龄化提供全新的视角；能够充分发挥其嵌入功能与治理优势，推动我国养老服务体系的健全。

最后，需要说明的是，本案例的核心内容曾参加由中国学位与研究生教育学会、中国科协青少年科技中心主办，全国公共管理专业学位研究生教育指导委员会联合主办的第七届中国研究生公共管理案例大赛，并在上千个案例文本中脱颖而出，获得了全国"一等奖"的成绩，得到了全国专家的高度认可。

摘　要：随着人口老龄化程度的进一步加深，我国将在未来很长一段时间内面临人口发展不均衡的压力。为全面贯彻落实应对人口老龄化国家战略，不断优化老龄化时代基本公共服务供给模式，社区嵌入式养老机构应运而生。然而，在进驻社区的过程中，养老机构却常常因其负外部性和效益分配的不均衡性而遭到周边居民反对，陷入"项目建设—民意抵制—政府压制—群体性事件发生—政府妥协—项目延期或终止"的恶性循环，政府与民众的"双输"局面成为常态，最终陷入养老机构无处落地的邻避困境。本案例通过讲述吉祥小区养老机构建设的曲折历程，透视养老机构建设邻避问题背后的内在原因和形成机理，尝试为地方布局、建设养老机构、破解邻避问题提供解决新思路。案例分析部分则从嵌入性理论和公共价值理论出发，构建"多元嵌入—价值重塑"的解释性框架，详细剖析了此次养老机构邻避事件背后蕴含的原因，深刻阐释了养老机构从"邻避"到"迎臂"的空间善治转型路径，以期为破解"一建就闹""一闹就停""停后复建"的"中国式邻避"模式提供建议，为老龄化背景下社会治理的高质量、精细化发展奠定坚实基础。

关键词：社区嵌入式养老；养老机构；"一闹就停"；邻避治理

一、案例正文

0　引言：一场"不要建在我的小区"的维权运动

在东江市吉祥镇吉祥小区门口，数十名业主拉起了多条显眼的白色横幅。放眼望去，横幅上写着一行行大字：

"强烈抗议在吉祥小区建养老机构！"

"决策失误，严重违法违规！"

"强烈反对侵犯吉祥小区业主居民利益！"

甚至还有业主联系了新闻记者到现场进行采访。这到底是怎么一回事呢？

当记者赶到现场的时候，正在抗议的业主们情绪激动，他们高喊着"养老机构不要建在我的小区！养老机构不要建在我的小区……"

见到如此阵仗，记者连忙找来一些正在抗议的业主了解情况。

"说句不好听的，所谓社区养老机构就是收留那些还剩一口气的，基本上都是抬进来了，这对我们小区和居民会产生多大的影响？太晦气了！"50岁的小区业主刘阿姨向记者透露道。从刘阿姨的语气中能听出，她对养老机构建在自己家门口的政策异常排斥，觉得这就是在家门口建起了"白事馆"，让小区业主们人心惶惶。

"前期是和我们商量过，开了几轮座谈会，但我们一直是持反对态度的。"

"我们是星期六才知道的，经过的时候看到一个个床位往里面搬。"

"里头都已经隔了一间一间的，全部都搞得差不多了。"

"这不是搞临终服务吗？不然干嘛往里面拉这么多床位？"

不一会儿，吉祥镇镇长何维新风尘仆仆地赶到了现场，面对躁动不安的业主们，他无奈地在现场安慰群众："各位业主，政府对大家的不安和疑虑是理解的。但大家现在采取聚众表达诉求的方式，是属于非法聚集，对周边居民的生活和工作造成了影响，而且聚众拉横幅也无法解决大家的诉求。沟通和理性地表达，才是最终解决问题的途径。我代表镇政府答应大家，会再次安排座谈会，听取业主们的想法，解决大家的问题。"

听到何镇长的承诺，业主们依然不屈不挠，经过工作人员苦口婆心的劝说，聚集的人群才慢慢散去。

通过进一步的采访，记者了解到，在建社区养老机构这件事情上，吉祥小区的业主已经与政府开展过几次激烈的座谈会，在政府的努力下，大多数业主已经妥协，但因个别业主无意间看见有工人往养老机构搬入一张张床位，把这个消息扩散到业主群里，业主们的情绪又开始失控，这怎么和一开始说的不一样？

为什么小区门口的养老机构会引发如此庞大规模的业主维权运动？

是什么因素导致业主的反对情绪如此高昂？

这还要从"家门口养老"这一政策的出台开始说起……

1 "事"出有因：一个"家门口养老"的想法

1.1 人口老龄加速，倒逼探索新型养老道路

根据国家统计局数据显示，截至 2022 年，中国 60 岁及以上人口达到 2.8 亿，占全国人口总数的 19.8%，其中 65 岁及以上人口 2.1 亿人，占全国人口总数的 14.9%。按照国际通行划分标准，当一个国家或地区 65 岁及以上人口占比超过 7% 时，意味着进入老龄化；占比达到 14%，为深度老龄化；超过 20%，则进入超老龄化社会。截至 2022 年底，中国已经走向了深度老龄化社会。

新中国成立以来三次生育高峰的人口堆积，是导致 21 世纪中国人口老龄化快速发展的人口基础；而人均预期寿命的延长和生育水平的降低，则是人口老龄化的重要影响因素。基于诸多现实因素的影响，中国的老龄化趋势不可逆转，人口老龄化将会是今后中国较长一段时期的基本国情。

从世界情况来看，凡是进入老龄化社会的国家，其人均国内生产总值达到 5 万美元，而中国人均国内生产总值才刚突破 1 万美元。在社会保障体系尚不完善的情况下，超大规模、快速的人口老龄化，将会给中国的社会治理、社会保障和养老服务带来巨大的挑战。

为此，党中央、国务院将积极应对人口老龄化上升到国家战略高度，先后制定了《国家积极应对人口老龄化中长期规划》《"十四五"国家老龄事业发展

和养老服务体系规划》《关于加强新时代老龄工作的意见》等一系列政策，从健全养老服务体系、完善老年人健康支撑体系、促进老年人社会参与、着力构建老年友好型社会、积极培育银发经济、强化老龄工作保障和加强组织实施等方面，对相关工作作出部署，旨在切实打造高质量的养老服务和社会保障体系，走出一条应对人口老龄化危机的中国特色道路。

在此背景下，全国各省市大胆创新养老服务举措，推陈出新探索出一系列养老服务模式。例如：武汉市推出医疗+养老的"医养结合型"养老模式，老人可以在机构实现未病疗养、有病治病、愈后护理，破解了养老与医疗分离的现实困境，受到了民众的广泛好评，但由于费用较高，该模式很难进行大范围的推广。

上海市则从发展多样化养老托育服务的角度，探索"社区+物业+养老服务"的模式，充分利用社区物业的先天优势，整合企业资源，让物业充当居家养老与社区养老的桥梁，让老人在家门口实现养老。

"物业+养老"概念在2019年政策文件中正式出现，2021年《中共中央 国务院关于加强新时代老龄工作的意见》将其扩展为"社区+物业+养老服务"，这个模式虽然得到中央政策性的支持，但是在落地上却受限于场地缺自主、业务无授权、业主认同低、服务能力弱、运营模式不明、政府支持不足等多方面困境，因此"社区+物业+养老服务"模式仍有较大的完善与改进空间。

本文主要研究吉祥小区推行"家门口养老"过程中遇到的困难，与上文所提到的"医养结合""社区+养老"模式有异曲同工之妙，却在政策推行过程中困难重重。

1.2　区域现状不佳，急需开展特色养老服务

东江市作为经济发达的沿海城市，每年都能吸引大量劳动年龄人口流入，近十年来，该市人口的年龄结构一直保持相对比较年轻的状态，但根据东江市第七次人口普查统计的结果显示，全市已经进入了中度老龄化阶段，其中，吉祥镇率先步入超老龄化状态。

吉祥镇总人口为57.9万人，65岁以上老龄人口超过19万，占比高达32.8%。由于该区域的养老服务机构建设满足不了群众的养老需求，而当地的老年人都不愿意去离家较远又陌生的养老院，所以大部分人都选择了居家养老。

老吾老以及人之老，尊老敬老是中华民族的传统美德，让所有老人都能"老有所养、老有所依、老有所乐"是每个人的美好愿望。

居家养老固然好，但这也意味着照顾老人的重担都压在了年轻人身上。

随着中国城市化进程的加快和家庭结构的改变，家庭对老年成员提供养老照料的功能逐步弱化，年轻人为了生计奔波，下班了还要照顾小孩，很难分出精力照护家中老人。若是老人身体健康，生活自理，能为年轻人减少压力；但若老人生活不能完全自理，则需要花费大量时间精力去照料，让年轻人"不堪重负"。

近年来，吉祥镇的街坊们关于照顾老人分身乏术、无计可施的怨言时常响起。面对育儿压力，人们尚且能依托早教中心、幼儿园等托育机构来缓解，而面对养老的问题，要是能有配套的养老服务机构来帮忙解决，实现"家门口养老"，那一定能大大提升吉祥镇居民的幸福感、满足感、安全感。

基于这样的现实状况，吉祥镇开启了特色养老道路的探寻，初心是为居民解决养老难题，但在政策实施过程中，何镇长却遇到了几轮阻碍。

为何这个出发点较好的政策在实施过程中困难重重？

为何事先规划好的养老机构建设迟迟无法落地，建设工程"一闹就停"？

2 "与"日剧增：一段"各执一词"的执行压力

2.1 第一轮"顺利进行"：出台政策规划，意欲缓解养老困境

民之所盼，政之所向，为积极响应国家养老政策号召，健全以居家为基础、社区为依托、机构充分发展、医养有机结合的多层次养老服务体系，更好地应对东江市老龄人口不断增多和老龄趋势日益严峻的时代命题，东江市出台了《东江市养老服务体系建设"十四五"规划》《东江市街镇综合养老服务中心建设提升三年行动计划》等一系列养老服务创新政策，依托"9073"的养老模式，创新性地提出了"一街镇一颐康中心"的养老服务计划，为扩大养老服务的覆盖面、满足老龄群体日益增长的养老需求提供新思路、新见解。

而吉祥镇因其典型的老龄化特征，成为本项政策的首批建设试点街镇，为构建走在全国前列的"大城市大养老"模式做出创新性探索。

吉祥镇镇长何维新怀着必求先成之心，率队奔赴上海、郑州等地的社区养老服务机构走访学习。令何镇长意想不到的是，这些成功经验的背后有太多的辛酸，专业人才缺失、项目选址落地难、运营资金来源不明等等，均影响项目建设的进度。

一回到镇里，何镇长便马上召开养老机构建设案例研讨会，盛情邀请了几名高校公共管理学者出席会议，共同探讨外出调研获得的信息，通过前人的经验，总结出群众抵制社区养老中心建设的原因，并提出有针对性的策略，提前

排除潜在风险，以确保项目能够顺利"落地"。

与此同时，何镇长又安排了规划建设科吴科长等人核查辖区现有的公建配套档案，推进养老机构工程建设的选址工作。后面经过仔细核查，筛选出目前可用于建设养老机构的地址为泰和小区、吉祥小区这两个新楼盘。

针对两个楼盘的选址问题，镇里召开了养老机构选址设计工作座谈会，特地邀请了养老护理员及建筑设计师等专家出席。经会上讨论，根据辖区老年群体的主要分布区域、两个选址的交通条件及区位优势、相关公建配套面积及规划用途等情况，最终选定吉祥小区为镇上首家养老机构试点单位，并广泛征集了居民群众意见。很快，吉祥镇党政联席会议研究通过《吉祥镇养老机构建设方案》。

2.2 第二轮"被动反应"：开展多方座谈，力求锚定群众需求

选址工作完成后不久，何镇长便组织了吉祥小区的部分业主代表及老年群体代表召开座谈会。希望能在更好地服务老年群体的情况下，尽可能减少对小区居民的影响，制定一个能更好地满足老年人多元化、个性化需求的养老机构设计方案。何镇长信心满满，认为这项工程契合了养老需求、听从了专家意见、引入了专业机构，定能得到大部分居民的支持，并且通过接下来的座谈会，能更精准地把握社区居民需求。该项目必定能成为东江市甚至全国的"养老样本"，为启发各地养老服务供给改革提供重要示范作用和参考意义。

然而，座谈会的开展却让何镇长大跌眼镜，大家踊跃发言为养老服务中心建言献策的场面并没有出现，取而代之的是业主们的质疑与反对。

"当初政府只提到建一个街坊之家，并没提到养老服务中心呀。"

"小区里的公园应该是我们小区内的居民才能使用的，凭什么要开放给外面的人？"

"出现碰撞伤害等安全问题时，又由谁来负责？"

质疑和反对的声音此起彼伏，何镇长虽有所准备，但还是被打了个措手不及，"各位业主，请大家理解一件事，这是一项便民养老的惠民工程，大家所提出的问题我们会认真考虑，一一作回复……"由于业主们提出的问题实在太多，最后何镇长不得不再安排座谈会对居民的诉求作出回复。

座谈会结束后，何镇长随即召集相关部门领导以及养老机构的负责人对业主提出的问题进行讨论，认真研究解决方案。

随着时间的推移，业主们抗议的声音愈演愈烈，部分吉祥小区业主在网络上查到东江市养老机构建设项目后，并将相关消息以及网上对养老服务中心的

负面讨论转发到业主群，更是让反对的声音充斥了整个业主群。

为了更好地回应业主们的质疑，也为了保证养老机构能顺利开放，何镇长在一周内便召开了第二次座谈会。

会上，何镇长对上次座谈会业主们提出的问题一一作了解答，随后负责人也耐心细致地讲解了内设的服务项目，着重解释该养老机构仅仅相当于是健康老人的活动室，只提供日托服务，不会开展长者临终关怀等服务。

在何镇长以及负责人作出解释后，大部分的业主并没有马上提出异议，虽然现场仍有少部分业主坚持反对态度，但是总体上业主们也算是同意养老机构的建设，何镇长也答应会在后续的建设工作中与业主保持沟通，确保后续业主们的合理诉求得到满足。

业主们对养老机构的后续建设未提出异议，建设工程持续进行，一切似乎往着好的方向发展，养老机构的开放指日可待……

2.3 第三轮"策略调整"：公示小区规划，最终得到居民妥协

为了让养老机构能尽快落地，也让群众能理解和支持养老机构的建设，吉祥镇党政联席会议研究通过根据居民意见修改的《吉祥镇养老机构建设方案》，并将小区的规划在政府网站和小区的公示栏进行公示。

公示内提到，吉祥小区在前期已规划的9栋首层103、104单元属于公建配套，规划设计一处"文化室"，建筑面积200平方米，设于首层，宜与其他配套服务设施集中设置；规划设计一处"老年人服务站"，建筑面积120平方米，设于首层且有对外方便的出入口，宜与其他配套服务设施集中设置。公示的《方案》明确了在吉祥小区5栋、9栋首层及夹层建设养老机构，内设长者饭堂、长者休息室、星海书屋、儿童活动室、党群会心社及舞艺坊等服务项目。长者休息室向老年人提供了10张休息床位、3张按摩床位，但不设临终关怀服务。

养老机构的这番设计，充分考虑了周边不同住户的切身利益。

首先，设置了健康管理中心和理疗区，可以帮助老年人检测血压血糖等常规指标，也可以为半失能老人的康复助力。

其次，才艺培训室和多功能活动室同时向年轻群体开放，让大家多了一个休闲娱乐好去处。

再次，为了方便周边居民享受到更便利高效的社区服务，养老机构还设置了政务服务窗口，要建设成集政务服务、长者活动、文化娱乐等多功能于一身的一站式服务综合体。

小区的居民看到政府公示的内容后，虽然没有听到太多支持的声音，但反

对的声音比原先有所减少。

按照预定目标，养老机构开放后对社区居民是利远大于弊的，因此吉祥镇政府在安全且不扰民的前提下，加快推进了项目建设，力争早日满足辖区居民日益增长的美好生活需要，让社区的年长者享受到"家门口养老"这一便利服务。

对此，何镇长也信心满满，没有太多反对的声音，项目顺利开展的可行性大大提升。两年来，吉祥镇政府投入了大量人力物力，扎扎实实地推进养老机构的工程建设，工程基本完成，即将迎来欢声笑语的开放，为长者提供服务，让大家多一个休闲娱乐的好去处。

2.4 第四轮"一闹就停"：突遇业主维权，政府陷入执行压力

然而，事不遂人愿，养老机构开放在即，却突遇小区业主的投诉维权，养老机构建设遭受到了前所未有的阻力。吉祥小区的业主在看见养老机构放置了长者休息床后，将相关消息转发到业主群，引发了业主们的集体反对和抗议。

一时之间，众说纷纭，群情汹涌，何镇长之前所做的努力全部白费。在一声又一声的电话铃声中，何镇长又开始发愁……

面对愈演愈烈的抗议维权局面，为了更好地回应业主们的疑问、保证养老机构顺利开放，何镇长安排了民政科的刘科长带部分业主到养老机构现场参观，耐心细致地讲解了内设的服务项目。

然而，到场的业主却坚持认为在建设过程中被剥夺了知情权、没有被尊重，"当初说不会涉及白事的服务，现在又设置了长者休息床和医疗设备，未来长者全托和临终关怀服务是不是也要水到渠成、顺势而为？"

"养老机构开放后，公共资源被小区外的其他人挤兑，影响小区业主的利益，还有进出人员混杂，出现碰撞伤害等安全问题时，又由谁来负责？"

为了安抚民心，刘科长再次进行了解释，养老机构相当于是健康老人的活动室，只提供日托服务，不会开展长者全托、临终关怀等服务。但现场的十几名业主代表依然穷追不舍，刘科长不得不采取"迂回战术"，答应后续再给业主一个正式答复。

三天后，吉祥镇政府出具了一份致小区业主的一封信，详细说明了养老机构的情况，包括内部的设置、提供的服务，以及不会设置临终关怀服务的重要说明。

从吉祥镇政府的角度来说，这封回信是经过内部商讨、权衡利益后做出的郑重回应，是考虑了辖内居民的现实养老需求与社区居民的实际利益诉求后做

出的审慎决策，但对于吉祥小区的业主们来说，这封信未能安抚民心，反而加剧了业主们的愤怒和不满，甚至反遭媒体关注。

致信次日，数十名业主联系了新闻栏目前来吉祥小区采访，试图通过引起媒体的关注给吉祥镇政府增加舆论压力，甚至在吉祥小区门口聚众拉横幅，派人驻扎，强烈要求养老机构改址。

"强烈抗议在吉祥小区建养老机构！"

"决策失误，严重违法违规！"

"强烈反对侵犯吉祥小区业主居民利益！"

当记者到现场时，正在抗议的业主们情绪都很激动，他们高喊着"养老机构不要建在我的小区！养老机构不要建在我的小区……"采访中，居民们提道：

"如果是为我们小区老人服务，我们小区老人不要求床位，我要床位干嘛，你给弄个老人活动中心就可以了，对不对？老人家在里面看看报纸，跳跳舞，就足够了，我家里有床位，我要这里的床位干嘛？"看到刘阿姨在接受采访，其他几名业主也凑上前去跟记者诉说道。他们都觉得被欺骗了，和当初政府和居民座谈的内容完全不符，政府的行为就是在剥削小区居民的知情权！

"我们都看得很清楚，就是要开展临终服务。看到上面的一个标识牌，它到处都有宣传，非常的详细，临终服务是什么意思？这个大家都很清楚。"接受采访的陈先生表明，虽然之前也有听说小区要建个"街坊之家"的养老活动中心，但他无法接受，现在快建设好养老机构要提供临终关怀这项服务，如果在小区建"白事馆"，这个地方和自己住的地方窗户正对着，每天都会看到，听到救护车的声音，甚至会有难闻的气味传过来，这严重影响自己和家人的身心健康。

"做临终关怀了，可能会成为快去世的老人的一个安置点。这样的话，可能时不时就有老人在楼下去世。"在抗议队伍中较年轻的张先生向记者说道。张先生表示，虽然家里有老人，也很赞同在家门口养老的想法，但是他不同意在小区门口建养老机构。因为养老机构就建在他的楼下，如果看见尸体抬进抬出，是很晦气的，所以他宁愿把家里老人送到稍微远一些的地方去。

另一名小区业主张小姐向记者说道："老人住在养老院后，经常会有朋友亲戚来探望，那我们这个封闭小区还怎么封闭？养老机构的入口是消防门，官方说是消防要求常开，那以后外来人要是到我们小区来，都可以随意进出了。"张小姐是两个孩子的妈妈，她当初买这个小区的时候并未听说小区要建养老机构，虽然不是建在她住的那一栋楼下，但是只要建在小区门口，未来小区治安的管理就令人担忧。

收到消息，何镇长不得不中止了正在召开的镇长办公会议，匆匆赶往现场处理。彼时，数名业主正拉着白色横幅在吉祥小区门口进行激烈的群众维权运动。看到何镇长到了现场，大家的目光都不约而同地聚集在他身上。为了安抚现场业主躁动的情绪，何镇长现场作出了回应："各位业主，政府对大家的不安和疑虑是理解的。但是便民养老服务是一项惠民工程，也是国家在'十四五规划中力推的一项工作，是造福百姓的项目。我认为，大家现在采取聚众表达诉求的方式，属于非法聚集，对周边居民的生活和工作造成了影响，而且聚集拉横幅无法解决大家的诉求。沟通和理性地表达，才是最终解决问题的途径。我代表镇政府答应大家，会尽快安排座谈会，听取业主们的想法，解决大家的问题。"

有了何镇长的承诺，虽然一开始业主们依然不依不饶，但经过工作人员苦口婆心的劝说，聚集的人群也慢慢散去。这次维稳事件暂告一段落，政府却陷入了舆论压力。如何说服吉祥小区的业主们尽快接受养老机构，是何镇长眼下亟须解决的问题。

2.5 第五轮"余波未平"：业主仍不死心，千呼万唤提出申请

在"横幅与媒体曝光"事件过后，吉祥小区的业主们仍不死心，几天后，业主代表去到镇政府信访部门，向镇政府提交了《吉祥小区业主致吉祥镇政府的呈请书》，以书面形式提出了诉求，呈请书还附上了大部分业主的签名。

这份呈请书上，业主们提出了一个诉求——要求把养老机构搬离小区，在居住小区外的区域另行选址，并提出了三大核心问题：

第一，在吉祥小区建设养老机构不符合程序要求。目前即将建成的养老机构所使用的场地，属于吉祥小区的公摊配套，原先计划建为居民活动中心，是小区不可分割的一部分，业主对其具有共同管理权。镇政府在建设养老机构时，改变了这块场地的用途，却未第一时间告知业主，不符合程序要求。

第二，目前在建的养老机构不符合政府文件要求。根据政府出台的《东江市街镇综合养老服务中心建设提升行动计划》（以下简称《行动计划》）规定，养老机构每处建筑面积一般不少于1000平方米。目前吉祥小区的养老机构面积不足1000平方米，不符合文件要求。

第三，养老机构的建设不符合消防的要求。养老机构的建设将小区现有道路进行了分割，不但占用了业主共有道路，而且使道路变得狭窄，增加了消防隐患，导致消防车和救护车难以进入。

针对业主提出的问题，何镇长在镇政府常务会议上提出成立"处理养老机构事件的工作领导小组"，由他任组长，组员由各科室及属地社区等部门负责人

担任。同时，何镇长还要求尽快请示区规划和自然资源局，查阅地块的规划档案，明晰养老机构的产权问题。另外，针对呈请书上引用了诸多法律条文，何镇长表示也应该咨询一下镇政府法律顾问的意见。

很快，镇政府就收到了区规划和自然资源局的回复和法律顾问的意见。

有了相关依据之后，何镇长认为，说服业主应该是十拿九稳了。

与业主的座谈会安排在了周五的下午，一共有包括业委会在内的25名业主参加，镇政府领导小组的成员单位也悉数派员到场。

会上，民政科的刘科长首先把养老机构的建设情况重新解说了一遍，并对居民进行回应：

首先，养老机构所用的场地合法合规。《建筑功能指标规划条件核实明细表》注明涉及公共服务配套设施移交的按照《东江市居住区配套公共服务设施管理暂行规定》附件移交，该规定第六条及第二十一条明确，养老机构的所用场地应当移交给政府相关部门，由政府相关部门按照确定的使用功能投入使用。另外，养老机构使用的场所性质为"公共服务设施"（公建配套），其中的103单元规划用途为"老年人服务站"，104单元规划用途为"文化室"。根据实际情况，养老机构现使用用途与规划用途一致，因此，养老机构建设不需要对业主进行公示。

第二，养老机构的规划符合政策要求。《行动计划》中提到的养老机构面积规划是"一般不少于"，并不否定个别情况的存在，而且吉祥镇的养老机构是和街坊之家相邻，实际上可以共享到街坊之家的很多场所和资源，例如棋牌室、多功能活动室和舞艺坊等。同时，《行动计划》中也提到，后期市专家会进行评估提升和检查验收，因此养老机构将会不断完善，以满足市民要求。

第三，养老机构须消防验收合格后才会投入使用。关于消防问题，吉祥小区的建设方保利公司已经向镇政府提交了一份情况说明，关于道路分割产生的消防问题，其实早在养老机构建设之前已经存在，并不是因养老机构建设而引起的消防问题，而且，养老机构需经过消防验收合格后才会投入运营，因此业主们不需要担心消防问题。

尽管镇政府明晰了产权问题，对业主们的质疑也回答得有理有据、清晰明白，但在场的业主仍不依不饶。他们还列出了市里现有的4个养老机构投入使用的案例作为对比，认为此次建设养老机构属于赶鸭子上架，完全就是为了应付上级，从选址和建设规划上都不符合实际情况。业主们表示已经进行了内部民调测试，99%业主都持反对态度，吉祥小区业主的诉求只有一个：迁址！

后面的会议过程中，无论政府的回应是否有依据，业主们始终从不同方面认为养老机构"不合规"，反正在业主们心里面，这个"不合规"的养老机构只要不建在自己的小区，那就是"合规"了。

一场本该的"和谈"，最后却不欢而散！

始终让何镇长想不明白的是，这明摆着的"合法合规"，为何业主们总是无法认同。到底是真的不理解，还是事情另有隐情？在持续的访谈与调查中，业主们反对的真实原因逐渐露出水面……

3　"愿"不遂心：一些"个人利益"的利己心思

3.1　小区老人增多，挤占资源影响生活品质

座谈会后，镇政府正式出具了《关于〈吉祥小区业主致吉祥镇政府的呈请书〉的回复》，但这份回复并不能说服业主。几天之后，甚至有数名业主自发坐在养老机构门前，影响装修施工进度，其中还不乏老年人。

这次事件的背后原因到底是什么？为什么业主们再三坚持？为了弄清业主反对的核心原因，镇政府对此开展了实地调研。

原来，"合规"和消防问题等等这些只是业主们一个表面的理由，不同的业主有不同的想法，不同年龄段的业主有不同的认知。

部分业主认为，吉祥小区是刚建成不久的小区，在吉祥镇众多住宅区中，属于高端住宅，房价高，小区有一个私享的花园和各种设施，高端大气上档次，大部分业主当初买房，就是看中吉祥小区的品质生活。

调查中，一位卢姓的业主说，目前小区的老人并不多，如果养老机构面向整个镇招收老人，一来会挤占小区的公共资源，二来小孩子在小区花园玩耍极容易撞到老人，容易与老人及其家人发生矛盾纠纷。

还有业主认为，老人家起床早，早上在养老机构门口等待开门时容易影响到楼上居民的休息，同时这么多人进进出出也会给小区治安带来隐患。

甚至有业主认为，养老机构的老人也有可能因为疾病、身体不舒服而带来难以接受的噪音。

这一系列有可能出现的影响居民生活质量的问题都成为该小区居民反对建设养老机构的理由。

3.2　建设养老机构，隐患聚集降低小区房价

"养老机构投入使用后会对小区的环境卫生、消防安全带来各种隐患，还会影响到我们小区的房价。"

"尤其是以后万一提供临终关怀服务，日后的殡仪车辆出入肯定很频繁。"

"说不定还有大量的医疗垃圾，甚至出现停尸房。"

这些都是不同业主的声音，他们认为把养老机构设在一个年轻人聚集的小区，不仅影响生活品质，而且是会降低小区的房价。据了解，大部分业主提出的反对理由都与房价挂钩。有业主就明确表示：养老机构就应该建在商业区，或者远离主城区、环境优美的地方，吉祥小区是高档小区，今后业主的住房环境品质和房价将随着养老机构的落成而下跌。

其实通过网络搜索不难发现，对于养老服务机构建在小区楼下，遭到反对的案例并不少，而大多数反对的原因，都是因为房价的原因。

近年来，吉祥镇作为东江市的重点开发地带，房价一路飙升。自从吉祥小区爆出要建设养老机构后，部分二手房的网站数据已经显示该小区的楼价在下跌，甚至还能搜到少量低于市面价10%的二手户型。许多业主对此开始感到焦虑和恐慌，周边房价都在涨，只有自己手中的财产在贬值。他们认为，政府的政绩不应该让老百姓来买单，在养老便利和保证房价面前，业主更多地选择了后者。

3.3 路遇大拦路虎，"风水"观念促使项目崩殂

令人难以置信的是，大部分老年业主也持反对意见。

明明是关乎老年人的切身利益，养老机构的建成能大大方便周边的老年人家庭。养老机构设在小区附近是最便利的，老人不用被送去偏远的养老院，自家楼下就有养老机构提供日托的服务，可以随时回家，减少养老家庭压力的同时，还能让老人享受生活。

虽然政府一直强调养老机构不会开展长者全托、临终关怀等服务，但业主还是担心政府日后会增加这一项服务。业主们觉得，救护车和殡仪馆的车进出，会影响小区的"风水"。

一位金姓的老年人说道："到时候今天来一辆120，明天殡仪车接走一个老人，你说我们同龄的老年人心情会怎么样？"他们普遍认为，养老机构会给小区带来"晦气"，带来不好的兆头。

"我今年63岁了，我也会老，可能会去养老机构，如果距离小区是一两公里，我们绝对支持，但现在建在我们家的窗底下，就在小区儿童乐园不远处，我们不会同意。"业主沈先生认为，如果养老机构建成，药水味、老人的暮气以及以后可能存在的太平间，会对小区的居住环境造成不良影响。

另一位业主则表示，如果每天站在窗台上看到对面楼里那些将死的失能老人，她的心理无法承受，这样精神压力很有可能影响自己的健康。

3.4 幕后原因显现，利益诉求缺乏有效平衡

其实，并不是所有的业主都坚决不同意养老机构建在小区门口，部分业主在心理上接受养老机构的建设，认为养老机构的建设将会成为一种趋势，但是这部分业主较为分散，且往往都是情感上的支持，并没有形成一定的规模。

根据调研了解到，最初反对的业主其实并不多，很多业主都是被其他人所带动的，当他们得知，可能会对自己的利益带来影响时，他们也跟着加入反对的行列，而支持的声音最终都埋没在反对的浪潮中。

重新翻阅吉祥小区的资料不难发现，业主呈请书最后的签名表中，签名的业主比例只占了七成，而当中大部分还是养老机构所在的 9 栋和邻近的楼栋，不少业主只是被房价下跌和"不吉利"的思想所左右，认为无法寻求获得个人利益最大化。

对此，有部分业主就提出，政府在规划改变居民活动中心的用途之前，就应该充分征询小区业主的意见，听取他们的想法，他们认为政府可以提出适当的补偿机制，来弥补对小区业主带来的损失。

但是从政府的角度考虑，"风水"和房价问题难以调和。

首先，"风水"属于封建迷信问题，是个人心理原因，难有相关的依据，比如有些人就不介意在墓地旁边买房；其次，对于房价问题，目前也没有官方的数据能够证明社区养老机构一定会带来小区房价的下跌。况且养老机构的建设并没有侵犯业主的直接利益，并未占用小区的公摊面积，政府没有理由为此支付补偿费用。最后，养老机构的建设属于社会公益性项目，最后受益者也是当地民众，尽管会对部分业主造成一定的不便，但个人利益和公共利益是可以协调的。

在这种情况下，怎么解决公共利益与个人利益的问题成为吉祥镇政府解决这次事件的关键。

4 "违"心悖利：一条"前路漫漫"的养老之路

4.1 复盘经验教训，群策群力探讨共容之道

面对养老机构建设项目僵持不下的局面，何镇长是焦思苦虑，一个头两个大，为尽快打破僵局，何镇长立刻召集了民政、住建、综治等相关部门又重新复盘了一遍事件的前因后果，把业主各类的观点总结为以下三个方面：

一是损害业主经济利益和生活权益。这件事将投资型业主和刚需型业主拧成一股硬绳，接受养老机构建设的运营意味着接受 6 位数以上的经济损失，同

时会导致大量外来人员出入小区，存在安全隐患，失能、半失能老年人的入驻可能带来救护车出入、老年人去世等情况，引起心理上的不适，有孩子的家庭会担心可能出现的老幼冲突，引发纠纷、赔偿等问题，所以在家门口建设养老机构，业主们都会尽最大的努力反对。住建科张科长说："我们试着代入自己思考，你花尽工作十多年的积蓄，还背上几十年房贷的房子，就因为楼下有一家养老机构，你的房子每平方米就比隔壁栋少 2000 元，总价少个几十万，这谁能接受呀？本来每天推开窗户享受鸟语花香，现在变成看老人，听救护车'嗡嗡响'，心里烦不烦？"

二是财政难以支撑养老机构迁址、重建或者扩建。吉祥镇一直以来的财政收支紧张有限，所以更无法确定补偿费和运营费的支出来源。民政科张科长说："补偿款必是不合法合规，不能因为居民闹事就给钱，按现价补偿的话，这几栋楼得补上千万，开发商肯定不愿意出这个钱，另外养老机构的运营还要财政补贴呢。而且，当初就是因为财政压力大才选了折中方案，把养老机构设在吉祥小区，说它不好，也已经是最好的选址了。如果确实要搬迁，可能就要搬到 A街，离吉祥小区大概有 4 公里，如果建在那里，可能也就没有老人愿意过去了。"

三是受益群体的脱节，养老机构是与己无关的公共利益。吉祥小区业主大部分业主是 80 后、90 后，大多数人的父母不需要去养老机构，从消费的非竞争性和受益的非排他性来看，养老机构是与他们相对无关的公共物品，难以从公共利益上引起共鸣。

几个理由让现场再度寂静，的确，房子是家的载体，是幸福的港湾，是努力一生的归宿，谁愿意住在一个令自己闹心的地方呢？

4.2 拒绝退让路径，计划搁置陷入两难境地

综治王科长的声音打破了寂静已久的会场，"现在再推进建设无疑是火上浇油，会产生更多的谣言和负面信息影响政府公信力，当务之急是防止事情进一步恶化和缓解舆论压力，我们应该暂缓建设养老机构。"

王科长建议一提出，立马引起几个部门的反弹，大家都不同意让步。一是养老机构建设项目是落实上级部门的规划要求，马上就到考核时间了，现在搁置，务必会被认为吉祥镇政府不作为。二是所有手续合法合规，加上前期投入了大量的人力物力财力，没有任何可以搁置的理由，而且后期巡察审计也难以应对。三是一步退则步步退，吉祥镇并没有条件建设像别的区那样高大上的独立养老机构，如果此时让步，以后不管建在哪里，大家都会用同样的手段妨碍

养老机构的建设推进。民政刘科长斩钉截铁地说："何镇长，我建议绝对不能让步，否则养老机构会永远建不成！"

何镇长深以为然：不能因为业主闹事就放弃养老机构，但是在舆论愈演愈烈的情况下，必须考虑政府形象和公信力，一旦发生过激事件，后果将不堪设想。

综合各部门的思路，会议最终达成吉祥小区养老机构不搬迁，但会议未就下一步工作达成共识，养老机构推进计划再一次陷入搁置。

4.3 深夜陷入沉思，邻避效应何求破解

晚上十二点，何镇长仍在伏案，奋笔疾书，一是要让养老机构成为业主共建的"家园"，让其成为五星级"公益之家"；二是以专项性政策"奖励"业主的贡献，填补业主的损失，抚平他们的委屈；三是强化社会宣传和打击恶意贬低房价的行为，强化业主的公共责任使命，唤起社会道德责任感……何镇长在面对银发一族的期盼、政府社区治理的规划、业主的心结和委屈等一大堆亟待解决问题的过程中，渐渐已经失去当初那种引以为豪、为民办好事的信心。

整体来看，社区"嵌入式"养老服务是适应我国老年人养老需求的新的服务供给模式，但在推进过程中却频频引发邻避矛盾，成为社区养老推进的"堵点"和"痛点"，社区"嵌入式"养老服务本是直面现实、回应未来，具有创新性、前瞻性的新型养老途径，为什么会遭到如此强大的抵制呢？为什么合法合规的建设、实现老有所依的初心得不到业主的支持？而是否每一个社区养老机构的落地，都要经历这种让步、补偿的过程？谁又该承担养老机构建设中的补偿和风险？未来可否建立一套养老机构选址、落地建设对话机制和工作范式，避免类似的场景再次发生？放眼未来，真正在中国和谐社会实现"老有所养"的美好目标又该何处下手？这一切的一切，都需要一个一个寻找答案……

二、思考题

1. 城市化进程导致社区居民日益增多，进行社区嵌入式养老机构的建设是一项合理的尝试，却遇到如此多社区居民的反对。如果您是何维新，您会如何解决社区居民反对的声音？

2. 在人民美好生活需求日益增长的今天，该如何看待邻避设施对公众情感和公共精神层面的影响？

3. 参照微观案例，结合公共价值理论，该如何理解不同群体对邻避设施的价值认知偏差？邻避设施选址该何去何从？

4. 结合中国现实实践，为什么国内创新社区养老服务模式，会面临诸多挑战？

5. 面对新时代背景下日益严峻的老龄化形势，社区养老该如何破题？

三、理论分析

1 案例回顾与问题提出

党的二十大报告指出，要"实施积极应对人口老龄化国家战略，发展养老事业和养老产业，优化孤寡老人服务，推动实现全体老年人享有基本养老服务"。据国家卫健委数据统计，截至 2022 年底，中国 60 岁及以上人口已达到 2.8 亿人，占全国人口的 19.8%，其中 65 岁及以上人口 2.1 亿人，占全国人口的 14.9%。可见人口老龄化是社会发展的重要趋势，也是我国今后较长一个时期的基本国情。

因此，积极应对人口老龄化已上升为重大国家战略之一，《中华人民共和国老年人权益保障法》中提到，"要使老年人老有所养、老有所医、老有所学、老有所为、老有所乐"，有效应对人口老龄化的社会现状。党中央、国务院先后出台《国家积极应对人口老龄化中长期规划》《"十四五"国家老龄事业发展和养老服务体系规划》等系列政策，着力解决老年人在养老、健康、精神文化生活、社会参与等方面的现实需求问题，走出一条中国特色应对人口老龄化道路。

《中华人民共和国国民经济和社会发展第十四个五年规划和二〇三五年远景目标纲要》中提到，"完善社区居家养老服务网络，推进公共设施适老化改造推动专业机构服务向社区延伸，整合利用存量资源发展社区嵌入式养老"。社区嵌入式养老服务是在居家养老、社区养老和机构养老服务模式基础上，以社区内闲置房屋和土地为载体，通过把机构嵌入到社区，实现养老资源整合，为居家老人提供专业化照护服务，为高龄自理、半自理及病后出院还需护养等老人提供短期住养服务，为活力老人提供机构开放活动区域，由政府支持，市场化运作的养老服务模式。

为探索新型养老模式，吉祥镇走上了探索一条特色的"社区养老"之路，为缓解当地小区养老困境提供解决方案。然而，由于社区居民需求的多样性，新型养老模式的推广仍面临诸多难题与挑战，老龄歧视的存在、居民"理性人"的自利意识、利益分配不均等因素导致吉祥镇推行社区养老的过程中困难重重，出现养老机构建设"一闹就停"的状况。

理论分析的高度决定了解决问题的深度，若仅从问题表面进行浅层次的探析，从小区居民"聚众反对"的动机入手，确实很难达到较好的理论对话效果。由此，本案例选择从"社区嵌入式养老"本身入手，从党政治理的视角，重点围绕"政府嵌入式治理手段"展开分析，探索邻避设施的建设之道。正是政府在养老机构建设的过程中未考虑到多方因素的作用，导致政府与民众间的矛盾不断升级，经过四轮拉锯战，依旧没有摆脱项目"一闹就停"的困境。

为了有效分析案例中政府与小区业主间的矛盾症结，还需要从居民角度着手，分析人物内心活动。养老机构建设的初衷是为缓解年轻居民家庭中的养老压力，为何在项目推行过程中接连受挫？结合案例分析其背后的原因，主要包括以下三点：一是从居民利益的角度来看，在吉祥小区门口建设养老机构，会对小区居民的日常生活造成影响，甚至会影响到小区的房价，这对于投资型业主来说是不可容忍的。二是从政府建设过程中的程序公正性角度来看，部分业主认为自身的知情权与参与权并未受到政府的重视。三是从文化的角度来看，当前较大的社会流动性导致小区形成"陌生人社会"的状态，小区居民彼此陌生，没有形成统一的文化氛围，甚至有些居民存在迷信思想，认为养老机构的建设是一种"破坏风水"的行为。

综上所述，本文需要借助公共价值理论，准确定位矛盾发生的情境，针对这样的邻避现象，还需要结合嵌入性理论，通过对造成政府执行困境的历程梳理，分析其背后存在的原因，并进行展望，以期破解养老机构建设的邻避困境。

2 理论基础与分析框架

2.1 理论基础

社区嵌入式养老服务是在居家养老、社区养老和机构养老服务模式基础上，以社区内闲置房屋和土地为载体，通过把机构嵌入到社区，实现养老资源整合，为居家老人提供专业化照护服务，为高龄自理、半自理及病后出院还需护养等老人提供短期住养服务，为活力老人提供开放活动区域，由政府支持，市场化运作的养老服务模式。具有以下几个特征：一是以家庭为核心。它不同于传统的以血缘关系为基础的家庭养老，但家庭作为社会的细胞，在社区养老中仍然起着无可替代的作用。天然的情感和自然形成的伦理秩序要求家庭不仅要行使各种具体照料事务，还要给予老人更多的情感慰藉（李翔，2014）。二是以政府为主导。社区养老服务的开展，离不开政府的主导作用，在政策制定、资源调动、机制监督等方面发挥着不可替代的作用。三是以社区为依托。社区管理部门可以提供社区互助和人性化的志愿服务工作，在给予老人精神慰藉以及生活照料的基础上，不断满足老年人多元化的养老需求。

2.1.1 嵌入性理论及其适用性

（1）嵌入性理论

嵌入性理论是新经济社会学研究中的核心理论之一，"嵌入性"这一概念，最早是由著名经济社会学家卡尔·波兰尼提出，他在著作《大转型：我们时代的政治与经济起源》中详细阐述了这一概念。波兰尼在分析经济理论时，将嵌入性理论用于讨论经济活动如何嵌入在社会关系网络之中。工业革命以后，斯坦福大学教授马克·格拉诺维特对嵌入性概念深度细化，认为经济活动是在社会互动中形成的，经济学中分析经济理论缺乏社会化，而社会学理论中只强调社会化，在此情况下，嵌入性理论在经济学、社会学以及组织理论之间搭建起沟通的桥梁（Granovetter M.，1985）。

除了关注嵌入性理论的定义外，后经几代学者的思辨，嵌入性理论的内涵也不断深化，逐渐从一般性的双边联系、多边联系，发展到网络化的复杂联系，并且在不同层次上具有不同的表现形式（杨玉波等，2014），应用范围也拓展到了管理学、政治学、区域经济、高等教育等多个研究领域。各研究虽然视角各不相同，但所表达的无外乎两种或多种组织之间的复杂联系和互动过程。哈哥多在组织间合作、伙伴关系构建的研究中，提出了嵌入性特征直接影响组织间合作关系的形成，但是组织嵌入性特征与其所处的环境、网络和双边关系情景有密切关系。因此，他提出嵌入性可分为3个层次，即环境嵌入性、组织间嵌入性与双边嵌入性（John Hagedoorn，2006）。环境嵌入性是指国家或市场环境对组织或组织间关系产生影响；组织嵌入性是组织通过一定的方式，嵌入社会网络中并对嵌入组织产生影响；双边嵌入性是两个组织通过一定的规则，形成合作关系并对组织行为产生影响。在这些研究的基础上，部分学者结合自身的研究领域对嵌入性分析框架进行了调整发展。Zukin、Dimaggio将嵌入分为政治嵌入、文化嵌入、结构嵌入和认知嵌入四大类。

在我国，嵌入性被广泛应用于国家与社会关系领域，形成丰富的嵌入式监管（冯辉，2012）、嵌入式治理（陈锋，2011）、嵌入式控制（吴月，2013）、嵌入式法治（陈寒非，2019）的研究。这些研究的共同点在于国家超越组织边界来实施对社会的内生性干预，并因此实现了一定程度的公私融合。换言之，就是国家通过渗透社会、改造社会来与社会实现共治，其本质特征在于异质性干预和间接治理。国家权力作为一股异质性力量进入社会，文本上的法律也作为社会自治规范的异质性规则进入社会，这一进入的过程就是嵌入，因此其被广泛地应用到国家在治理过程中与社会的博弈关系上来。

（2）理论适用性考察

从嵌入理论出发，社区嵌入式养老服务不仅强调外在的医养资源嵌入到社区的场景中来，也强调通过主体合作来搭建一个符合社区情境需要的服务供给网络，从而使得社区嵌入式服务的重点在于将专业化服务嵌入社区和家庭，以及实现正式照顾和非正式照顾服务体系的衔接（朱浩，2020）。在本案例中，嵌入性理论的适用性主要体现在居民养老服务嵌入社区治理的全过程中。在物理空间意义上，本案例的养老服务机构选址在社区内部区域，符合嵌入性理论中的环境嵌入性；在社区公共资源利用方面，社区养老服务机构与社区业主共享资源与公共服务，属于嵌入性理论中的组织间嵌入性；在社会网络与文化层面，人口老龄化的加速、养老服务供不应求的现状、再加上老人不希望远离亲人的养老意愿，本案例中的社区养老服务模式以其解决当前养老问题，促进社会和谐，体现了嵌入性理论中的双边嵌入性甚至是多边嵌入性。因此，嵌入性理论是我们的案例分析问题的重要理论基础。

2.1.2 公共价值理论及其适用性

（1）公共价值理论

1995 年，美国哈佛大学肯尼迪政府学院教授莫尔（Moore）在其专著《创造公共价值：公共部门战略管理》中首先提出了"公共价值"的概念。莫尔指出公共部门治理的目的是通过政治过程、行动来满足集体愿望而不是专业人士的目标或客户的愿望（Moore M.，2014）。因此，公共价值严格区别于私人价值，它必须反映集体的共同偏好。学界将公共价值从两个概念视角分为共识主导的公共价值和结果主导的公共价值，两者所强调和主张的实现价值的过程有所区别。结果主导和共识主导的区别在于前者侧重目标而后者侧重过程，尽管公共价值的创新在于目标创新，但是由于目标的多元性（甚至有可能是冲突的）导致目标的实现往往体现在相互冲突的价值选择和平衡过程（王学军等，2013）。在公共价值的产生过程中，结果主导与共识主导存在着必然联系，共识主导的路径贯穿于结果主导的公共价值创造过程中。就区域治理而言，如果没有正确的价值观，不能达成价值共识，区域公共价值也难以生成（倪永贵，2020）。

（2）理论适用性考察

公共价值理论适用于本案例中的社会共同养老需求与社区业主美好生活愿景的冲突阶段。社区养老模式符合老年人的共同价值偏好，但是却损害了部分小区业主的公共利益。本案例中社区养老机构的设立，出发点是为了应对人口老龄化加重带来的居民养老服务问题，遵循了结果主导的公共价值，但是却忽略了公共空间中其他个体的价值取向，没有成功构建共识主导的公共价值，既忽视了过程正义的问题，也因此形成了经典的邻避现象。基于此，公共价值理论对我们分析案例中的根本矛盾，寻找解决路径提供了思考方向。

2.2　分析框架："多元嵌入—价值重塑"的解释性框架

由于案例中的冲突焦点为政府与居民在邻避设施建设的矛盾上，因此涉及主体包括地方政府、小区居民个体。因此，本案例在社区养老项目执行失效现象的基础上，吸收了嵌入性理论及公共价值理论的不同要素，将这些要素与社区养老机构的建设过程充分结合起来，建构新的分析框架，分析养老机构缘何走向"一闹就停"的原因，以有效回应社会需求高涨情境下的项目执行与价值重塑过程。

然而，仅从嵌入性理论和公共价值理论中提取解释要素，对社区养老机构建设的探索依旧停留在较浅层次，缺乏整体的讨论视角。因为在社区场域下，其运作包含着不同行动者，运作过程也蕴含着不同行动者的行为逻辑，需要在综合性视角下进行分析。因此本文提炼吉祥小区养老机构建设"一闹就停"背后的原因，借鉴 Zukin、Dimaggio 等人将嵌入性理论分为政治嵌入、文化嵌入、结构嵌入和认知嵌入的思想，修正与发展形成"多元嵌入—价值重塑"的解释性框架，从政治、利益、文化三个维度解释社区养老机构建设的问题发生原因，并针对性提出未来的探索之道。

3　研究方法与案例选择

3.1　研究方法

本案例使用个案研究法。案例研究的选择重点在于典型性，要求有趣、特殊或反常的社会现象，尤其是能够涵养现有理论或能够催生新理论的社会现象（侯志阳等，2021），让案例研究回到人本身，案例中人的所感、所言、所为，才是发动社会关联的引擎（渠敬东，2019）。为了将社区养老的邻避事件及其背后的原因展现出来，我们依托实地调研获取一手访谈材料、会议纪要、正式文件及相关网络报道等，将吉祥镇社区养老机构建设受阻的事件作为典型个案进行深入研究，以期为政策执行过程中同类现象的发生提供参考。同时，初心较好的政策为何无法推行？这是一个反常的现象，使得本案具有特殊性。

3.2 案例选择

将吉祥镇养老机构建设事件作为研究对象，主要有以下几个原因：一是吉祥镇的养老问题是一个典型的基层社会治理难题。根据东江市第七次人口普查统计的结果显示，全市已经进入了中度老龄化阶段，其中，吉祥镇率先步入超老龄化状态，由于该区域的养老服务机构建设满足不了群众的养老需求，而当地的老年人都不愿意去离家较远又陌生的养老院，所以大部分人都选择了居家养老，这也导致关于照顾老人分身乏术、无计可施的怨言时常响起。二是吉祥镇养老机构的建设过程非常具有典型性。在养老机构建设的过程中，项目执行困难重重，出现建设"一闹就停"的状况，社区居民需求不一，展现了政府在项目执行过程中的困境，具有典型性。三是获取资料的便携性和充分性。在对吉祥镇的调研中，我们得到了吉祥镇何镇长等人的大力支持，同时借助电话访谈、官方文件等资料，充分了解案例的发展过程。

4 原因分析：社区养老机构建设缘何走向"一闹就停"

在吉祥小区养老机构项目的实施过程中，由于政府建设缺乏程序公正，忽略社区居民的利益补偿，且社区场域存在文化缺位的问题，导致吉祥小区的养老机构项目建设"一闹就停"，无法顺利开展。政府忽略了社区居民的主体作用，缺乏与居民的交流，缺乏及时的信息公开，也没有意识到在养老工程进入社区后，会给一些居民带来利益上的损害，形成"事不关己""唯利是图"的社会形象，从而加深了居民对政府的信任危机。具体来说，主要从以下三个方面进行分析。

4.1 政治未嵌入：未充分发挥党政组织的引导价值，构筑共同愿景

现实中我国社区养老服务供给大多呈现"碎片化""低效能"的状态，究其根本在于党政组织在社区居家养老中存在缺位的现象（王欢明等，2022）。以本案例为例，要想破解社区养老的困境，确保党政组织"在场"非常关键。吉祥小区的养老机构在嵌入过程中，党政组织应对未来发展状况作出总体设想、战略部署、超前谋划和具体安排，构筑吉祥小区业主们的共同愿景。具体来说，主要表现在以下两个方面，并未充分发挥党政组织的引导价值。

4.1.1 政府内部协调错位，部门职能履行不足

政府作为国家行政机关，是社会治理和公共服务供给的主体，其行政系

内部的协调性是保证政府体系高效运转、提高行政效率的重要条件，更在极大程度上影响着治理成果的优劣。在吉祥小区养老机构建设中，当地镇政府虽然有着统一的行动目标，但内部各部门之间无法形成一致的协同配合，在推行社区养老的过程中未能形成相互支持和有效沟通，不合理的分工推进机制使得各部门之间的职能无法得到有效履行。

一是政府各部门之间信息共享不畅。我国积极推广"互联网+政务服务"，倡导各地政府建立统一的信息共享平台。但受制于政府信息化建设的不足，一些地方政府之间仍旧无法实现有效的信息交流和政策沟通，政府各部门之间的信息壁垒现象仍大有存在。具体到案例本身，镇政府在推动社区养老服务过程中，从前期的调研、研讨会的召开以及后续的政策制定和执行均由不同的部门进行负责，囿于分享成本高昂、部门保护主义等动机，吉祥镇政府各部门对自身所掌握的政策信息有所保留和隐瞒，由此导致吉祥镇政府内各部门信息孤岛林立，相关调研信息与意见反馈并未得到充分传递。信息不对称是引发社区嵌入式养老设施这一项目无法获得居民支持的重要原因，在非透明的信息环境下，政府政策制定部门无法获取到居民对这一设施的负面反馈，进而未能适时地调整政策规划，导致决策失误、监管缺失、服务滞后，最终使得社区养老项目迟迟无法落地。

二是政府各部门之间协调配合不力。理想化的政府行动是实现各部门的有机统一，形成工作合力，最终推动治理目标的实现。但现实中政府各部门很难做到一致性的步调，针对一项需要通力合作的治理项目，各部门之间的配合往往只能呈现出一种简易的"机械反应"，既缺乏充分的积极性，也难以形成有序的治理行动。吉祥镇政府采取自上而下的"动工—宣布—辩护"治理模式，每一个环节均需要不同部门之间的通力合作，形成有效的治理协作机制，从而实现社区养老项目的治理闭环。但在社区嵌入式养老的推动过程中，吉祥镇各部门由于部门利益、本位主义、保护主义等因素的影响，职责分工混乱，导致工作合力不足、效果打折。部门之间相互孤立、各自为政，不断消耗这一政策推行的效力与信力，多部门之间信息传递的失真和治理行动的不协调无法将完整准确的政策意图下渗给社区居民，这让多数小区业主感觉利益受损，容易挑起不满情绪，最终产生对社区养老项目的抵制。

4.1.2 基层党建引领缺位，政策营销困顿难行

发挥基层党建引领作用，充分利用社区党组织联系群众的优势，坚持从群众中来，到群众中去的工作方法，加强党组织与群众之间的交流互动，能够促进社区嵌入式养老设施建设有效推进，但在本案例中，基层党建作用的发挥存

在缺位现象。

一是没有发挥社区党组织在养老服务中的政策宣传优势，不断创新宣传形式。社区党组织作为领导核心，要发挥基层党组织的优势，发动社区党员力量，形成"社区党组织—小区党支部—楼栋党小组"上下联动、各司其职的组织网络，为养老服务健康发展添砖加瓦（曹海军，2018）。吉祥小区应该把党的组织优势转化为养老服务政策宣传中的具体优势，以人民群众的需求为出发点和落脚点，在充分尊重养老服务过程中老年群体真实意愿的基础上，最大程度取得社区民众的政策支持。同时，基层党员干部要不断提升科学治理能力，创新党组织活动形式，不把自身定位放在老年群体之上，也不在老年群体之外，而是走进老年人群体之中，履职尽责，让老年人老有所养、老有所乐。

二是没有发挥社区党组织在养老服务中的主体引领优势，积极盘活政策资源。通过有效引领带动群众组织、社会组织等开展养老服务，可以有效发挥社区在人财物等方面的资源优势，从而为这一项目的顺利落地提供坚实的保障条件。但吉祥小区党组织忽视开展以养老服务为主题的党建带工建、带团建、带妇建活动，忽视对社区居民这一政策受众的引导和组织，党组织的引导作用没有得到充分发挥，使得养老服务项目建设与社区居民缺少中介和衔接载体，丧失社区居民对这一政策执行的亲和力。吉祥小区应该通过基层党建积极开展政策营销，充分调动社区各主体参与养老服务的主观能动性，形成以社区党组织为核心、全社会共同参与的养老服务格局（彭昱，2021）。

4.2　利益未嵌入：未充分协调多元主体的利益诉求，平衡整体利益

基层治理作为国家治理的基石，目前在实施社会养老服务福利政策上往往因土地资源紧张、空间规划缺乏、利益分配不均等问题而步履维艰。从业主利益角度来看，养老机构的设置弊大于利，尤其是对于房价会产生较大影响，政府的政绩并不应该让老百姓来买单，对于投资型业主来说，房价贬值会导致自身投资失败，作为理性经济人，小区居民必然要对自身的收益与风险进行权衡。而吉祥小区在养老机构建设的过程中缺乏对部分业主利益的考量，只考虑养老机构建设，未平衡整体利益。具体来说，主要表现在以下两个方面，并未充分整合多元主体的利益诉求。

4.2.1　补偿机制建立不足，业主既存利益受损

根据"卡尔多—希克斯改进"原理，如果一种变革使受益者所得足以补偿受损者的所失，那么集体的总福利也可以得到提升。这就是为什么政府在实施相关政策、促进公共利益实现时，需要思考建立补偿机制。面对一些无法通过

量化指标和技术手段进行损失衡量的部分，恰当的补偿方案能够有效减少反对的声音，如货币补偿、服务补偿、社会补偿等等，让小区居民的利益缺口得到有效填补。目前很多嵌入式养老机构在进场过程中会采取直接或间接的方式对社区居民进行补偿，如一些配套有养老大食堂的社区，对造成利益损害的居民采取给予养老大食堂的卡票优惠，身体健康保障的医养理疗券、提供可行的就业机会等较为实用的直接补偿方式；而间接补偿一般采取对养老设施周边环境的绿化和环境维护提升，进行更加完善的公共基础设施建设。

针对吉祥小区的养老机构建设，一是没有从公共设施上间接提升小区房价。政府只考虑如何平息群众怒火，没有考虑在选址小区周边增加完善相应的配套公共设施，如大型超市、九年一贯制学校、综合医院等，或者将该小区纳入重点学校区域，间接地解决社区居民对房价下跌的疑虑，改善小区周边的配套设施，提升小区的商业价值。正是没有抓准居民对利益的需求，导致他们的项目建设停滞不前。

二是没有从社区环境上提升居民满意度。部分居民的疑虑在于，怕养老机构建设完成后，老人的入住会带来很多医疗垃圾，导致社区绿化环境变差。吉祥镇政府应该考虑适当增加小区绿化设施，另建文化娱乐设施等方式来补偿利益受损的社区居民，使居民拥有较舒适的生活环境，弥补因养老机构的存在而导致的心理落差。

4.2.2 规范思维践行失衡，居民共识利益缺位

"人民城市人民建，人民城市为人民"这一理念充分阐释了城市治理依靠人民的"人民性"，在基层治理福利嵌入过程中应基于"以人为本"的原则，提升其在解决基层难事的能力。因此在社区嵌入式养老服务中也应本着"以人为本"的科学理念，推出更优质更充分更加均衡的服务，努力满足不同层次社区居民的要求，从而打造更和谐、更优质的社区。

反观吉祥小区的建设过程，一是在发展规划上未提前谋划。随着人口老龄化越来越严重，养老服务需求也会越来越大，吉祥镇政府虽然看到了这一痛点问题，也针对养老机构的选址、功能、服务等当面进行提前谋划，却忽视了小区居民这一最重要的主体，没有针对小区居民进行提前谋划、合理布局、整合服务资源，忽视了与小区居民的交流总结，在公平公正公开方面存在一定的缺失。

二是在资源分配上不均衡。政府在宣传过程中没有凸显一个有价值的信息：养老机构建在自家小区其实比建在其他小区对业主来说更为有利，结合吉祥镇内养老服务资源匮乏甚至"一位难求"的现状，可以明确规定"优先满足保证

养老机构所在小区的常住居民的养老需求"，使小区居民的切身利益得到保障，把业主的心理落差感变成优越感。

三是在功能布局上未科学规划。吉祥小区在许多配套功能上没有充分考虑，例如，可以采取单独区域划区，通过科学改造养老机构和小区的交通路线，减少小区业主和区外居民的有效接触，同时设置自己的垃圾桶和垃圾回收机制，与社区居民采用两套环境保护机制，从而减少对居民生活区的卫生环境困扰。

四是在设置方式上未公开透明。在建设过程中，政府前期没有明确养老机构的活动范围、服务时间和服务内容，没有在公开栏上明确强调养老机构不设置长者全托和临终关怀等服务，这样的行为在居民心中会缺乏公信力，降低居民的信任度。

4.3 文化未嵌入：未充分创造小区居民的思想价值，兼容传统文化

思想文化共识是推行政策落地、深入民心的基础，是行动的先导，任何行为都离不开思想和文化而存在，因此要凝聚居民的共识，让社区嵌入式养老模式融入社区、融入居民。由于较大的社会流动性，社区出现个体原子化、社区陌生化的状态，社区居民想法各异，政策推行困难。因此，社区应该在党组织引领下开展孝道文化建设，宣传"家门口养老"的积极作用，开展老龄化教育，以此深化社区居民间的情感。而吉祥镇政府在项目推行过程中忽视文化作用，没有兼容传统文化，具体来说，主要表现在以下两个方面，并未充分创造小区业主的思想价值。

4.3.1 缺少孝道文化建设，居民参与无以维继

加强孝道文化建设，营造居民共治共享的氛围，对推进社区嵌入式养老具有积极意义。人们对社区养老服务设施的抵触则更多地源自对老年人的文化偏见——老龄歧视。世界卫生组织曾经对 57 个国家超过 83000 名受访者进行过一次问卷调查，结果显示，老年歧视现象非常普遍，而且具有很强的隐性特征，大部分受访者并不知道他们对老人有一种潜意识的刻板印象。一般情况下，人们对"衰老"这个词都抱着消极的态度，所以，他们往往会把"效率低""脱离社会""身体衰弱""需要别人照料"这些词汇与"老人"联系在一起，从而造成一种认知上的偏见。在吉祥小区建设养老机构的过程中，政府没有考虑到在新建的楼盘中，居民群体较为年轻且彼此陌生，思想存在较大差异，没有"尊老敬老"的文化氛围，小区居民普遍比较排斥养老机构及老年人存在于自己身边。

一是忽视将小区作为建设和弘扬孝道文化的重要阵地。吉祥小区作为一个

新开发的楼盘，应该通过宣传栏、"两微一端一网"、"一抖"的方式大力宣传孝道文化，让尊老爱老养老成为城市社区的一种良好风尚。百善"孝"为先，提倡"孝"为做人的基本价值，为人处世的伦理底线（崔庆五，2012）。特别要在青少年一代大力开展以"孝道"为核心内容的中华民族传统家庭美德教育，使年轻一代担当起"善养"父母辈的历史责任，让尊老爱老养老成为人的自觉行为，早日实现"行于孝，乐于养"的美好愿景。

二是没有打造社区、高校和家庭传递孝道文化的良性循环体。吉祥小区应该邀请高校专业学者深入社区开展孝道文化教育活动，根据社区居民的年龄不同，以讲座、授课的方式向社区居民传播知识，弘扬孝道文化、推介嵌入式养老模式的价值；大学生通过积极参与社区建设孝道文化相关的社会实践活动，在小区中宣传孝道文化，为未来的城市社区居民主体奠定良好的孝道文化基础。

本案例中，吉祥小区是一个新建楼盘，文化特别是孝道文化建设较少被提及，在小区内的宣传栏、电梯内、路旁等地方都没有看到孝道文化的相关内容，因此可以考虑，以古代孝文化故事为题材，张贴宣传海报、悬挂孝道文化格言等。其次，吉祥小区可以合理利用网络、电视、广播进行社区宣讲活动，介绍邻近社区、城市的嵌入式养老机构的情况，并着重介绍本小区建设的养老机构的运行情况，打消居民疑虑。

4.3.2 情感思维运用不足，社区养老止步不前

当今城市社区治理采取的是群众自治的模式，社区居委会作为自我管理性质的服务组织，主要任务就是服务于居民的经济、文化、生活等需求（田先红等，2019）。社区干部的工作多与社区居民打交道，因此应充分发挥社区干部的作用，循序渐进地提高居民对社区养老机构的接受程度。

一是居民情感认同不足。在平日的工作中，社区干部与居民的情感互动较少，社区干部要通过平时的生活互动以及服务来与小区居民建立情感，例如在日常的工作中积极地去化解小区居民中生活上存在的困难，从而拉近彼此之间的距离；同时在特殊事件例如居民家中遭遇重大变故时进行主动关怀，可以进一步形成融洽的干群关系。在往后的工作中遇到诸如吉祥小区的事件，业主们也会好好配合社区工作，尽量避免做出过激的行为。

二是居民的家园归属感不足。由调查得知，吉祥小区居住的大部分为年轻居民，社区干部可以通过开展老人和儿童共同参与的文娱活动，在保持老年人的心理健康的同时，也能提高社区居民的活动参与度，提高社区邻里关系，使得社区居民能更加了解老年人的生活的情况，提升居民对老年人的了解与接受度。一方面，借助"家门口养老"宣讲会等载体，利用既有的养老文化，结合

"尊老敬老"等美好传统美德，唤醒小区居民的主人翁意识，让不同年龄段的居民快速熟络，增强对社区的认同感和归属感，找回"邻里深情"，从而强化居民的家园归属感，提升居民对老年人的关心与爱护，降低对社区养老机构的抵触程度。

在吉祥小区养老机构的建设过程中，政府由一开始的"科学"选址，到两次"民主"座谈会听取业主的意见，公示建设方案，最后开始建设，无论是从决策程序还是决策科学性上来说，几乎是无可挑剔的。但这么一个符合规定、充分考虑社区群众养老需求的决策，最后却导致居民上访阻挠工程进行，其中的原因之一，就是没有充分考虑社区居民的情感建设，未实现个体与群体的有效联结。

5 未来探索：社区养老政策困境的解决机制

5.1 完善协同机制，积极引导多元主体的决策参与

一方面，政府要让社区居民真正享有决策"话语权"。根据政府决策过程中的程序正义性要求，养老机构的建设过程中应充分保证公众参与的平等性和公平性，并赋予社区居民与政府部门相同的主体地位，只有这样，邻避设施的供给才不会形成对另一个群体合法、合理的空间权利的剥夺，才能让养老机构的建设充分集结各利益主体的意见与诉求，真正实现社会治理"人人参与、人人尽责、人人享有"的高质量发展。具体到案例中，吉祥镇政府在项目规划初期，就应对养老机构的详细部署、评估报告、风险说明进行公示公开，并搭建起与社会公众的沟通桥梁，而涉事小区的居民在选址规划的全过程中，都应有权力来随时表达质疑，并将自身的空间决策诉求传递给政府相关管理部门。也正是这种对公众的基本知情权与话语权的漠视，才将此次选址事件激化成了高度对立的社会冲突。

另一方面，政府要正视问题暴露带来的积极效应，建立协商机制，化危为机。邻避冲突本身是一种解决潜在空间风险的路径，通过冲突暴露问题，制造解决问题的可能性。案例中，小区建设规划和配套决策过程仅有政府和开发商参与，关于公共空间设施的供给决策过程由政府垄断，小区居民的介入属于后端参与，无法影响决策结果。政府流于形式的信息公开方式和开发商避重就轻的宣传模式造成的信息不对称，又造成业主的预期偏差，进而引发了一系列冲突和争端。因此，构建一种开放式的利益共商机制，兼顾不同利益主体在机构建设过程中的话语表达，将在一定程度上减轻差异化观点和信息不对等造成的

社会稳定风险，促进多元化主体间的利益均衡。

5.2 优化补偿方案，大力推进公平合理的利益分配

一方面，关注邻避设施周边地价、房价波动，对设施选址导致的利益受损群体进行灵活式的物质补贴。从空间生产视域来看，邻避设施建设对周边土地价值和房产价值的变动，极易引发基于财富价值差异的空间隔离和空间贫困。对此，因建立科学合理的利益补偿机制，以实现设施负外部性成本的分担共享和供给服务的实质性正义。针对案例中的养老机构建设，政府可通过如增加选址周边的配套服务建设、适当降低房产税、特殊公共服务供给等多种途径的组合补偿机制，尽力实现资源的公平正义分配。

另一方面，关注邻避设施周边居民的心理感知，通过包容性治理和情感治理加强对该部分群体的精神补偿。受传统观念与群体性偏见影响，公众对养老机构等重点邻避设施的敌视往往超越设施本身影响的数倍，这种因放大效应而产生的文化价值偏差，需要社会层面的包容性治理和情感层面的软性治理来加以干预。因此，针对邻避设施选址导致的群体非理性情绪，政府应在尊重事件情感逻辑的基础上，将物质补贴与精神补偿结合、将柔性情感与刚性结合，保持对设施周边居民的心理感知与情感动向的关注，以增强公众个体与社会整体有效连接，切实提升邻避善治的精细化水平。

5.3 注入文化要素，不断优化价值认同的联结纽带

一方面，政府要强化文化价值教育，塑造社区民众价值共情。文化教育是文化认同的必经之路，也是传播主流文化的主导路径。邻避设施的公共价值界定往往涉及多维度、多层次、多主体，而只有梳理衡量各种复杂的利益关系，凝聚不同利益秉持方的价值共识，才能真正弥合多元主体间在风险感知和政策认同方面的差异。具体而言，就是要立足社区文化，以共识性的文化认同感为联系，持续推动主流孝道文化的教育，始终保持设施供给目标与公共价值特征的一致，不断优化这一情感联结处价值认同的纽带作用，确立好邻避设施的公共价值边界，即保证范围内所有群体公正平等地享受资源配置与利益分配。进而将这一价值边界注入实践，落实到推进养老机构选址落地和建成运营环节，重新审视养老机构的负外部性及其导致的空间资源所有权问题，对社区居民完整地报告公共利益的边界范围，以最大程度上实现对社区居民这一被动参与主体的利益保障。

另一方面，政府要培育社群情感认识，捋顺"邻避设施"供给逻辑。养老机构的建设过程是一个集结了政府塑造的社会价值、市场强调的经济价值、公

众追求的情感价值、老年群体需要的安全价值的多元利益整合过程，其间涉及的价值博弈与利益角逐，都是各主体对空间分配话语权和支配权的争夺所致的。故为解决实际生产中的邻避冲突问题，政府需在承认公用空间所有权的基础上，充分摄取中华民族孝道文化的有益成分，以浓厚的孝道文化打造社区居民尊老、爱老、敬老的环境氛围，让共情的价值观念在治理场域中广泛传播扩散，打造出独具一格的文化底色，把培育情感认同贯穿到整个供给实践活动中，融入到认同主体的学习、工作和生活之中，并不断与社区居民开诚布公展开对话，并就"风水"、房价两大空间利益受损的具体问题提出切实可行、可被感知、可被衡量的解决方案，才能真正实现资源的公平分配和权益的社会共享。

6 结束语

高质量公共服务的典型特征是达到供需匹配（王欢明等，2022）。当前我国各地社区在社区养老服务的模式探索中，存在角色定位模糊、制度保障缺失、运行资源匮乏（黄建，2022）等问题，难以结构化"嵌入"地方养老社会治理体系，供给与需求难以精准匹配。因此，通过因素嵌入与需求链接，发挥政府、小区党组织的作用，使得社区居民达成文化与价值共识，培养彼此间的情感意识，进而使社区养老系统形成一个具有整体性、动态性的系统，实现国家与社会新的链接，满足居民对美好生活的期待。此外，在未来对于社区养老机构空间的建设，一方面，要优化补偿方案，大力推进公平合理的利益分配，始终保持公共设施供给目标与公共价值特征的一致，让邻避设施影响范围内的所有群体，都能公正平等地享受空间资源配置与空间利益分配。另一方面，要完善协同机制，积极引导多元主体的决策参与，注入文化要素，充分保证公众参与的平等性和公平性，并赋予小区居民与政府部门相同的主体地位，只有这样，邻避设施的供给才能充分集结各利益主体的意见与诉求，真正实现"大马拉大车"的邻避治理格局。

参考文献

［1］李翔．社会嵌入理论视角下城市社区居家养老问题研究［J］．广西社会科学，2014，226（04）：131—134.

［2］Granovetter，M. Economic Action and Social Structure：The Problem of Embeddedness［J］．The American Journal of Sociology，1985，91（3）：481—510.

［3］杨玉波，李备友，李守伟．嵌入性理论研究综述：基于普遍联系的视

角 [J]. 山东社会科学, 2014 (03)：172—176.

[4] John Hagedoorn. Understanding the Cross-Level Embeddedness of Interfirm Partnership Formation [J] The Academy of Management Review, 2006 (3)：670—680.

[5] 冯辉. 论"嵌入式监管"：金融监管的理念创新及制度应用——以民间借贷的法律监管为例 [J]. 政治与法律, 2012, 207 (08)：30—38.

[6] 陈锋. 论基层政权的"嵌入式治理"——基于鲁中东村的实地调研 [J]. 青年研究, 2011, 376 (01)：23—32+94—95.

[7] 吴月. 嵌入式控制：对社团行政化现象的一种阐释——基于 A 机构的个案研究 [J]. 公共行政评论, 2013, 6 (06)：107—129+171—172.

[8] 陈寒非. 嵌入式法治：基于自组织的乡村治理 [J]. 中国农业大学学报 (社会科学版), 2019, 36 (01)：80—90.

[9] 朱浩. 社区嵌入式养老服务的社会化运作机制及其实践逻辑 [J]. 云南民族大学学报 (哲学社会科学版), 2020, 37 (05)：98—106.

[10] Moore M. Public Value Accounting：Establishing the Philosophical Basis [J]. Public Administration Review, 2014, 74 (1)：465—477.

[11] 王学军, 张弘. 公共价值的研究路径与前沿问题 [J]. 公共管理学报, 2013, 10 (02)：126—136+144.

[12] 倪永贵. 公共价值视域下区域合作治理：现实困境与有效策略 [J]. 现代经济探讨, 2020, 468 (12)：105—109.

[13] 侯志阳, 张翔. 作为方法的"中国"：构建中国情境的公共管理案例研究 [J]. 公共管理学报, 2021, 18 (04)：126—136+174.

[14] 渠敬东. 迈向社会全体的个案研究 [J]. 社会, 2019, 39 (01)：1—36.

[15] 王欢明, 钟峥云. 多重嵌入：基层党建何以引领社区居家养老服务——以大连市 L 社区为例 [J]. 中共天津市委党校学报, 2022, 24 (06)：23—33.

[16] 曹海军. 党建引领下的社区治理和服务创新 [J]. 政治学研究, 2018 (01)：95—98.

[17] 彭旻. 推进基层服务型党组织建设引领社区养老服务水平提升 [J]. 中国社会工作, 2021 (14)：42—43.

[18] 周立军. 孝道文化的社会治理价值探析 [J]. 领导科学, 2016, 664 (35)：22—24.

［19］崔庆五.转型期西部农村养老模式的优化组合［J］.西南民族大学学报（人文社会科学版），2012，33（02）：107—112.

［20］田先红，张庆贺.城市社区中的情感治理：基础、机制及限度［J］.探索，2019（06）：160—172+2.

［21］陈周旺.福利治理为什么重要：超越福利国家模式［J］.行政论坛，2021，28（04）：26—33.

［22］黄建.整合与赋能：社区嵌入式养老服务模式优化研究［J］.学术界，2022，288（05）：151—160.

案例七

"陌邻"何以变"睦邻":"人口倒挂" 社区情感治理的路径突破

文　宏　　郝婉晴[*]

【编者语】

习近平总书记曾指出,基层既是产生利益冲突和社会矛盾的"源头",也是协调利益关系和疏导社会矛盾的"茬口",要"抓基层、打基础,依靠广大干部群众,就地解决矛盾纠纷"。但在当前社会流动性风险加剧的背景下,外来人口的涌入使社区治理陷入邻里关系对立化、矛盾解决离地化、治理工具形式化等普遍难题之中。如何有效解决社区邻里矛盾,推动社区走向善治,是基层治理的关键问题。对此,F市G街道开展了全域范围内的"创建熟人社区"行动,为指引社区居民内部矛盾的消弭、增进基层党建引领的作用路径、助力社区治理新型格局的构建、疏导我国社区治理的最末一环提供了有益的思路借鉴。这一样本同样引起我们的关注。

由此,我们多次前往实地开展专题调研、访谈工作,依据经济基础、治理情境、经验探索、工作典型等条件,完成案例编写。本篇案例聚焦F市G街道由"隔阂"到"融合"、由"陌邻"到"睦邻"的蝶变,阐释了情感治理在基层治理中的现实图景。在事实层面,在经历经济快速发展和人口结构转型后,F市G街道邻里关系发生较大转变,原来彼此熟悉的村民和同事共同生活的传统村落与单位制社区,变为互不相识的本地居民与外来居民共处的陌生人社会,衍生出因个人原子化、社会碎片化而导致的形式化社会治理困境:邻里相处难、环境整治难、旧城改造难、协同治理难等一系列治理难题。对此,改革开放后南海区尝试"以邻为鉴",学习和迁移香港社工模式,通过向社会机构购买社会服务、成立业主委员会的方式解决社区服务和管理问题。但由于该模式无法有

---

* 郝婉晴,华南理工大学公共管理学院研究助理。

效适应实际的社情民情匹配居民的服务需求,社区管治水平不仅未能得以提升,反而催生出社区党建引领不足、社区居民冲突加剧、社区居民信任缺失等问题。这些问题的长期存在,既对现代邻里关系的构建和社区服务水平的提升造成阻碍,也对基层治理服务和能力现代化的实现提出了新的考验。面临此种困境,F市G街道从情感治理的视角出发,以党建引领为切入点,让"党组织"引领"熟社区";活用各类公共空间与闲置空间,设立社区议事会、红色委员会、社区街坊会、小区调解工作室等共治平台,将"小矛盾"化在"家门口";动员各方社会力量,鼓励各种退休干部、党员老兵、社区积极分子参与到社会治理中,通过"楼长—街长—巷长"的联动机制,激发社区自治的主动性与能动性。我们的研究问题是:为何F市G街道能够通过情感要素的重构在建筑森林的城市社区之中软化僵化的治理格局,打破商品性背景下的人情淡漠与信任缺失,这一提升机制又如何从理论层面上加以理解?

结合研究问题和经验案例,我们从"一核多元"的理论视角出发,借鉴国内学者的有关研究,将从西方引进并得到广泛应用的SFIC协同治理模型加入了外部环境(E)的影响因素,推衍出SFICE〔起始条件(S)、催化领导(F)、制度设计(I)、协同过程(C)、外部环境(E)和协同效果(O)〕的理论模型,并基于F市G街道"创建熟人社区"的案例进行理论验证,揭示"人口倒挂"社区情感治理的过程机制。研究发现:F市G街道之所以治理陷入困境,主要由于其流动人口巨大导致居民关系淡漠的起始条件、原有业委会平台与居民沟通的催化领导流于形式、原有刚性行政逻辑的规则设计无效以及党建引领缺失造成权责混乱的外部环境,他们共同导致了F市G街道在协同治理过程中面临重重对立与冲突,使得协同效果持续走低。对于此,有效的社区情感治理路径需要着手于治理单元变革(S)、服务逻辑变革(F)、体制机制创新(I)、治理范式转变(C)、组织平台重构(E)、参与场域重建(O)这六大路径,既要坚持党建引领与骨干带动的核心优势,融入情感治理理念;也要坚持技术赋能与利益带动,实现资源整合,重构情感治理平台。F市G街道的案例为社区居民的共处和协商提供了充分的情感注入,为全过程人民民主在基层的发展搭建出机制和载体,更为现代邻里关系的构建、社区治理新型格局的塑造以及现代城市社会的联结提供充分参考。

最后,需要说明的是,本案例的核心内容曾将参加由中国传媒大学政府与公共事务学院主办,中国传媒大学政府与公共事务学院公共管理系承办,北京工业大学经济与管理学院、中国人民公安大学公安管理学院、中国社会科学院大学政府管理学院、中国政法大学政治与公共管理学院协办的首届"行观天下杯"案例大赛，在上百个案例文本中脱颖而出，获得本科生组"一等奖"的成绩，获得了评委专家的高度认可。

摘　要：本案例取材真实案例，经过长时间蹲点观察、对社区关键信息人（党员干部、社区楼长、社区工作者、居民等）进行深度访谈，获取了大量丰富、真实的一手材料。总体而言，本案例以新官上任的"张主任"在F市G街道蜕变经历的视角，尝试以多元化的叙述方式、冲突性的描绘形式，呈现F市G街道全景式的治理困境与突破。具体来看，张主任刚到的F市N区是整个G街道外来流动人口占比最大的社区，也是问题最为棘手的社区。从初来乍到的花式邻里纠纷，社区的治理一波未平一波又起，陷入相处难、整治难、沟通难的恶性循环；到后续尝试解决问题的"罗伯特议事规则"，协商不成反而暴露了许多既有的党建引领缺失、行政力量僵化等治理问题。在张主任实地考察本土情况后，通过搭建"红房子""街坊会""议事厅""学院楼""书香社"等为情感治理营造了共同场域与共同记忆，通过楼长、党员干部等多元力量的带动实现社区矛盾的自发解决与自主治理。以F市G街道的治理实践微故事线，结合元治理理论与SFIC协同治理模型，将党建引领的关键要素纳入情感治理的实际之中，构建了SFICE的整合性模型，为社区情感治理的内在机制提供了深层解释。F市G街道"党建引领创新服务，'创熟'推动基层善治"的新型治理道路，为打造富有中国特色的社区治理样本提供了先进经验。

关键词：社区治理；情感治理；党建引领；协同治理

一、案例正文

0　引言

习近平总书记多次指出"治国安邦重在基层"。社区作为基层治理的基础单元，不仅是产生利益冲突和社会矛盾的"源头"，也是协调利益关系和疏导社会矛盾的"茬口"。随着社会经济的飞速发展，城市吸纳力也得到了进一步的增强，外来人口的大量涌入，"跨区域、跨行业、跨部门"的现实趋势使社区治理环境发生了较大的变化。当前，基层社区的人际关系普遍由"熟人社会"到"陌生社会"嬗变，人口结构由"本城邻居"到"异乡邻居"转变，解决跨域治理矛盾成为新时代基层治理的痛点与难点。

2021年,F市民政局牵头出台的《"创建熟人社区"三年行动计划(2021—2023年)》正式发布,为"熟人社区"的创建提供更完善的顶层支持和资源赋能。但在实际建设的过程中,社区治理主体"八仙过海",理念存在巨大差异,难以有效凝聚治理合力,"创熟"效果难以有效体现。作为人口"倒挂"的典型区域之一,社区矛盾同样是F市G街道绕不开的民生痛点。

每当F市G街道的居民推开房门,一阵陌生感迎面扑来。看着对面的同款门框,却全然不知对面紧闭的房门里住的是何许人也,更不用说家里有几口人、从事什么职业了。在那仅有3平方米却满载下行的电梯里,静得却能听到彼此的呼吸声。谁能想到,在这座倡导"与邻为善,与邻为伴"的友好城市里,高楼林立却加剧了人们之间的心理距离,外来居民却感受不到一丝的归属感,本地居民也面临着诸多的纷扰。私搭乱建、垃圾堆砌、乱停车等问题屡禁不止,严重影响着城市形象和居民的正常生活。然而事实上,在G街道像这样的社区,在F市还有不少。

1 初来乍到矛盾多,邻里纠纷接连现

奔波了一天的张主任拖着疲惫的身体走进了小区,心里却有种莫名的舒心,像是走进了自己家里一样亲切。规划有序的停车位、宽敞明亮的林荫小道、围坐一圈的大爷们谈笑下棋、一旁时不时跑过各家的小孩追逐嬉闹、看照的大人们站在一边聊着家长里短;社区街头巷尾看见一批身着红马甲,带着簸箕、扫帚、垃圾夹的志愿者们在清理社区路面的垃圾、花坛杂草;门口保安亲切地问候,一派其乐融融的景象。

此情此景,张主任心里感慨良多:才三年!短短的三年,小区终于变成了家!我们的家!这一切的艰难坎坷都值得了!还记得三年前的那天……

1.1 临危受命挑重担,事事难办亦难断

2018年3月9日上午,一通急促的电话铃声惊醒了还在睡梦中的张主任。

"小张,最近怎么样,忙不忙啊?我们最近有个工作,不知你能不能接手?"电话那头传来一个沉稳而熟悉的声音。张主任一听是领导,顿时清醒了,心也跟着提到了嗓子眼。

"李主任好,我最近不忙,您说。"张主任连忙说道,"是这样的啊,你也知道,我们今年正在开展'文明城市'的建设啊,这对我们的长远发展有着深远的作用。最近××局在调查的过程中发现N社区的问题有些棘手,希望我们部门

能够给予一定的支持。考虑到你在社区治理方面成效非常显著，你看……"

张主任心一紧：N社区？这不是F市最难啃的"硬骨头"吗？近年来，N区发展势头较好，农村集体经济也走在全省前列，城市建设十分宜居宜业，不少外来人口都选择来N区随迁子女入学，携带父母养老，享受先进的医疗等基本公共服务。然而，正因如此，流动人口较2010年增长超过了40%，跨省及省内流动人口占全体居民的比例甚至超过了60%，社会风险和矛盾的复杂程度也急剧加深。而N社区则是受此大潮影响的最典型社区，这里几乎每天都发生着各类棘手的矛盾纠纷，居民上访、闹事不断……

面对领导的请求，张主任也不敢违抗。"好的，我明天就先去熟悉熟悉情况，我会尽自己最大的能力去协调的，李主任，您放心吧!"挂了电话，一丝悔意闪过心头，却又万分纠结。

第二天，张主任起了个大早，心里还想着昨天的那通电话，不知不觉中就来到了N小区的院子里。

小区门口的保安室里歪歪斜斜地放着一张掉了漆的蓝色桌子，有几分熟悉，像是自己小学时教室里的桌子样式，一本泛黄的登记册页边向上卷起，日期却又停留在2018年1月。张主任心想：基础设施怎么这么落后？两年过去了，登记日期也竟毫无变化，难道小区从未进行监管吗？但值班室空无一人，张主任也摸不着头脑，在门口徘徊了半天。小区里来来往往的居民都接连用奇怪的眼光打量着张主任，反倒让他有些不自在。张主任索性深呼吸一口，怀着忐忑的心情走进了小区。

1.2 异地邻里纠纷多，杂旧堆砌视无睹

初进小区之间绿树成荫，环境也算是宜人，环顾四周，倒也能看见几处休憩的长椅，还有供小孩玩耍的场地，只是觉得向四处巡视时总觉得有些什么东西碍着眼。目光再次投向草坪，定睛一瞧，便见那草丛间半露着五颜六色的塑料袋和卫生纸，袋子的一半已经钻进了土壤里，周围似乎有些动物的粪便。

就这样看着，不远处便迎面走来了一位中年女子，只见她一手拉着毛发锃亮的黑色哈士奇，一手拿着手机拍着遛狗的照片，嘴里还念念有词，听起来也不像是本地的方言，似乎是给自己的儿女分享生活呢。就在这时，另一位稍年长些的奶奶神色匆匆，一手拎着小孙子的书包，一手牵着小孙子，急急忙忙把他送去幼儿园。他们分别从两条瓷砖道走来，速度大致相同，快要到交会路口时，奶奶向右看了一眼加快了脚步，或许是想待会儿交会时走在前面。

眼见着奶奶已经先走上了交会小路，狗链却从中年女子的手中滑落，大黑狗猛地向前跑去，擦过小男孩的裤边，停在了小道旁，原来是小狗在小便。然

而，小男孩并没有注意到小狗的出现，也并未注意到脚下的绳子，大步向前走去，一个趔趄最终还是摔倒在地。奶奶赶忙跑去扶起男孩，所幸没有伤到，但由于受到了惊吓大哭不止。

"你怎么看狗的啊！来了这么久，这种情况都不是一次两次了，天天在这祸害别人，不是说了在小区里遛狗要抓紧绳子吗？要是孩子有什么三长两短你负责得起吗。"奶奶心里急切万分，方言也脱口而出。

看着中年女子疑惑的神情，像是听不懂方言一般，奶奶便又用普通话说了一遍。

"什么叫祸害了，您怎么能这么说呢，养狗是我的自由，没看到我拉着绳子了吗？人都有三急，动物就不许了吗？再说了，牵得好好的我怎么知道它会突然冲出去啊！"中年女子也急了，脸色虽有一丝歉意，却仍手叉腰理论着。

"你养狗也得为别人着想啊！这小区又不是你一个人的，来了就要遵守规定，什么人呐这是。"奶奶也没了耐心，说了几句方言急急忙忙地带着孙子上学了。

中年女子又急又气，可奈何听不懂，只觉得奶奶歧视她是外地人，跺跺脚生着闷气走了。

张主任本想向前解释一番，可谁知他刚上前一步就被中年女子瞪了一番便走了，又把到了嘴边的话吞了下去。心想：早就听说这个小区人口成分比较复杂，矛盾很多，没想到第一天就遇上了。哎！

不知不觉走到了一栋楼房的门口，便想着来都来了，就进去看看里面的设施怎么样吧。走上半层楼梯，便看见公共楼梯转角凌乱地摆放着各式各样的垃圾，来来往往的人却都像没看见一般，上下打量着张主任，又径直走开了，只留下张主任站在原地摸不着头脑。

2 上任眉宇愁不断，一波未平一波起

2.1 老旧小区停车难，兜兜转转无人管

不知不觉中，张主任已经上任两个月了，每天都会有新的烦心事困扰着他，而很多又是一个问题没解决，另一个问题又来了。这不是，刚刚已经是小刘第四次走进他的办公室了。

小刘是 N 小区 3 单元的住户，做着一些小本生意，今年是他搬来海景小区的第十个年头了，六年前，年纪轻轻的小刘每天早出晚归认真工作，生活也十分节俭，也攒下了一笔不小的积蓄，终于狠下心买了一辆小汽车，每天开着可

欢喜了！可是好景不长，没到两个月，小刘就不再为自己买了新车而高兴了。

原来，N区实际上是一个老旧社区，楼盘也是二十多年前建的，里面有1700多家住户，可以算是当年最豪华的楼盘了。但是当时人们的生活水平远不如今天，能够拥有小汽车的家庭数量也很小，所以在建立之初并没有提出建立地下停车场的构想，所以只初步设置了600多个停车位，各家的车辆只能在小区地表的停车区域内停车，矛盾便由此产生了。

"在我搬来之前，有些相对富裕的家庭可能有三辆车，而在停车场刚建立的时候，都是一个'萝卜'一个'坑'，家中有几辆车就可以分到几个停车位，而其他的住户没有车，便自然而然没有停车位了。但是呢，现在车几乎已经成了每家每户必不可少的代步工具，都有自己的专属车辆，所以后来的'萝卜'就很难找到'坑'了。我这车都买了六年了，却找不到一个停车位。"小刘说罢，深深地叹了一口气。

"那这样下去也不是办法啊，上级部门后来有调节吗？"张主任也挠挠头。

"调节了，当时这件事闹得也挺大，大家就开始不断地信访举报，各级政府也开始去投诉党委和社区书记，说他们懒政怠政，不为人民服务，不解决民生的忧虑，违反了中央的会议精神。那社区也急了啊，可是我们小区的人，来自五湖四海，大家的思想观念和理念又存在很大的差异，合作治理根本不现实嘛。"小刘的脸上闪过一丝无奈和辛酸。

"哎，这的确是个大问题，但是任凭矛盾这样激化也不行啊，从凝聚社区共识开始或许是个重要的突破口。"张主任若有所思地说道。

"事实上，我们这里的居民矛盾很多的，而且也很难调和。"小刘摇摇头，"原本社区居民就有了一点小摩擦，彼此之间相对陌生，很难对对方再次产生信任和归属感，坐在一张桌子上谈事几乎是不可能的。再有，小区的建设也做得不够好，大家对这个社区的治理都失望了啊！"

"失望了？此话怎讲？"张主任心里一惊，疑惑地看着小刘。

2.2 楼道整治脏乱差，电梯旧改空忧愁

"咚咚咚！"正紧张着，门口传来了一阵重重地敲门声。

"张主任，您可要为我们做主啊！"这沧桑的声音是谁呢？一抬头便瞧见70岁的王大伯挂着拐杖，颤颤巍巍地向张主任走来。张主任连忙起身，搬开座椅，半个跟跄地跑去搀扶着王大伯，小刘见状也忙去扶。王大伯一边走，一边讲："这张主任啊，还好您这办公室就在一楼，不然我这老胳膊老腿的，还怎么办呢？"

"别急,别急,大伯,您慢慢说。"张主任端来一杯茶水递给大伯。

大伯抿了一口茶后,面露难色,说道:"张主任,您有所不知啊,我们这栋楼啊是建了20多年了,楼里的好多公共设施都已老化了,楼栋的环境也是脏乱差,住在楼里就感觉整栋楼都是他们的似的,什么破烂东西都往楼道堆,高压锅、废电器也放着,上次就有个东西砸下来,还好我平时留点心,不然谁知道砸成什么样子。我敲了好多次他们的门,一次都没开过。之前是业委会和街道办管理的,但是几个月都过去了,仍没有给我们答复,迫不得已才找到您这来了,有些唐突了,实在是抱歉啊。"王大伯无奈地低下了头。

"哎呀!爸!您怎么上来这来了?我找了您老半天了,您腿脚不方便就少出点门,出了什么事儿可怎么办呢?"王大伯的儿子王强气喘吁吁地跑来。"哼,要是我再不来找张主任,谁知道那帮人会把我们这些'半身入黄土'的老头老太太们折腾成什么样。我有点不舒服了,儿子你来说罢。"王大伯的情绪有些激动。

"张主任您有所不知,我们这栋楼共有29户人家,很多都是外地来打工然后把父母也接过来住的,大多数也都是像我爸这般年纪的老头儿老太太,前几个月,楼上有新住户装修,电梯反复不停地运行,里面塞的都是满满的重家具,电梯也给搞坏了好几次,到现在都没修好。前些日子,电梯又停止运行了,我爸平时都是一个人住,他腿脚也不好,我们每次来都会给他买些日常用品和蔬菜,有时候他突然有什么想吃的了就自己买。可是最近接连几个下星期电梯都没办法正常运行,我们离得比较远,他们进进出出也不方便。"王强无奈地低下了头。

"我们就想着刚好电梯时间久了,有时候总是突然断电,希望能够重新把电梯翻新一下,便利楼栋居民的出行。可是向业委会反映了之后,他们也同意了,但迟迟不见开始动工,去了很多次都得不到有效的回应,最后一次再去业委会又说'这归街道办管理,要找就找街道办去'。大伙也很无奈,就又去找了街道办。可是街道办却说当初有合同,不到30年不给免费翻新,现在街道办资金有点紧,解决不了,求别处去吧!大家也很无奈,可也不知道该找谁解决,这业委会不作为也不是一天两天,都没人再信任他们了。这不是想问问您情况,看着还有没有什么解决方法?"王强忧虑地说道。

"是啊!是啊!张主任,您可要为我们做主啊!我们可就把希望寄托在您身上了!辛苦您了。"张老伯哀求地说道。小刘也直点头。"你们先别着急,我跟相关部门再去协商一下,尽快给您们答复好吗?有啥情况我一定第一时间通知您们。"张主任回答。众人得到了答复,纷纷离去。

办公室里空无一人，张主任使劲揉了揉头，紧皱着眉头陷入了沉思……

3 投票议事效香港，党员齐暗究可哀

3.1 议事规则成铁律，党性引导遭挫折

无奈之下，张主任召集了物业和社区居委会来解决停车位和电梯的事情。可谁知，大家几番争论，得出的一致意见竟然是让小区的居民投票表决。张主任心想："投票表决？那能管用吗？且不说之前投了多少回都失败了，就算搞起来了，去投票的肯定也都是以前没有车位，现在想有车位的人，那自然是大家一致通过，可是之前已有车位的人又不接受，跳出来强烈反对，这怎么能解决问题呢？"

于是，张主任严辞拒绝道："这个办法我看不行，这投票本来就是学的西方业委会的制度，根本不适应咱们小区的实际情况，咱们小区有几千户住户呀，你们让他们一个个投票表决？更何况有车位的怎么愿意来投票表决？"但是张主任一个人的想法终究是抵不过这黄金般的"罗伯特议事规则"，大家还是一致决定要搞投票，至少要把形式上的东西弄到。

果然，正如张主任所预料，投票表决的形式不但不能解决问题，反倒加剧居民之间的矛盾和分歧。几天后，张主任频频收到社区居民对于业委会的投诉消息，十分担心会不会有矛盾和冲突在 G 街道酝酿发酵，于是决定在即将进行的业委会换届选举中，深入了解 G 街道的议事机制以及新一批的人员名单，决心一定要让有本领有能力的优秀党员加入业委会，充分发挥出党建引领在社区治理中的作用。

张主任拨通了业委会带头人小吴的电话，打算和他强调一下在换届工作中候选人的党性教育工作："小吴，这也快进行业委会的换届选举了，对于候选人的党性教育工作一定要重视起来！"

"张主任，业委会成员的党员党性我们都是可以相互担保的，这个您就放心吧！"业委会带头人小吴信誓旦旦地回答。

"党建工作可千万不能忽视，我觉得小吴你还是再和候选人多做沟通，尤其是在处理重要事件的时候，怎么动员党员干部发挥带头模范作用，如何做好决策工作是非常关键的！"张主任再次强调。

"我们的议事规则没有问题！我们采用的议事方法是从香港社区成功的治理经验学来的，邀请小区的业主参与投票，通过'少数服从多数'对有关事宜进行裁定，社区议事都是按照这一套罗伯特意识原则规范、有序地开展。这个罗

伯特原则在深圳、珠海这些大城市都有实践,我们业委会也拿来用,这不是要和国际对标接轨吗!"

听到这一模式,张主任面露难色,他语重心长地说道:"小吴,社区治理还是应该符合我们的国情。你觉得香港为什么能在这方面成功?一个就是他的小区规模不大,也就是100来户的物业。可是我们这里随便一个小区都有几千户的规模,最大的甚至有一万多户。怎么做到召集所有的业主来开会投票呢?罗伯特不是什么灵丹妙药,如果他议事规则好,你看看英国议会开会讨论什么?你看看香港开会讨论什么?你再看看我们召开的两会,这才是值得学习的典范!"

小吴听后默默应答道:"张主任,你说的我同意,这个方面我们也会进一步跟进。"随后便挂断了电话……

3.2 利字当头悖初衷,化解不成反浇油

张主任听后还是隐隐担心,便拨通了社区居委会陈主任的电话,打算提醒他要继续处理好业委会的换届工作,可不料,这不问不知道,一问可问出些大事来……

"陈主任,马上要进行的业委会换届工作准备得如何呀?"张主任询问道。

"害!正要和张主任您说呢!业委会他们的公章这都到期一个月了,住建部门和我们居委会催了三回要把公章交过来审核,可这干要要不来。我们前几天态度强硬了些,对他们实施封账,停止一切账款的交易活动,要求他们在本周内就提交公章。结果谁承想,他们反倒是先把我们告到了政法委!"

张主任吃惊地说道:"怎么会发生这种事情?我才和业委会的小吴通过电话,他还承诺业委会成员的党性都可以做担保呀!"

陈主任解释道:"张主任您不知道,业委会他们报上来参加换届选举的候选人,我们看报上来的八个人竟然有四个人存在过违建行为!其实大家也都心知肚明,一般来说有哪些人愿意加入业委会?要么这些有违建的人愿意做,要么是对政府有诉求的、有意见的人愿意做,还有一个是卖药、卖保险的商家愿意做。因为他们做了之后小区总会有市场,不管什么东西都会有需求,他们这都是图一个'利'字呀!"

张主任意识到 G 街道现在面临着一个非常棘手的问题——有很多人深受西方意识形态的影响,抱着精致利己主义的价值观念,仿佛谁的道德底线越低,谁就越能获利。所以现在小区里面哪个越能闹,哪个闹得越厉害,反而大家越没有办法处理他。

张主任说道："你看我们这一个小区的业委会选出来，我们对这些人都不能知根知底，不清楚他们到底有没有治理能力。现在这几个业委会的人都要查一遍，有不当行为的即刻处理！"

果不其然，张主任收到了来自群众对批发店老板小李的检举，原来小李作为业委会的成员，为了扩大自己经营的门店，擅自把批发店的仓库扩建到了后门的公共场所，由于位置比较隐蔽，城管部门一直没有发现这一违章建筑。

不久之后，在城管部门的强制要求下，小李的违章建筑被拆除了。可自从拆了违章建筑之后，小李便变成了整个小区的敌人，小李每天要做的第一件事就是走进小区的每户人家，挨家挨户看看有没有违建行为，走到哪家只要是他觉得不合理就要去举报，立马投诉到城管部门，他宁肯变成一个全小区的公敌，他都愿意去做这件事情，竟然还有很大的成就感！

张主任明白，小李这么做就是要和城管部门对着干，城管如果不来检查，他就会发表一些政府部门不作为的言论，如果城管查验后认为这个住户并没有违建问题，小李就会大放厥词："那为什么我的有问题？你们这些政府部门就是行贿受贿！"小李总是想方设法地把小问题严重化、扩大化，让整个小区的职能部门笼罩在一股"敢怒不敢言"的阴霾之下。

G街道在利己主义的混乱和无序中不断形成着新的对抗势力，数百名在职党员也在心理阴影的侵蚀之下不敢发声，甚至出门连党徽都不敢佩戴，这里逐渐沦为了一个人心惶惶的"陌生人社区"……

4 社区治理矛盾杂，协同治理寻突破

4.1 "红房子"转身"风向标"，让"党组织"引领"熟社区"

面对愈发加剧的社区矛盾，张主任认为必须要做出重大突破和变革，而他坚信办好中国的事，关键在党。他经过分析发现G街道之所以陷入如此这般的混乱状态，不可忽视的就是业委会过于强调"利益"的治理模式，而缺乏情感上的治理与精神上的党建引领。因此，要破除G街道的治理困境，首先要做的就是打破罗伯特议事规则，推动党建与时俱进，要让党建引领G街道从"陌生人社会"回归"熟人社会"。

过去一直采用香港的罗伯特议事规则，张主任觉得虽然其有在推进基层民主中发挥作用，但议事主体具有明显的狭隘性。G街道的社区成员不仅仅只有"业主"这一身份这么简单，甚至业主也并不是小区的主要成员，应该建立一个由党员干部为核心骨干力量，引导更多小区居民关注小区公共问题的平台，提

供居民参与社区活动及事务的机会。

因此,张主任决定统筹开展"创建熟人社区"工作,他参与了《"创建熟人社区"三年行动计划》的制定工作,计划以 G 街道的 N 小区为试点,建立"小区党支部+业委会+楼长+物业+社工"的"一核多元""五方联动"机制,期望实现协商共治、共建和谐友爱的小区。

以 N 小区的党支部为核心,张主任组织建立了集办公场所、活动场所、服务党员群众于一体的党群服务中心——"红房子",作为开展"创熟"工作的"主阵地"和党员创先争优的"服务街",鼓励让党员干部身先士卒、参与治理、敢于发声,充分凝聚起小区每一位党员的先锋能量!通过构建社区党委、业委会、物业三方联动的工作格局,同时建立起"党支部+楼长+业委会+物管+社工"的党群议事协商机制,促进新市民与本地居民的交流。

经过一段时间的试行,"红房子"切实提升了党小组服务群众的能力和影响力,成功带动了更多的居民参与到社区志愿互助、民主自治的建设中,让"红房子"成为群众表达诉求的"风向标"!

下一步张主任计划在 N 小区建立楼长队伍内部互助小组,优化并扩大楼长队伍;细化并完善原有制度,增加党员志愿互助机制、多元化矛盾纠纷化解机制及楼长议事公开制度,同时继续推行"五联动"服务模式。此外,针对小区公共问题,将开展"公共空间再利用行动""多元参与调解行动";针对小区弱势人群,组织楼长开展"楼长关怀行动"。

去年 5 月,张主任已经把所有党支部都建在了网格片区,G 街道也已经设立了 6 个"红房子",利用网格片区支部,打造出一个党员网络。支部党员既是熟人,又是党员,形成了邻居党员就在身边的格局,接下来张主任还将陆续在其他小区全面推广,实现每个小区都有 1 个"红房子"。

4.2 "街坊会"化身"和事佬",把"小矛盾"化在"家门口"

正如张主任所想,"熟人社区"不是靠业委会等组织机构进行权益的维护或者正义的伸张,更多是要探索出具有中国特色的社区治理模式,发挥出群众自己的力量。于是,他组织了社区街坊会会长、退休干部、退伍老兵、退休教师等 17 名热心街坊担任工作室"和事佬",从新搬入的年轻人下班晚影响老人休息被投诉,再到兄弟姐妹对财产继承有异议,亦或是邻里建房有纠纷……不管大事小事都可以到调解室调解。

但调解室刚成立的时候,居民们远远没有如今这样相信调解员。很多到了调解室的居民认为调解员是多管闲事,对调解员恶语相向甚至人身威胁,让调解员少管自己的家事。但是张主任和调解员们一直坚持不懈地推动调解工作的发展，对于不配合调解的居民，调解工作室都付出了极大的耐心，设身处地从居民角度出发，一次又一次邀请居民到调解工作室乃至上门调解。在居民们看到了调解员和调解工作室卓有成效的工作后，才慢慢接受和支持调解员和调解工作室的工作。

在化解邻里纠纷经验的基础上，"小区调解工作室"通过"调解专题学习班计划+义务协调员培育计划+邻里关系信任提升计划"的模式有序推进，逐步探索出"学习+人员+信任"计划提升模式，让社区的"和事佬"发挥力量，让邻里更近，让熟人更熟。

去年9月，张主任还推动成立了G街道的老兵之家志愿服务队，他们中既有00后的年轻力量，也有50后的党员老兵。曾经，他们赴军营，为军队和国防建设奉献青春和汗水；现在，他们投身志愿服务，继续为社区贡献力量。

张主任把党建活动与服务退役军人充分融合，在志愿服务、政策宣传、关爱帮扶、权益维护等方面充分发挥党员先锋模范带头作用，为退役军人提供常态化服务。此外还在建军节、中秋等节假日送上慰问祝福，组织开展座谈会，定期联络感情。通过一件件实事传递对广大退役军人的关心关爱，不断提升退役军人对社区的归属感、荣誉感和幸福感。

如今，在张主任的统筹安排下，N社区充分发挥志愿团队及街坊会的力量，定期联合小区物管和相关单位等在小区开展各类政策宣传和文体活动，丰富小区居民的精神文化生活，促进小区邻里和谐，强化小区居民参与社区治理的责任意识，实现了"家门口"微治理。

4.3 "垃圾房"变身"议事厅"，让"不想管"变成"共同管"

大的组织变革完成后，张主任便开始从细微之处入手解决街道居民之间的矛盾与争议，张主任决定将街道所有居民聚集到一起，让大家各抒己见寻找解决办法，但是却苦于街道没有合适的会议室。在全面考察了街道各闲置房间之后，张主任决定将街道里一间闲置的垃圾房改造为G街道"融合圆桌议事厅"，整合居民、党员、楼长、居委、物业等多方代表，形成G街道居民议事协商平台。与传统业委会明显不同的是，"议事厅"中所有居住在G街道的居民都拥有平等的协商权利，而非只有业主拥有与会权利。

议事厅改造完成后，张主任马上着手联系街道居民解决困扰街道多年的停车位问题，在张主任和楼长们的积极推动下，G街道N小区的800余户居民最终有700余户参与了此次会议（部分线上参与）。会议上各居民的意见依然存在分歧,一些居民表示自己使用的车位就在自己家门口,如果让出使用权给其他居民将对自己出行产生不便;也有一些居民表示自己的车位原来是自己的摩托车房,是自己改造成停车位,认为应当是属于自己私人的车位。虽然业主们分歧依然巨大,在张主任和街道党委的主持下经过多场议事会,终于商讨出了一个令绝大多数居民都可以接受的停车位分配方案。在排除不适合作为公共停车位的车位后,在剩下的 394 个车位中通过抽签的形式进行分配:停车位抽签每半年举行一次,如果连续两次没有抽到停车位的居民则不需要参加第三次抽签而直接获得一个车位半年的使用权。

除了停车位问题之外,电梯问题也是 G 街道的一项老大难问题。张主任多次召集相关楼栋的居民到街道议事厅进行协商,在街道党委的积极引导下,G街道以"因地制宜,实事求是"为原则,对不同的楼栋电梯问题进行不同处理。对于楼龄较高的楼栋,在征得全栋居民的同意后决定更换新电梯,电梯更换费用以层为标准由各层居民按比例分摊。对于使用年限较短的电梯,则定期安排专业的电梯检修人员进行检查和维护,确保电梯的安全运行。同时在充分征集居民意见之后,G 街道议事厅颁布了《居民电梯使用守则》,将禁止在电梯吸烟、乱扔垃圾等内容写入守则,如果违反守则,则该户居民将在下月的电梯电费中分摊更多的比例。

街道议事厅成功解决了一系列困扰社区多年的问题后,G 街道居民参与协商议事的热情更加高涨,每次会议的与会居民户数都占 3/4 以上,相比原业委会参与率有了显著提升,在短短三个月时间内,街道议事厅多次召开会议并协商通过了 G 街道的《居民公约》《文明养犬公约》,解决了街道内充电桩设置问题和繁忙时期街道交通安全问题。街道议事厅的成立极大地激发了街道居民的主人翁意识和主观能动性,大量历史遗留问题得到解决,真正将老大难问题从原来"大家都不想管"变成"大家一起管"。

4.4 "楼栋长"甘当"万能充",由"脏乱差"翻新"齐洁美"

解决了公共区域的问题,张主任便又着手解决小区楼道内的环境卫生问题。张主任认为,社区管理过程中的诸多问题如社区道路维护、旧楼电梯加装、维修、公共区域垃圾清理等都需要一个牵头人统筹实施。于是,张主任采用社区居民民主选举的方式,将社区中具有一定责任心和公信力,在社区中有广泛关系网的社区居民选举作为每栋楼的"楼长",开设了富有特色的"楼长"制。在选举产生楼长之后,街道各楼长成立了 G 街道楼长委员会,由楼长出面带领全体社区居民一起解决身边的社区问题,拉近社区居民距离,全体居民同心协力，共同建设自己的社区。

在解决 G 街道的垃圾堆积成山的问题时，各楼长先召集各自楼栋的居民开会凝聚本楼栋居民共识。居民们虽然都希望改善街道的卫生环境，但是对清洁方案意见不一。有的居民希望聘请有资质的清洁公司对街道环境进行整体的、专业的清理与消杀；有的居民希望将住户们都动员起来，自行对街道垃圾进行清扫；也有一些居民对改善街道卫生态度冷淡，感觉多一事不如少一事。在各楼长充分征集了本楼栋居民的意见，在本楼栋内形成基本共识之后召开楼长大会，在大会中汇集了各自楼栋居民的意见，各楼长集思广益，充分采纳居民意见后形成了初步解决方案并予以公示。在公示期间楼长充分听取了街道居民关于方案的修改意见，在多次召开楼长大会之后不断修改方案，形成了街道居民广泛接受的解决方案。

方案划分了各楼栋的清理范围并制定了清理日程表，要求每户居民有一人参与清扫劳动，楼长根据各户居民的意愿和清理日程表安排了各户居民具体的劳动时间。各楼居民分成了五个批次参加清扫劳动，到了清洁时间楼长都会提醒各位居民准时参与劳动。在清扫中各位楼长以身作则，参与了本楼栋所有的清洁劳动，一丝不苟地将街道内主要垃圾集中点都清理完毕。在组织了居民的清扫劳动之后，楼长们利用楼栋的居民基金聘请了专业的消毒团队对街道进行了全面的消杀作业，街道的卫生环境焕然一新。

为进一步保障社区卫生环境的长期维持，避免街道垃圾堆积成山的问题死灰复燃，各楼长又广泛集中居民意见与居民智慧，制定了 G 街道《居民卫生守则》，用居民守则的方式约束居民卫生行为，在大规模清扫之后 G 街道卫生环境得到了有效保持，社区公共环境的问题也终于得到了解决。

4.5 "书香社"创办"学院楼"，让"趣味事"更系"邻里情"

解决了一系列老大难的问题后，张主任又再次注意到 G 街道大部分楼栋楼龄较长，居民中退休人员比重大。然而他们的年龄普遍不大，大部分都是 70 岁以下，精力旺盛但是却无处打发闲暇时光。于是，为了丰富街道退休人员生活，张主任创办了 G 街道"街道学院"，召集街道中有一技之长的老人担任老师，给街道每一个乐于学习的居民免费授课。

卢阿姨在退休之前是一名中学舞蹈老师，在街道学院创立之后马上报名成为街道学院的第一个舞蹈老师，开设了广场舞和民族舞课程。街道居民听说可以免费学习舞蹈纷纷踊跃报名，在卢阿姨的带领下，G 街道成立了街道舞蹈队，原本无所事事的退休老人们加入舞蹈队后每个人都变得神采奕奕，展现了广场舞健康、充满生机的独特魅力。舞蹈队的玉姐说:"以前吃完饭就自己一个人在家里看电视,现在加入舞蹈队后吃完饭就来跳跳舞,不仅锻炼了身体而且心情也更加愉悦了。"

除了卢阿姨的舞蹈队,还有张叔的国学与书法班。张叔是一名退休职工,从高中开始就爱上了国学与书法,研究书法已经50多年。在街道学院创办之后和一群志同道合的邻居一同开设了街道学院的国学与书法课程,他们平时除了聚在一起泼墨挥毫之外,还给街道的孩子们培训书法,孩子们在课后也有了一个好去处。

街道学院不仅仅为街道的退休居民提供了一个消遣的去处,更重要的是拉近了社区居民的距离。之前社区居民回到家后就关上门,邻居们之间也很少沟通,居民之间显得十分生疏。街道学院成立后,通过学院举办的各种课程与活动,居民们都聚在了一起,原本陌生的居民们都成为了队友、同学,很多居民闲下来就往街道学院跑,熟人社区也更加完善。以前居民们为了一些鸡毛蒜皮的小事情就会产生纠纷,现在居民们互相熟悉之后,邻里关系更加融洽,社区中的居民纠纷明显减少,居民们对于街道的归属感与认同感也不断增强。

5 结语:情感联结人如意,党建引领事称心

在张主任和社区居民的共同努力下,G街道成功获得F市"创熟先进社区"荣誉称号,探索出了一条"党委领导、情感治理、经费支持、平台构建、正向反馈、各方获益"六大要素为主的社区创熟实践逻辑,形成了不同于传统业委会管理的、符合我国实际国情的、行之有效的全新治理方案。

目前,N区以自治小组志愿管理及楼长制为基础,至今协助了3个旧小区实现升级改造,有效推动75条楼道成功加装电梯,且在H小区实现首个旧小区百分百加装电梯的突破,在G小区以"创熟+创安"方式,实现首例"电梯加装+楼顶修缮工程"相融合的楼道改造等,有效改善了人居环境。通过"社区创熟",社区成员彼此之间相互认识、熟悉,产生了社区向心力,使得不同年龄、性别、职业、身份、地位、经历的人都能够紧密相联,心理同归,从进入家门才感觉回到家变成踏入街道就感觉回到家,真正让小家变成大家,让街道成为居民共同的家园。

G街道在治理单元、参与场域、社区服务和实践逻辑转变的基础上,围绕邻里关系,通过情感纽带的连结,开展创熟活动,推进构建基层社区治理共同体。G街道在情感治理基础上,辅之于利益实现,实现从情感到利益,以利益

促情感而形成的社区治理共同体的打造。由此，社区治理好了，小区的综合价值也随之提升，其性价比也伴随治理效应的提升而相应提高，从而形成利益的溢出效应。

二、思考题

1. F市G街道经历了怎样的人口结构变动，为什么F市G街道的居民原来的邻里关系如此僵化，其中又涉及了哪些主体的冲突？

2. 为什么居民最初对F市G街道的治理逐渐失望，后来又为什么能够对街道的治理重拾信心呢？

3. 罗伯特议事规则是否符合中国小区的民情？为什么采用开会讨论的方式可以取得解决的方案而投票却不能呢？这背后反映出哪些问题？

4. F市G街道从原有的香港社工模式到后来的党建引领模式，其核心的突破是什么？为什么能够发挥出如此的成效？

5. 阅读案例，你可以提取哪些情感要素促进基层治理的经验启示？这些经验启示对于基层治理有何作用？

三、理论分析

1 案例摘要——"陌邻"变"睦邻"：社区居民矛盾纠纷的转向回顾

随着经济快速发展、人口结构转型，F市G街道的邻里关系由原来"熟人社会"般的单位制社区，转变为了互不相识的"陌生人社会"，进而不断衍生出环境脏乱差、管理缺位、邻里关系冷漠、家园认同感低、加装电梯难等多种形式矛盾纠纷的社会治理困境。对此，该社区最初尝试"以邻为鉴"，简单学习并直接迁移香港的社工模式，打算通过向社会机构购买社会服务、成立业主委员会等方式解决社区服务和管理问题。然而，由于该模式无法有效适应实际的社情民情，难以切实匹配居民的服务需求，社区管治水平不仅未能得到提升，反而催生出邻里关系对立化、矛盾解决离地化以及治理功能形式化等错综复杂的问题。

有鉴于此,F市G街道率先提出创建"熟人社区"的模式,借助多年来在不同社区的试点探索,将房屋作为社区治理的最小化单元,涵养社区的家园氛围、打通服务供给的社会逻辑,以强化党建引领、重构协商平台、增强情感联系及整合社区内部资源的综合治理方式,充分发挥街镇政府、社会组织与社区能人的作用,通过党群服务、志愿者服务、兴趣团体、文体交流、街坊会、楼长联席会议等活动形式,引导原子化社区居民参与到集体活动中,使冷漠疏离的社区邻里关系软化成为睦邻友好的熟人关系,为邻里矛盾纠纷的化解提供了新模式、新思路,同时也成功促进了基层治理措施的创新。

基于此典型案例,本文从"一核多元"的理论视角出发,借鉴国内学者的有关研究,将从西方引进并得到广泛应用的SFIC协同治理模型加入了外部环境(E)的影响因素,推衍出SFICE的共同治理模型。以起始条件(S)、催化领导(F)、制度设计(I)、协同过程(C)、外部环境(E)和协同效果(O)几方面为切入点,一方面探究F市G街道邻里纠纷对立的原因,另一方面探究其"创熟模式"取得成效的共性因素以及价值推广的可能性,进而对当代社区治理、社区矛盾纠纷的解决以及情感治理的路径提出可供参考的政策性建议。

2 要点分析

2.1 理论视角:元治理理论视阈下SFIC治理模型的适用与微调

2.1.1 模型基础:SFIC协同治理理论模型

在协同治理理论谱系中,SFIC理论模型是一个用以阐释协同治理机制的理论工具。它是由加州大学伯克利分校的学者Ansell和Gash(2008)在调查分析了137个协同治理案例的基础上构建的协同治理分析模型,并确定了影响协同治理效果的四个关键要素:初始条件(S),设定了社会资本和信任程度的初始值,是促进利益相关者参与协同治理的关键动因;促进型领导(F),在协同过程中发挥推动和调节作用,是团结参与主体、调解协同过程的必要因素;制度设计(I),设定了各主体间协作的基本行动准则,是多元主体参与程序合法性的制度保障;协同过程(C),内部包含了若干要素,要素间呈现出非线性闭环特征(田培杰,2013),在协同治理中起核心作用,强调各主体资源优势互补、广泛参与、协商与共同愿景。因此,基于SFIC理论的起始条件、制度设计、催化领导、协同过程等内容,为我们理解社会协同治理的内在逻辑提供了理论基础。同时,从社区治理的视角进行分析,SFIC模型认为协同治理是由多方主体和多种关系组成的复杂治理过程,与本案例具有良好的适应性与契合度。

2.1.2　元治理理论视阈下 SFICE 合作治理模型的构建

"元治理"（meta governance）这一概念最早由英国学者杰索普于 1997 年提出，该理论最突出的特点是强调国家或政府在社会治理中担当的关键角色。在元治理理论视阈下，我国的社区治理主体结构呈现出"一核多元"的结构形态："一核"指中国共产党作为唯一领导核心，"多元"则包括了政府、社区居委会、社会组织、社区居民等治理主体（张平、隋永强，2015）。

从该理论视域下审视 SFIC 模型，不难发现其渗透着西方政治模式与制度文化的基因，忽视了外部环境因素的影响。并且随着社会环境的时代变迁与空间演变、社区居民矛盾的性质转变和焦点转移，尤其是在中国特色社会主义制度场域与中国情境下，该模型的缺陷进一步放大凸显。因此，鉴于我国在社区治理实践工作中展现出来的制度优势，本文在原模型基础上引入了国家党政引领的外部环境因素，从"一核多元"的元治理理论视角下构建了 SFICE 的合作治理理论模型（姜秀敏、李月，2021）。该模型通过引入党建引领与政党嵌入的力量进行模型修正，相比原模型更加强调外部环境（E）。新模型以党组织建设的统筹领导为核心力量，从利益、情感、价值三个维度切入，进一步结合治理的起始条件、催化领导以及相关制度设计，分析治理的协同过程是如何化解社区矛盾纠纷并突破社区治理的"最后一公里"促进形成"熟人社区"，重点探索在基层社区"创熟"过程中情感治理的应用路径与内在机理。修正后的 SFICE 模型具体如图 7-1 所示：

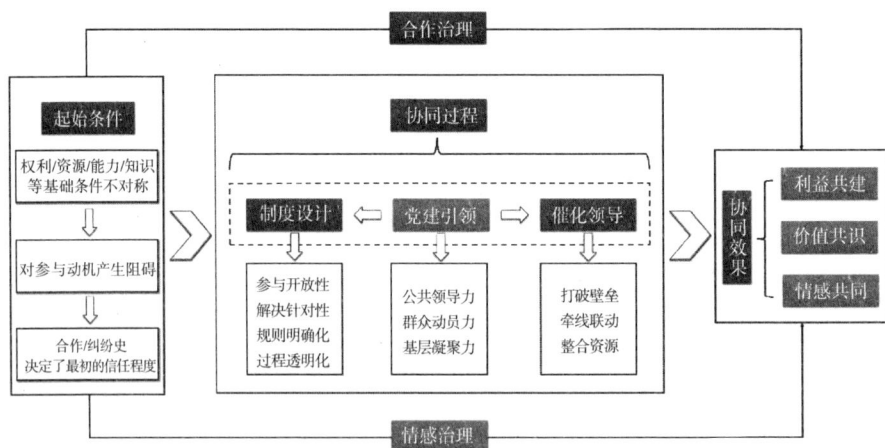

图 7-1　修正后的 SFICE 模型

2.2 理论分析：基于 SFICE 模型对社区治理梗阻的分析与解构

F 市 G 社区作为"人口倒挂"类型社区的典型缩影，其频频爆发的矛盾背后实则是多重实践基础不足的外在表征，以调适后的 SFICE 模型作为新的分析基础，有利于全景式解构梗阻表征背后蕴含的实践基础不足的多重影响因素。

首先从起始条件切入分析，一方面，F 市 G 街道由于特殊的地理位置与经济地位，其内部居民构成非常复杂，非户籍人口甚至超过户籍人口的一倍之多，其中海外侨胞更是占到常住人口比重的 1/4，流动人口也是逐年上涨。由此也导致了社区居民的需求不同、利益分化极大、治理理念各异，极难形成社区治理的合力。另一方面，长期以来大规模、高密度的居住方式让各种矛盾与纠纷日益频发，居民对于彼此最初的信任程度已然大大降低，因此，面对停车位、社区环境、电梯等固有问题时，居民间无法得到有效的沟通协调。

其次从催化领导深入分析，F 市 G 街道以业委会为主的居民协商平台逐渐流于形式，其依赖的投票决策制度也因缺乏透明与公正，逐渐出现形式主义、意见传达晦涩等问题，无法有效匹配矛盾化解功能，治理能力严重滞后于现实问题的需求。在打着"维权"的旗号下，甚至出现了"行挑动对立之实"的恶劣行径，案例中小吴的无声反抗则是此类事件中的典型缩影。由此，使得 F 市 G 街道无法有效进行牵线联络与信息沟通，居民与业委会之间的信息愈发不对称、认知逐渐固化，缺乏有效的沟通与调解渠道，最终使得双方的矛盾僵化，自然也导致社区资源难以调动适配。

再次从规则设计进一步解构，F 市 G 街道过于倚重刚性治理，而忽视了居民的情感属性，在社区居民矛盾纠纷的解决过程中缺乏软性的引导与调节，使得群众参与的内生动能难以生发。案例中所坚持的罗伯特议事规则过度强调解决问题的行政逻辑，出现了典型的路径依赖，缺乏解决与处理问题的灵活性与张力，使得"行政逻辑嵌入失灵，行政有效而治理无效"。由此，刚性的行政逻辑使得社区服务人员无法从情感角度对社区中的居民进行深入调节与灵活处理，使得居民对社区解决问题的能力产生怀疑，进一步降低了居民对社区事务参与的积极性。

最后从外部环境重新审视，F 市 G 街道面对多样化、深层次的社区矛盾纠纷，单纯依赖社区中物业、律师事务所等进行处理，反而社区内的基层党组织凝聚力较弱，党组统筹能力弱化，在处理纠纷时过于强调形式上的"效率"，在选取社区工作人员时过于重视"利益"，而缺乏党建引领的核心机制，责任分工与争端解决机制不够健全。由此，使得基层党员不敢发声、不敢出面，更不敢协调，导致各单位在没有党建引领的情况下，面临复杂矛盾时推诿塞责，权责关系较为混乱。

综上所述，F市G街道最初居民矛盾纠纷严重、合作治理无效的核心原因在于协同治理过程中的断点梗阻（如图7-2所示）：起始条件的利益冲突、催化领导的信息壁垒、规则设计的行政僵化、外部环境的导向缺失使得居民之间的信任严重缺失、情感逐渐冷漠、价值趋于分化，最终导致治理的理念难以转化成为有效的治理实践。

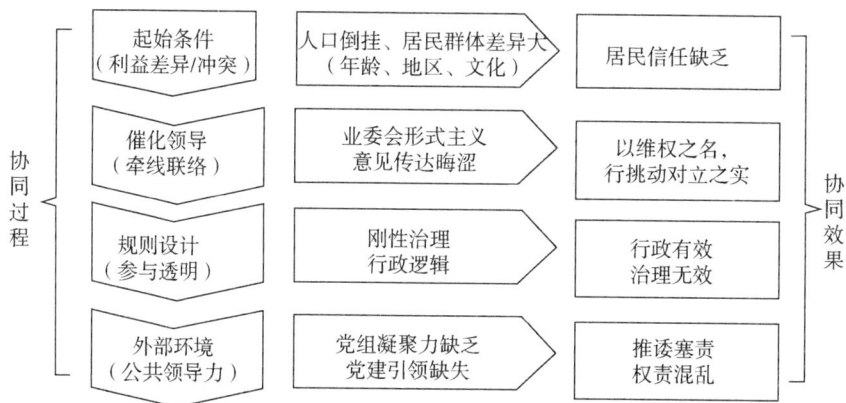

图7-2 基于SFICE模型的社区矛盾纠纷现状分析框架

3 理论适用："人口倒挂"社区中情感"回归"的路径与选择

客观的梗阻和主观的质疑并不能否定社区情感治理的价值性及其实践性。相反，F市G街道一系列解决社区纠纷难题，成功建设"熟人社区"的案例恰恰说明了在中国语境下党建引领的独特作用，情感"回归"社区治理的必要选择。因此，本文将继续从"一核多元"视域下构建的SFICE框架模型，从情感、价值、利益三个维度来进行具体剖析。

3.1 起始条件（S）：治理单元变革——不以户籍为据，而以房屋为据

F市G街道面临着社区成员逐渐转变为以外来户籍为主的"人口倒挂"现实困境。为打破本地户籍与外来户籍的潜在隔阂，汇聚善治力量，F市G街道首先破除了以辖区户籍处罚、通过配置资源来管理社区、化解矛盾等传统的单元治理模式，一方面接纳了非户籍居民，将其视为建设与治理的重要群体，以房屋、楼栋等为依据，成立街坊会、组建"创熟"汇、创建"楼长制"、接纳非户籍人口成为社区志愿服务队等。另一方面，G街道通过开展"融入、融合、

融和"的"三融"行动,让新市民也能够体验社区服务、参与社区建设,使其扮演更加重要的治理角色。由此,F市G街道居民间打破了固有成见,凝聚了价值共识与信任基础。

3.2 催化领导（F）：服务逻辑变革——突破市场逻辑,强化社会逻辑

F市G街道最初的社区服务模式是仿照现有的香港及西方发达国家的社工模式,以业委会为矛盾纠纷解决与处理的主体。从本质上看,此种模式是通过外部购买服务的方式来匹配居民的需求。虽然在该模式采用的初期能够取得一定的积极效应,但由于我国注重"乡土情怀"的国情民情,经济理性的市场逻辑在长期的弊端也愈发凸显。为突破这一困境,F市G街道改变原有市场逻辑指导下的社区服务模式,转为社会参与观念引导下的基层自治组织对应匹配、社区居民志愿参与的扁平化模式,通过"楼长制""圆桌议事厅"等形式的转变设置,增强了邻里间的信任感,将矛盾成功化解在基层。

3.3 制度设计（I）：体制机制创新——充分考察民情,形成本土策略

在制度设计上,F市G街道破除了以往僵化的刚性制度设计模式,充分考察本土的实际民情,在社区严重"人口倒挂"的背景下,探索出了以情为主、以法为基的多元主体评定参与的议事协商机制,实现治理"见人、见物、见效"。首先,改变了原有的"物业—居委—业委会"的三角关系,建立了多方联席会议制度,促进以居委会主导,物业公司、业主委员会、自治组织、居民代表等多方主体共同参与,各主体之间可以实现动态与柔性的合作协调。其次,搭建了居民议事平台,做到"居民事、居民议、居民决"。面对社区中不断产生的摩擦,开展包括楼道座谈会、茶话会等在内的多种形式的居民议事活动,并充分利用网络平台,开展"微信议事",让楼栋居民都能够参与到和自身利益相关的小区事务讨论当中。最后,改变了传统依靠专业精英的矛盾化解模式,组建个人调解工作室,将矛盾化解于无形。通过建立了"街道、社区、公众"三级调解机制,调解指导员、调解专员、调解员共同发力的矛盾就地化解模式,践行了"小事不出社区,大事不出街道、矛盾不上交"的工作理念。

3.4 协同过程（C）：治理范式转变——利益融入情感,营造互信氛围

在F市G街道调节固有矛盾纠纷、创建熟人社区的过程中,最大的亮点是将情感嵌入基层治理体系,充分运用情感治理的模式,发挥其在基层社会中的利益协调、矛盾化解等"软约束"作用。这种情感治理赖以实现的基础和促进因素在于居民自身的利益需求,也即对安全便利生活环境的需要。如F市G街

道以居民需求为导向，开办了新型社区学院，设立了各类喜闻乐见的文化课程；以居民兴趣为导向，发挥社团组织，发掘社区归属感较强的热心居民，引导并规范社团组织的活动；以居民情感为核心，开展多项邻里节系列活动，打破社区内部文化隔阂，构建属于本社区的社区文化圈，成功打造了"共生不陌生、互助不互扰"的新型邻里关系。

3.5 外部环境（E）：组织平台重构——强化基层党建，引领情感治理

在外部环境上，F 市 G 街道坚定政策导向，充分发挥我国国情下公共领导的影响与带动作用，将"党建工作"延伸至社区的"最后一米"，通过党组嵌入的方式引领基层的情感治理，更好地"惠民心、聚民意"。首先，深化基层党组织的建设改革，创造性地提出了"将党组织建立在街坊会上"的党组织结构，灵活设置党组织或党支部，搭建"社区党委—小区党组织—街坊志愿互助会党小组—楼道党小组—居民"的党群共建架构。其次，充分发挥党员的先锋模范作用，落实机关在职党员到居住地社区居委会报到制度、开展党员在楼道"亮身份、亮承诺、亮方式"的"三亮"行动，拟定党员个人承诺，党员根据自身特长认领服务内容、建立党员奉献社区的示范机制，鼓励社区党员争当"创熟"标兵等行动，让原本分散的党员聚合起来，发挥党员的"创熟"号召力。最后，以党组织引领居民有序参与"创熟"，社区党委牵头制定有关议事的公约章程，加大力度推进楼长、巷长、街长等建设工作，切实让居民担当治理的主角，在街坊会的基础上继续探索成立红色业委会、破解居委会"难作为"问题。

3.6 协同效果（O）：参与场域重建——融小家为大家，化家庭为家园

随着起始条件、催化领导、制度设计、协同机制等方面贴合现实的转向，F 市 G 街道通过打造以党员为主力的楼长队伍、以楼长为核心的治理网格、以居民为依托的自治小组，实现基层治理服务水平和服务效能的极大提升。在该模式推广的过程中，截至目前，以街坊会、自治小组、楼长等牵头，协调处理邻里矛盾1314宗、解决小区卫生问题1088个、协助破解治安案件173起、完成公共设施维护1743处、解决安全问题341个、破解停车难问题511起。同时，在46个无物业小区推行了居民小组自治管理，破解小区脏乱差难题，并成功组建39个自治小组，切实在24个小区内112条旧小区楼道推动旧楼加装电梯。

而在该社区内部，社区居民更是将社区、将楼栋作为"家"，真正营造了"人人参与，人人尽责，人人共享"的社区治理氛围。过去一年，通过公众参与的形式协调处理邻里矛盾412宗、解决小区卫生问题423个、协助破解治安案件52起、完成公共设施维护319处、解决安全问题109个、破解停车难问题116

起，实现了将矛盾化解于未然、将风险化解于无形。

4　政策转向："创熟社区"新型情感治理模式的经验与借鉴

由于中国社区数量繁多、体量巨大，基层社区的治理方式不仅要遵循一定的理论模式，更要适应不同社区本土化的实际民情。在基层治理的实践中强化情感治理的重要性，努力打造以制度强化法治、以文化驱动德治、以党建引领自治的适应中国国情的"熟人社区"善治模式。

4.1　坚持党建引领核心，融合情感治理理念

基层党组织需要充分发挥党建"条""块"资源合并的优势，充分调动与匹配多方资源（李月亮，2019）。首先，以邻里关系为纽带、以家园缔造为理念，积极探索新型属地党支部的设置模式。社区党委在社区治理中，可通过建立党建理事会、居民议事会、商圈共治理事会等多元载体，依托社区党群服务中心、邻里中心等公共空间，通过睦邻党建重建社会关系、增进社区关联，不断推动区域化党建网络与社区自治网格融合共生（胡勇，2018）。其次，还需拓展党员服务方式，健全多种类型的党员义工服务体系，比如创建"楼长制""街坊会"等具有特色的社区治理组织，使党组织服务水平全方位、精细化和多元化。最后，通过政党动员与社区活动集聚党员力量，促进党员服务常态化。如尝试组建以楼栋党员、流动党员、大学生回迁党员为主力的楼长队伍、党员先锋队、党群志愿服务队，并积极联动物业、企业等多元主体，共同探索"党员+"基层服务型党组织建设模式。

4.2　发挥"意见领袖"优势，嵌入情感治理体系

"意见领袖"作为团队中构成信息和影响的重要来源，由于长期生活于社区，对于社区的基本状况与信息有着更为充分的了解，在居民中也有些和相对更高的公信力，无疑成为社区情感治理的重要突破口（王永益，2021）。案例中"楼长制"恰到好处地发挥了"意见领袖"的优势，使得情感治理在社区实施中得以可能。它通过社区挖掘与居委推荐等方式，在一个或多个楼栋内通过制度化形式选取，肩负协调员、联络员、信息员、服务员等多项职责，以楼道活动为载体，切实提升了社区网格服务效能，进一步将党的领导带进楼道。"有问题找楼长"这句口头禅更是社区街坊会到基层"做实事"最直观的表现。

4.3　技术赋能资源整合，重构情感治理平台

创熟社区的重要条件之一就是能够充分整合社区资源和力量，引领各方主

体共同商议社区重大活动和事项，重构居民参与和议事协商的平台。一方面，可以通过培育志愿队伍，举办邻里活动等方式加强社区联结，营造和谐环境，通过志愿服务常态化来助推奉献意识和公共意识在社区内的传播与传承，并带动更多的社区居民转向社区建设中坚力量。另一方面，充分利用"互联网+"思维，将网格化治理与智能化管理、精细化服务相结合，如通过建立楼道微信群畅通居民沟通渠道，动员更多的居民就社区治理直接发表看法和建议，切实将社区善治根植于楼道中、群众中。

4.4 情感利益互为表里，构建情感治理维度

在社区治理的过程中，利益与情感共同存在、相互作用，成为构建治理共同体的核心要义。在社区治理中，一方面需要结合空间、结构的维度建构，将利益内化为情感的纽带。对此，社区工作人员应该积极发掘社区内的公共问题，利用涉及社区每个成员的"事缘型"纽带，将社区成员联系起来，找到成员间的利益共同点，促进社区建构成更高质量的共同体。另一方面，需要积极建构情感治理的心理维度，采取多种措施拉进不同主体的心理距离，使得社区中的交往双方相互信赖（李琳，2022）。如通过建设旗帜鲜明的"红房子"、打造温馨可用的"议事厅"、创办社区"兴趣学院"等方式，为社区居民交流感情、协商利益、服务参与提供可靠的平台引导原子化社区居民参与到集体活动中，强化甚至是重塑社区居民之间的关系。在情感调节的基础上，整合居民之间的利益关系，构建社区情感治理的双向互动，加强社区治理的韧性。

5 结束语

党的十九届六中全会决议提出，"健全党组织领导的自治、法治、德治相结合的城乡基层治理体系，推动社会治理重心向基层下移，建设共建共治共享的社会治理制度，建设人人有责、人人尽责、人人享有的社会治理共同体"。本案例中的社区纠纷无疑是众多社区治理困境的典型缩影，本文通过构建"一核多元"的 SFICE 合作治理模型，对该案例中矛盾纠纷解决失败的过程原因以及"熟人社区"创建成功的方式要素进行了细致的探讨与分析，再次强调了党建引领在中国语境下的基层社区治理中发挥的巨大作用，提炼出情感治理结合中国基层实际的实践经验，为打造富有"中国机理、中国特质、中国内涵"的社区治理样本提供了先进经验与独特的"中国方案"，继续谱写基层邻里矛盾解决和社区治理创新的"中国之治"新篇章。

参考文献

[1] Ansell, Chris, and Alison Gash, 2007, Collaborative governance in theory and practice, Journal of Public Administration Research and Theory 18: 543—571.

[2] 胡勇. 基层党的建设引领社区融合——基于广州市白云区三元里街的实证分析 [J]. 甘肃理论学刊, 2018 (05): 37—43.

[3] 姜秀敏, 李月. 基于 SFIC 模型的产业扶贫助力乡村振兴的路径探析——以养殖产业脱贫为例 [J]. 大连海事大学学报 (社会科学版), 2021, 20 (06): 101—110

[4] 李琳. 情感治理: 新时代社区治理的方向与实践路径 [J]. 河南科技大学学报 (社会科学版), 2022, 40 (01): 60—63+69.

[5] 李月亮. 浅析"党建引领共治"模式下的基层社会治理新格局——基于昌平区大型居住社区治理经验 [J]. 新西部, 2019 (26): 60—61+44.

[6] 田培杰. 协同治理: 理论研究框架与分析模型 [D]. 上海交通大学, 2013.

[7] 王永益. 新时代基层社区治理的公共关系建构与精神培育 [J]. 扬州大学学报 (人文社会科学版), 2021, 25 (01): 17—27.

[8] 张平, 隋永强. 一核多元: 元治理视域下的中国城市社区治理主体结构 [J]. 江苏行政学院学报, 2015 (05): 49—55.

案例八

"多元"何以共治"美丽"：新时代基层
社区绿色低碳发展的现实图景

文　宏　罗志毅[*]

【编者语】

基层社区绿色低碳发展是实现可持续发展的必由之路，也是衡量社区发展质量与发展潜力的重要指标。在第七十五届联合国大会上，习近平总书记宣布中国将争取在2060年前实现碳中和，表明了中国走绿色发展道路的决心。然而在发展的过程中，我国诸多基层社区都难以有效协调经济发展与生态保护的关系，以生态为代价推动社区发展的情况比比皆是，生态环境问题逐渐成为限制社区进一步发展的桎梏。如何以绿色低碳为底色，构筑社区可持续发展之路已然成为社会关切、国家重视的重大议题。

作为国家第三批低碳试点城市，位于广东省的Z市积极响应国家和广东省低碳发展战略部署，进行了多方位、多层次的绿色低碳全体系生产生活模式的探索和实践，成为低碳城市建设的先行者。其中，Z市X镇福兴村从2014年底开始建设低碳社区，在短短8年时间内成功打造近零碳社区，验证了近零碳社区在中国实践成功的可能性与可推广性。对其发展模式的研究有助于深入探寻社区共治的关键路径，为国内其他地区近零碳社区的建设提供实践经验与理论支撑，充分发挥其作为先行试点地区和成功示范区的积极作用。

基于此，我们专程多次到福兴村开展实地调研，对X镇低碳发展促进中心工作人员、新能源企业与福兴村居民进行了大量访谈，获取了丰富、真实的调研材料，对福兴村共建共治共享的发展模式进行深入解剖，并组织编写了本案例。研究从党委政府、社会组织、居委会、企业与个人等多个角度分析福兴村近零碳社区的建设经验，以及社区多元主体协同共治在近零碳社区建设过程中

---

* 罗志毅，华南理工大学公共管理学院本科生。

的作用机制。

为何这福兴村低碳实践能够推进社区实现"蝶变"，其实践经验能否为其他社区的绿色低碳建设提供经验借鉴？出于对该问题的思考，本研究聚焦于"多元主体在低碳发展中的协调作用机制"，基于空间生产理论权力—资本—技术—权利的四重逻辑视角，依托行动者网络理论、"SFICE"协同治理框架，综合运用问卷调查、深入访谈等分析方法，在"主体—工具—价值"的分析框架下，探索新时代基层社区绿色低碳建设的实践经验，揭示了基层社区中多元主体的不同行为逻辑和行动指向，总结新时代下社区协同共治引领基层社区绿色低碳发展对Z市乃至全国的基层社区的启示与借鉴意义。

在外部环境的驱动下，社区绿色低碳建设首先意味着异质性多元主体间需要整合利益诉求和资源依赖，明晰各主体的角色、定位与权责，实现治理的责任框定与共识达成。其次，合理的规则设计能够为协同行动的展开提供秩序规范，有助于多元主体互相取得理解和信任，实现社会治理网络的经纬互构。最后，社区绿色低碳建设必须基于"共享"的理念，要坚持以人民为中心的基本内核，通过协同模式与成果共享机制营造共享氛围。

最后，需要说明的是，本案例的核心内容曾参加由中国管理现代化研究会政府战略与公共政策研究专业委员会、中央财经大学政府管理学院主办的第十二届全国高校"模拟市长"全国总决赛，并在上百个案例文本中脱颖而出，获得了全国"二等奖"的成绩，得到了全国专家的高度认可。

摘　要：本案例取材自福兴村的真实案例，经过长时间、跟踪式调研，对市、区、街道、村中的干部和村民进行了大量访谈，获取了丰富、真实的一手材料。总体而言，本案例采取"起承转合"的结构和倒叙的叙事方式，围绕福兴村的近零碳排放区试点历程，以多元化的叙事方式，描绘福兴村"旧貌换新颜"的案例。具体来看，八年前的福兴村处于荒地闲置、浓烟笼罩的状态之中，然而在这"山重水复疑无路"的节点上，福兴村乘上了国家双碳战略的春风，迎来了"柳暗花明又一村"的新生，低碳实践成果不仅走出了Z市，更走出了国门，获得了时任外交部发言人华春莹在推特上的称赞与推广。福兴村从2014年底开始建设低碳社区，逐渐确立了"共建共治共享"的低碳建设思路，在8年时间内吸纳各路兵马纷纷上阵、协同共治焕发生机，走出了一条符合自身特点的低碳发展之路，验证了近零碳社区在中国实践成功的可能性与可推广性。结合空间生产理论、行动者网络、SFIC协同治理框架和嵌入性理论，以社区多元主体协同共治为核心，构建了"主体—工具—价值"的社区低碳建设模型，深入探寻社区共治的关键路径，激发基层治理的澎湃活力，为基层社区绿色低碳发展提供多元路径选择与政策设计的可借鉴经验。

关键词： 低碳建设；多元共治；基层治理；绿色发展；协同治理

一、案例正文

0 引言：福兴模式① 走出国门

当今，全球范围内能源及产业发展低碳化的大趋势已经形成。习近平总书记在第七十五届联合国大会上宣布中国将争取在 2060 年前实现碳中和。双碳目标的提出使中国碳减排迎来历史性转折，也表明了中国走绿色发展道路的决心。随着低碳绿色成为发展潮流，低碳城市的建设成为热点议题。而居住社区的碳排放是城市碳排放的最基本单位，着手对低碳社区的建设进行研究，对降低城市总体碳排放量与我国开展碳达峰全民行动具有重要意义。低碳社区不仅是低碳建设的命题，更是现代基层治理的命题。在低碳社区的建设过程中，仅靠政府引导和政策要求是行不通的，因此，能否将低碳社区的建设从自上而下的指挥转变成自下而上的富有活力的民众自发性行为对于低碳社区建设能否成功十分关键，而在其中，基层社区的治理水平至关重要。

2014 年底，Z 市 X 镇福兴村开始了低碳社区建设的路程，党委统领，政府政策引领，低碳发展中心主力推进，多方力量共同助力。2021 年，福兴村低碳社区成为广东省四个低碳示范项目中唯一一个社区项目。2021 年，中国国际电视台对福兴村建设近零碳排放社区的做法进行了报道。时任外交部发言人华春莹在海外社交平台转发并评论："作为中国零碳社区的范例，福兴村只是中国正在做的事情的缩影。"

一个普普通通的小社区是如何在八年时间内实现近零碳排放的？这当中又有何治理秘诀？福兴村低碳社区的建设经验或许就为我们提供了新时代基层社区多元主体协同治理、共同参与绿色低碳发展的关键路径，本案例以福兴村为

---

① 本案例取材于真实案例。借助团队成员在所在案例地点生活的便利，获取了大量的第一手资料。为满足案例需要，案例团队进行了大量细致访谈，在获取资料和案例梳理上综合采用了实地访谈法、参与式观察法等方法。此外，按照学术规范，对案例涉及的地名、人名进行了技术处理。

切入点，探究城市化进程下城中村基层社区治理蝶变的成功经验，全面展现基层治理的"福兴模式"，重点关注多元主体协同共治对基层治理的作用，以深刻阐释基层治理问题解决的内在机制。

1 上篇：福兴小村旧貌新颜，低碳发展云开月明

1.1 荒地闲置无人管，浓烟笼罩日可见

"走出家门是荒地。"

2014 年以前，福兴村是一个"原生态"农村，除了住户，村里的空地并没有被利用起来，荒地杂草丛生，常常有流浪狗到此排泄，滋生蚊虫，加上无人打理，因此荒地常传来难闻的气味。

"因为这里相当于一个公共区域，村民经常带自己的宠物到那排泄，而且把垃圾扔的随处都是，主要是没人管，所以大家都无所谓。"

福兴村村民李女士抱怨道。

"那里经常有异味传出，真的很影响生活，我们都不敢靠近那些荒地。"

居住环境脏乱差的问题一直困扰着福兴村的村民。

福兴村的附近有一个产业园。"以前园内每天不间断排出滚滚浓烟，使得 X 镇北区一带总被废气和粉尘笼罩，严重影响了北区一带多个社区的居民身体健康。"村民李大爷回忆道。

多年来，社区产业园依托廉价的土地资源、充沛的劳动力、便捷的交通条件、较低的产业技术门槛，在多个发展主体的推动下发展为以轻工业为特色的产业集群，为 Z 市 X 镇五金产业提供了关键的配套服务。然而，随着经济社会发展，园内出现用地生态空间被挤压、产业能耗大等问题，园内企业的清洁生产水平、废气废水的处理标准已无法满足绿色发展理念的要求，X 镇社区的发展呈现"高碳化"特征，工业污染问题较为严重，严重影响着周边居民的生活水平和身体健康。

良好生态环境是最普惠的民生福祉，打好碧水蓝天保卫战是每年 X 镇十件民生实事之一。为此，X 镇社区积极推进低碳社区试点项目建设和低效工业园区改造，坚决打好"散乱污"攻坚战，加快改善生态环境质量，促进生产空间集约高效、生活空间宜居适度、生态空间山清水秀，推动绿色发展。

1.2 福兴迎来低碳潮，拨云见日灰霾散

2017 年，广东以一份《广东省近零碳排放区示范工程实施方案》，成为首个落实中央精神、出台系统化建设近零碳排放区示范工程举措的省份，其中，Z

市 X 镇福兴村近零碳排放社区入选全省首批近零碳排放区示范工程试点项目。

X 镇低碳发展促进中心（以下简称"中心"）被授权推进该试点项目的工作，中心按照广东省给予的标准走访了社区几个村落。

"起初，我们定的是福兴村旁边的建华花园，以 2014 年的情况来讲，一方面因为那边有物业管理，另一方面住户数量和学历质量都比较符合推广低碳理念的标准。但后来还是选择了福兴村，一是看中了它具备建设低碳社区的公共活动空间，二是福兴村是一个社区和农村的结合体，更符合 X 镇的特点，建设低碳社区的过程也更具有 Z 市特色。"

低碳发展促进中心的工作人员谭女士说道。

位于 X 镇北区社区的福兴村，原是北区社区原居民的拆迁安置房，在统一规划建设下形成了风格统一的社区布局，从上空俯瞰，建筑面积约 5 万平方米的福兴村房屋顺序排列，整齐划一。

2014 年，X 镇北区社区被纳入该年度广东省重大低碳示范项目。2017 年底，该社区入选首批省级近零碳排放区示范工程试点名单，成为全省唯一近零碳社区试点项目。"作为中国净零碳（Net-Zero Carbon）社区的范例，福兴村只是中国正在做的事情的缩影。"2021 年 6 月 3 日，时任外交部发言人华春莹在海外社交平台转发了中国国际电视台的文章《一个中国村庄如何实现碳中和?》，并发表评论。

2 中篇：双碳建设困难重重，各路兵马纷纷上阵

2.1 双碳春风吹满地，中心进驻面貌新

2.1.1 社会组织来推进，穿线联络多主体

带着"践行双碳战略，建设美丽城市"的初心，X 镇低碳发展促进中心进驻福兴村。成立于 2011 年的低碳发展促进中心（以下简称"中心"），是推进 Z 市 X 镇福兴村近零碳排放社区试点项目的关键力量。

"我们中心其实是作为整个项目的主导单位，因为当时包括设计、申报与后续的建设运营都是我们在负责。项目现在已在常态化开展了。我们就是，如果有一些活动或者是有人来参观学习，就过去协调一下。"

中心工作人员谭女士表示。

自从进驻福兴村以来，中心编制形成了低碳示范社区建设技术手册及低碳示范社区碳排放基准线，建成"低碳驿站"场所供居民开展低碳活动，搭建有低碳家居产品推广及应用、旧物分类与交换、低碳有机农作物种植与分享、居

民低碳素养培育四大平台，把低碳行为融入居民的日常活动中，建立起一种居民乐于参与、可持续发展的低碳社区建设模式。

"在低碳社区建设的各个阶段，我们会积极对接政府、企业、居委会、居民等多个主体，比如在建设初期，与居委会合作、与居民进行深入交流，宣传低碳思想与理念，促进低碳发展思想的传播。"

中心另一工作人员郑先生告诉我们，面对建设中出现的问题，中心主动沟通，协调各方利益，做好"领头羊"的角色，以推进低碳社区试点项目的工作。

2.1.2 设施宣传做到位，近零碳区日日新

2017年底，广东省发展和改革委员会确定全省首批4个近零碳排放区示范工程试点项目，X镇北区近零碳排放社区名列其中，从低碳社区到近零碳排放区，低碳发展促进中心推动项目进入了第二个阶段。

中心工作人员谭女士对项目发展阶段进行了划分：

"最开始14年到17年，我们刚刚开始做这个低碳示范社区，从零开始做起来的。然后17年到现在，就是第二个阶段。我们在原有基础上开始做近零碳排放示范社区，又继续引入了一些相关技术和其他设备设施。然后第三个阶段就是未来，现在还只是近零碳排放，没有达到完全碳达峰和碳中和。按照国家的目标，未来我们就朝着这个方向继续努力。"

进入第二阶段后，中心以减碳、增汇以及培育居民低碳生活意识三个方面为着力点，通过建立碳排放管理机制、配备可再生能源设备、推广垃圾分类源头减量、建立低碳科普展示基地、开展多种形式的低碳宣传活动及碳普惠核证自愿减排等六类模式，成功打造了近零碳排放示范社区。

2.1.3 具体项目难推进，未来仍存不确定

"现在我们是经常提国家的双碳，但当时低碳相对来说还是一个比较不普及的概念，特别是在X镇一些相对比较农村的地区。福兴村那边就是比较农村一点的，他们的接受程度还没有那么高，推广起来是有一点难度的。"

中心工作人员郑先生回忆道。

由于当时低碳理念尚未流行，相关低碳实践可以说是一张"白纸"，加上当时村民的文化程度普遍不高，中心推进项目存在重重困难。"其实现在会好一点，我们的工作是先易后难的，不过肯定还是有不接受不配合的居民，而这些呢我们就搁置了，其实居民的配合度也对我们工作的推进有一定影响。"

谈到未来，谭女士认为存在不确定性，比如谈到募集资金的具体措施时，谭女士指出，"项目结题后，还没有特别明确的具体措施，当前我们还在寻找要

引入什么新的项目资源进去。在未来可能会更着重考虑推广整个村子的光伏建设，但是现在推广确实有一些制约因素，比如说房产产权等问题，以及资金来源都需要解决。关于这个我们目前还在摸索当中。"目前距离零碳排放的目标仍有一定距离，如何保持项目验收后的工作进度、如何协调低碳建设的资金投入等等，都是摆在中心工作人员面前的问题，想到这里，谭女士陷入了沉思……

2.2　政策信息遭遇屏蔽，工作落实陷入困境

2.2.1　立法执行工具软，企业监管难落实

福兴村主要产业是五金制造业。

作为城乡交界的社区，福兴村村域面积大、管理人口多，村容村貌"脏乱差"情况严峻，实地考察中发现，新能源汽车充电桩已被拆除，相关设施的维护程度也不够，可见相关企业的落实工作并没有到位。

"福兴村是被自己困死了。"曾任福兴村村副主任的田主任一脸惋惜地说道。"村里大多数企业很低端，又很耗费资源，我们会和企业他们谈，但靠着他们又能挣到一点辛苦钱，久而久之，就自己把自己也把村子困死在里面了。"

政府部门对参与企业的不负责经营行为通常采取约谈、责令整改、曝光、发布风险提示等手段予以处置，但强制力较弱，对于矛盾纠纷的处理往往只能靠为数不多的专项整治、公开曝光才能起到一定的震慑作用。

如果不能通过行之有效的监管措施及时得到相关落地措施的后续反馈，则即使有一个好的开头，也很有可能因重视程度不够而走下坡路，对碳排放制度、措施的评估与反馈机制是福兴村近零碳排放社区后续发展的重要因素之一，福兴村仍然需要重视后续措施的跟进与反馈。

2.2.2　居委能力难施展，党委领导难领头

"阎王易见，小鬼难缠，村里干部既吃又要，不给干事还瞎胡闹，村里人要办个什么事，都得靠关系，跟村干部沾亲带故的那就一路绿灯，要是没点关系的，就得又跑又送，但村干部还不一定愿意动。"

福兴村村民刘大爷对曾经的福兴村如是抱怨。

按照我国基层民主管理相关要求，村集体事务由村民民主集体管理，然而根据调研发现，试点项目刚推行时，福兴村存在着领导干部漠视民生、官商勾结的乱象。村民提事议事渠道少、无规范程序，民主议事决策制度和议事规则不健全，村民切身民生诉求也难以获得回应。

2014年，区两委明知村民李某租赁社区农保地违法进行非农建设并违规转租他人后，未严格履行监管责任，未及时予以制止。在国土部门依法查处和拆

除上述违建过程中，B 区顶替李某接受行政处罚缴纳罚金；在无任何依据且未经社区居民代表大会同意的情况下，违规向李某作出巨额补偿，致使集体遭受重大经济损失，造成严重不良影响。

时任 B 区党委书记袁某、时任居委会主任梁某等人，违反工作纪律，未严格履行集体资产监管职责，严重不负责任，造成集体重大经济损失，最终被 X 镇纪委依法严肃查处。

2.2.3 政策引导离地化，发展规划难推行

"详细的产业优化政策我们也做过，但推动起来实在太难了。"

至今谈起来，当年的情形仿佛又重新浮现在 X 镇规划部门陈科长面前。

"方案一提出来，村集体反对、居委会反对、村民反对、辖区内的企业意见也很大，甚至区里也有很多不同意见，最后压力实在太大了，就不了了之。"

福兴村经济发展方式粗放，产业层次低端，土地利用效率低下。村民收入来源以出租屋租金为主，靠村吃村，小富即安的思想浓厚，未能很好地盘活有限资源。

2010 年获得原 Z 市环保局批准后，福兴村建成了 X 镇五金表面处理聚集区，从事除电镀以外的五金表面处理行业，然而，传统的锌铁棚厂房早已不适应新时代的发展，五金企业的清洁生产水平、废气废水的处理标准已无法满足绿色发展理念的要求，并且造成了较为严重的环境污染。

2.3 能源改革突遇难关，企业快马赶来相助

2.3.1 多个企业来助力，低碳设备齐开启

福兴村低碳社区的建设过程中，以社区农园、低碳驿站、光伏发电为主要推手。其中，作为减碳主要手段的光伏发电更是建设的重中之重。然而，在此之前的建设中大展拳脚的低碳发展促进中心在光伏发电建设方面犯了难。

"整个项目的建设过程中肯定有一些采购服务，一些基建和设备我们是没法自己做的，采购肯定是涉及的。"中心工作人员谭女士告诉我们。

正所谓"术业有专攻"，既然没法自己做，低碳发展促进中心选择寻找"外援"——招募合作企业，来帮助福兴村安装光伏发电板。也正是这个时候，广东广能创远新能源有限公司（以下简称"广能创远"）找上了 X 镇低碳发展促进中心。这是一家正在快速发展的新能源企业，其在 Z 市太阳能发电安装以及在 Z 市光伏发电系统上拥有丰富的经验和成熟的技术，他们带来的光伏发电技术为 X 镇低碳发展促进中心解决了燃眉之急。

"他们自己也想发挥一下他们的企业责任感。又因为他们是一个新能源企

业，跟这个方向对口。"

2014 年底开始，在低碳发展促进中心和福兴村居委会的共同帮助下，广能创远带着光伏发电技术开始走进福兴村的居民家中，并负责从材料提供到后续维护的"一条龙"服务。2015 年，福兴村已有 18 户居民在家中引入了光伏发电板。

2.3.2 光伏电板安装难，三方势力来帮忙

虽说光伏发电的应用是低碳社区减碳的重要手段，但不可否认的是，光伏电板的普及与安装困难重重。

光伏电板的安装受到多方面的制约，为了解决其中最大的制约因素——安装费，X 镇低碳发展促进中心与南方电网及 Z 市 X 镇村镇银行共同开发了金融产品——"光电宝"，为有意愿安装光伏发电板的家庭申请低息贷款。

"其实就是把光伏设备作为一个抵押的项目去抵押到银行，然后中心就能贷到相应的建设款项。然后它按照每个月的补贴和卖电收益来进行还款。这个和普通的付款产品是一样的，只不过它的抵押物是光伏设备。"谭女士向调研团队解释光电宝时说道。

X 镇低碳发展促进中心将省级低碳社区示范项目作为抵押物，与 X 镇村镇银行共同开发金融产品"光电宝"，使得有意愿的居民可以低息向银行借款以购买与安装光伏发电板。居民向广能创远购买光伏发电板后由企业进行安装与后续维修，同时南方电网提供供电服务，居民通过光伏发电板收获的额外电量也可以卖回市场。一个小小的"光电宝"体现的是低碳建设与经济发展相协调、多元主体共同参与获益的良好发展模式。

2.3.3 公私利益难相调，持续参与在何方

"要引入社会资本，肯定是要找那个平衡。在做这种比较公益的工作的时候，如何也要让第三方资金来源者能够得到一定的利益。"谭女士说道。

X 镇低碳发展促进中心通过向企业购买低碳建设的设备与服务、与 X 镇村镇银行合作开发面向居民的金融产品"光电宝"，使福兴村较好地协调了低碳建设与经济发展的矛盾。

但近年来，暗藏的危机也在显现。比如公共领域的低碳建设大量依赖政府拨款；居民家中的光伏发电设备安装费用昂贵、回本周期长，尚未形成足够推动使企业积极参与低碳社区建设的底层动力；同时企业参与低碳社区建设的利润薄；其参与低碳社区建设的目的多出于自身的社会责任感，但社会动能并未有效转换成能使企业发展的经济动能，导致其自觉积极参与低碳社区建设的根

本性动力不足。如与福兴村长期合作的粤盛电气公司，基于自身发展境况选择转型内部经营结构并削减新能源相关产品，使得福兴村的新能源汽车充电站工作中断，影响低碳社区的减碳行动。

如何在实现低碳发展的同时兼顾经济建设，如何更好地引入社会资本推进社区公共服务社会化的运作，如何促进垃圾分类体系的相关绿色产业与低碳技术的市场化发展，这是摆在福兴村近零碳排放社区面前的"三问"。

2.4 居民配合效率较高，长效努力仍需付出

2.4.1 前期建设有困难，居民配合助推进

"征地过程有点儿坎坷。"

在推进社区农园建设工作前，村尾篮球场旁边的地块上种着部分居民的蔬菜，中心认为该地块非常符合社区农园的建设理念，因此计划在菜地基础上改造成低碳农园，但由于村民"霸耕"问题以及维稳需求，在村尾篮球场旁地块建设农园的计划便搁置了，中心决定将低碳农园选址定在村头种满芭蕉树的地块。芭蕉树地块原本的主人是一位独自养育孙子的老奶奶。

芭蕉树是老奶奶已故丈夫留下来的，由于老奶奶的丈夫早早离世，丈夫遗留下来的芭蕉树对老奶奶来说，不仅是祖孙俩的收入来源，还是一份情感寄托，意义非凡。

如何说服老奶奶，腾出地块空间进行低碳农园建设对中心来说是一大难题。中心在北区社区居委会的协助与支持，与老奶奶做好解释安抚工作，老奶奶虽心有不舍，但也对中心进行低碳建设的工作表示理解，便把那片芭蕉树清走了。而中心也在社区农园里给老奶奶留了两块地作为补偿，让她可以继续种菜。

中心工作人员郑先生表示，"我们推进试点项目的工作过程总体来说较为顺利，要说有什么阻碍，其实对于整个项目来讲太大的阻碍是没有的，因为现在看来，有社区居委会的帮助和协调，整体还是很顺利地开展下来了。"

2.4.2 居民生活体验好，人人都是"卖'碳'翁"

"走出家门是果园。"

菠萝蜜、芒果、黄皮、龙眼……每家每户都有即将成熟的水果挂满枝头，个个饱满、果香诱人，让人有走进农场的错觉。入口处，"低碳驿站"的牌子就竖在路边。

过去几年，中心主任何女士在低碳驿站里接待了国内外许多参观者，在这间 60 平方米的小屋里，参观者希望可以学习到"低碳生活"的秘诀。然而在居民们眼中，低碳生活并不存在什么秘诀，所有的践行方式，都在村口的太阳能

电子显示屏上播放着。

市民麦先生的家就位于 Z 市 X 镇北区的福兴村。以往的夏季，他所居住的三层回迁房顶楼气温高，屋内的闷热让人难以忍受。2018 年，北区社区低碳达人麦先生在中心的鼓励支持下，在自家楼顶安装了 5.5 千瓦的家用太阳能光伏发电系统。

"装上家用太阳能光伏发电系统后，光伏板在屋顶起到隔热作用，屋内的温度比之前下降了 5 度左右。光伏发电不仅为我们一家节省一笔电费，还能将剩余的电卖给电网以获得额外的收益，真系一条'好桥'①!"麦先生接受采访时表示。

后来，福兴村有 20 多户居民也纷纷装起了太阳能发电装置。如今，这里的光伏发电系统已经完成并网，连入南方电网。

除了光伏发电装置，麦先生家中还有雨水收集、厨余垃圾处理桶等低碳节能设施。"我屋企②三个大蓝色桶里装着的都是已经做好的酵素，原材料是果皮和吃剩的蔬菜，加糖加水发酵而成。平时，我们就用酵素液来浇花、浇菜，以及制作洗涤用品，发酵后的渣还可以拿来做花肥，确实'笋嘢'③ 来的。"

麦先生算了笔账，减少水资源浪费后，他一个月能比同样的四口之家省 5 吨水，他对家里的这些"宝贝"很是满意。

2.4.3　居民参与需加强，低碳社区可持续

"低碳社区的建设非一朝一夕之事，需要付诸长效努力，而不能'三天打鱼两天晒网'。"

除了前期建设居民的合作，后期的更新维护与持续落实更为重要，而这些工作都需要居民的配合与执行落实，否则，低碳社区建设只能沦为"一纸空谈"。

在一次团队针对社区居民的问卷调查中，居民对当下社会环境的认知进行打分。居民认同度最高的是"国家积极开展低碳社区试点建设"，这说明了政府在建立低碳社区方面的积极引领受到了居民们的认可。

相比之下，"社会的生态环境良好"与"大家关心、积极参与公共事务"这两项得分较低，这说明了目前我们社会的生态环境状况仍需改良，以及社区居民积极关心和参与公共事务的良好氛围尚未建立。因此，社区居民仍需加强

---

① 粤语方言词汇，指"好办法"。
② 粤语方言词汇，指"家里"。
③ 粤语方词汇言，指"性价比高的好东西"。

参与，与其他主体齐心打造"共建共治共享"的绿色低碳社区共同体。

3 下篇：政策试点多方参与，协同共治焕发生机

3.1 多元主体齐参与，社区模式可持续

3.1.1 政府引领推试点，企业联动担责任

福兴村被选为省低碳社区低碳建设示范点，获得省、市、镇政府的大力支持，政府在供给资源上给予了诸如财政优惠、土地供给、行政审批等政策支持与专项基金、预算拨付等资金支持，从顶层设计上为低碳社区的建设注入源源动力，有力地推进了试点工作。

在建设福兴村近低碳社区的过程中，低碳发展中心联合多家绿色发展企业，为社区建设电动汽车充电桩、普及太阳能光伏电板等一系列举措提供了有力的技术支持与资金帮扶。中心拥有内部采购系统，以项目合作的方式进行采购。

谭女士介绍："中心主要是以项目合作的形式，没有说一个专门的协议。就比如说因为他们主要是提供这个光伏设备跟光伏安装，然后我们就以这个采购的形式，就在我们的支持范围以内，采购他们去帮我们推广这个家庭光伏的安装。"

某新能源有限公司就是中心的合作伙伴之一，主要提供光伏系列产品，该公司项目经理伍先生说道："好像这个表上面，我们可以直接看到村民的总发电量，也可以看到他卖电的数量，我们将总发电量减去卖电数量，我们可以知道村民用了多少电。"

3.1.2 居委兜底做保障，推进政策落实处

在福兴村低碳社区的建设过程中，仅靠政府政策鼓励与中心引领还不足以将低碳行动落实到最基层的每家每户，必须有社区居委会在其中承担"润滑剂"和切实推动的角色。

谭女士这样形容刚开始建设低碳社区时的情况，"当时社区居委会的主任组建了一个小组专门对接我们这个项目。这个团队里就包含了一群相对年轻和积极的居委会工作人员，还有福兴村的村长们。因为考虑到福兴村这个地方还是比较讲究村里的亲缘关系和邻里关系，开展这种基层项目很需要这种在当地了解情况且有地位的人物参加，项目推进才会更顺利。"

在福兴村低碳社区建设的前期，居委会积极配合、提供资源、开展工作，帮助低碳发展中心宣传与推广低碳意识、普及低碳生活概念、助力低碳生活体系构建与运行，起到了举足轻重的作用。

3.1.3 居民参与促合作，共建共治共获益

在各方努力下，该社区居民的低碳意识得到了显著提升，积极配合该项目建设，部分居民甚至成为"卖'碳'翁"，即通过出售节约下来的能源（比如电能）来获取收入，进一步提高了居民参与的积极性。

"像天气比较热，温度高的情况，白天可以发电约24度。"在低碳中心开始实施项目前，村民麦先生说，白天发电量如果抵扣当天用电量还有富余，那么并入电网后就可以产生效益。

在这些年的低碳实践中，低碳发展中心的工作人员发现，只有提高居民低碳生活意识与参与低碳生活的积极性，实现"全民参与"，才能减少沟通成本，更快推进低碳试点工作的进行。

2019年，低碳发展中心在村中安装太阳能路灯、太阳能驱蚊装置、升级免费太阳能充电桩等，让低碳红利惠及所有居民，也有效地调动了居民的积极性。

3.2 建成设施效果佳，低碳发展点滴行

3.2.1 垃圾分类：垃圾回收好处多，积分累积换零钱

走进福兴村，可以看到几处明显的低碳社区设施，其中一个绿色的智能垃圾回收机是该项目进行垃圾分类的主要设施。在这里，不同的垃圾对应不同的积分，回收机的侧面有一张一一对应的积分兑换表。其每周有固定的开放时间，现场有志愿者帮助进行垃圾分类。

该系统将可回收物分为12类，分别对应不同的市场价格。居民按类将垃圾投放入机器后，即可获得收益"呐吉币"，可在平台提现或购买商品。截至今年8月底，合计回收可回收物达9.6吨，社区居民平台注册率达70%。该设备自使用以来，村民生活垃圾分类的参与率与准确率都得到了较大提升。

3.2.2 社区农园：荒地开垦免费领，种植收获归自身

把目光投向一片郁郁葱葱的园林，这里是社区农园。原本这片闲置的空地，是社区居民经常堆放垃圾的卫生盲点。通过跟居民反复沟通、征求意见，后来开垦成一片约1200平方米的社区农园，分为32块区域，交由村民认领。村民可以免费种植，并将收益收归自身，但要承诺"不使用化肥"，同时将自家的厨余垃圾放入农园的堆肥装置，以响应低碳生活的号召。同时，社区农园定期开展有机种植课程、家居绿色种植活动等，引导居民进行有机种植。

3.2.3 光伏发电：家用光伏用处大，保证自用创收佳

作为推广"光伏家庭"的重点项目，福兴村的光伏发电为降低能耗贡献了

一份可观的力量。该村推广光伏发电比较具有可行性，每户住宅大都为独栋式，屋顶、阳台上都具有广阔面积以安装光伏充电板。光伏发电系统产生的电量除自己使用外，还可出售给电网创收。同时，家用光伏发电系统的安装成本不断下降，进一步推动了光伏发电设施的推广。村民程女士提道："自从安装了太阳能光伏发电板，家里每月节省用电约 150 度。不仅省电费，也环保。"

3.3 低碳建设显成效，协同效果连称道

3.3.1 入选低碳典型例，多元主体激活力

在 X 低碳发展促进中心的统筹下，福兴村项目得到了长足发展。2021 年 9 月，"广东省近零碳排放社区——Z 市 X 镇北区社区福兴村"案例入选生态环境部评选的"2021 年绿色低碳典型案例"中十个社区案例之一。

始建以来，福兴村以建设社区农园、低碳驿站、光伏家庭等方式，建立了较完善的环境管理体系和公众参与机制，将衣食住行"减碳"行为融入居民生活，打造出成功且富有活力的近零碳社区。其最显著的优点是在减碳和增汇两举并进的同时，十分重视对居民参与低碳行动的动员，实现了政府、社会组织、企业、社区居民等多元主体的协同共治，有效激发了福兴村的零碳社区建设的基层活力。

3.3.2 数据记录显积累，有望推广助双碳

据统计，截至 2021 年 8 月，自运行以来，智能垃圾回收机的月垃圾平均投放量将近 400 公斤，村子内的电动汽车充电站合计充电约 1500 次，充电量超过 2 万度。小区及公共区域累计安装了 28 户光伏发电设施，总装机容量达到 148.06 千瓦，减少二氧化碳超过 90 吨。其中，低碳驿站附近区域已经完全实现零碳排放。

在推动近零碳排放实践的过程中，福兴村也在逐渐实现蜕变：公共区域的公共建筑建立太阳能光伏发电系统、太阳能充电站、1800 平方米的低碳科普园地；村中安装太阳能路灯；大门口曾经荒芜的土地，被规划成了"社区菜园"，居民认领后，用厨余堆肥，收集雨水浇灌，探索绿色种植；居民自家的屋顶上安装了越来越多的太阳能光伏板，不仅自用，多余的电还可以上电网卖；在全省率先引进精细化分类的智能垃圾回收机，可处理 12 类垃圾，垃圾分类放进投放箱后，还可根据垃圾种类和总量算出价格，让居民有看得见的收益。

而随着各类减碳宣传活动的开展与相关设备的投入，该社区居民积极参与社区建设，形成了碳排放量下降、低碳技术得以广泛应用的近零碳排放社区示范点。同时，作为一种综合性社区，福兴村的家庭结构较为多样，在珠三角地

区具有典型性，有望进一步推广到不同地区，助力实现双碳目标。

3.3.3 宣传推广样式多，低碳意识心中存

低碳教育作为学生科普教育中的重要一环，中心通过对低碳知识的宣传普及、及气候变化、低碳生活的体验活动，帮助学生从小树立低碳意识，培养低碳生活行为，关注气候变化带来的影响并学会保护生活环境。

自项目开始以来，中心举办了联丰小学科技节、"DIY 植物小盆栽·画出心中绿家园"活动、"低碳社区，绿色餐桌"的有机蔬菜烹饪比赛等活动，鼓励更多的居民参与社区农园、绿色屋顶建设，提高居民对有机种植、餐厨余堆肥的认识，推动低碳进校园，绿色绕社区的目标建设，进一步推进低碳社区示范项目进程，倡导居民践行绿色低碳生活方式。

此外，中心牵头建设了包含"应用气候变化""低碳生活如何做"等主题教育板块的科普教育基地。将低碳理念融入居民心里，让低碳行为贯彻居民的日常活动，构建了一种居民乐在其中、效益良好、可持续发展的低碳社区建设模式。

4 后记：经验之道如何广道，福兴小村何以长兴

4.1 全国典型示范区，治理经验何以广

福兴村绿色低碳发展的成功经验有诸多可圈可点之处。

几年来，福兴村以低碳促进中心为核心，建立健全"令行禁止、有呼必应"政策试点引领基层共建共治共享社会治理格局，实施全周期、全链条、全领域管理，推动福兴村实现由乱到治，再到全国绿色低碳示范社区的蝶变……

Z 市发改局陈主任表示：

"低碳需要人人参与，从小事做起。如果每位市民少用一度电、一升油，全市就能减碳约一万吨。"

Z 市已申报全省首批碳普惠制试点，计划把居民光伏发电、公交出行、垃圾分类回收等，以及小微企业清洁能源利用、能效提升等低碳行为，纳入试点领域。

X 镇低碳发展促进中心成功将福兴村申报为省首批低碳试点社区，从光伏屋顶、绿色出行、宣传引导等方面切入，探索一条特色低碳社区建设路子。

看到福兴村的示范成果，中心工作人员谭女士说道：

"Z 市低碳工作特色鲜明，成效显著，一直走在全省前列。种种翻天覆地的变化，映照着福兴村是推进城市治理体系和治理能力现代化的先行样本。未来

隔壁镇它也会推广建设一些低碳社区，也是碳中和示范社区，福兴村低碳社区的升级版。我们中心就是把 X 的工作经验带过去，协助他们进行这个碳中和试点的建设。"

福兴村的经验做法确实具有可推广性，其背后更值得我们深思的是社区协同共治这种模式所带来的巨大能量。

一方面，在制度、环境、资源、行为规范等要素的基础上，福兴村通过民主协商、科技支撑和法律保障等治理工具实现多元主体的信任关系和价值引领，嵌入责任和权利，绘制社会治理共同体网络。

另一方面，通过充分发挥各主体的作用，建立起党建引领、政府负责、社会组织协同、企业支持和公众参与的运行机制，重构不同主体的功能定位，转变基层社区治理的逻辑架构，实现社会支持、社会协同、社会监督与社会动员的有机结合，营造"一核多元"的基层社区治理态势。

4.2 绿色低碳试点区，共治模式何以长

盛夏的傍晚，夕阳的余温还未完全退去，远处的山在晚霞的映衬下泛出微微红晕，偶有一丝晚风吹过，带来公园里的阵阵花香……

村民刘大爷慵懒地躺在竹制长椅上，虽微眯着眼睛，眼神中透露出明亮的光，他内心想道：

"试点、试点，先试先行，可行到哪里还得再试，不知道这种美好的光景还能持续多久？以后试点项目结束了我们村该怎么办，这里的低碳发展、绿意盎然还能不能持续呢？"

想着想着，刘大爷的眼神又不禁暗了下去，陷入了沉思……

通过 Z 市人力资金大力投入的福兴村，得以获得多方资源集中力量进行整治和治理，但福兴村的未来是否可以有效持续运转，尚且留下一个问号。

福兴村能否一直保持"福兴"？试点工程能否一直持续？福兴村的成功经验是否能够有效地在全国推广开来？如果没有试点工程，是否还能出现另外一个"福兴村"？究竟该如何增强基层治理的可持续性，真正提升基层治理水平，推进基层治理体系和能力现代化……

这些问题，可能不仅仅是刘大爷在思考着的问题，更应该是 Z 市委书记乃至全国基层社区治理的每一位主政官员需要去思考的。而这些问题，也都需要经过时间和实践的进一步检验考量，需要不断地去思考探究。

二、思考题

1. 低碳社区的发展已取得一定成效，但如何增强发展的可持续性，低碳社区的未来将走向哪里？如果你是中心的谭女士，你会选择怎么做？

2. 什么是"多元主体协同共治"？可以从哪些维度对该概念进行分析解释？

3. 如何梳理当前学术界在多元主体协同共治方面的理论贡献？协同治理、行动者网络等理论对案例分析有哪些理论支撑？这些理论的适用性如何？

4. 结合所学知识，如果从"主体—工具—价值"的分析框架来看，低碳社区的建设涉及了哪些主体和资源？如何分析社区低碳建设的内在逻辑？该如何从理论层面对多元主体协同共治进行新的诠释？

5. 通过阅读案例，你可以提取哪些多元主体通过协同共治来解决问题的经验启示？这些经验对于推广社区低碳建设和基层社区治理有何作用？

三、理论分析

1　案例回顾与问题提出

案例以广东省Z市X镇自工业化以来日渐严重的环境污染为切入口，描述了一个人口倒挂的社区——福兴村在党建引领、政府政策指导、低碳发展促进中心主力推进、居委会配合、企业助力与居民参与的新时代基层多元主体协同共治行动模式下，成功打造近零碳示范社区的发展历程，体现了共建共治共享的低碳社区建设模式在当代基层治理中的可行性与优越性，同时也呈现了多元主体参与治理低碳社区过程中的困境与探索。

随着低碳绿色成为发展潮流，低碳城市的建设成为热点议题。居住社区的碳排放作为城市碳排放的最基本单位，而目前我国对于近零碳社区建设的研究尚处于起步阶段，由此着手对低碳社区的建设进行研究，对降低城市总体碳排放量与我国开展碳达峰全民行动具有重要意义。

已有研究中社区治理理论研究视角存在西化的现象，缺少结合我国国情的成熟全面的理论依据；缺乏针对低碳社区与基层治理两者间互动模式的实践研究；对于低碳社区试点的研究多集中于城市新建社区试点研究，缺乏对城市既有社区试点的深度研究；同时已有研究更多的是对概念进行抽象层面地阐释，缺乏对现实的直接回应，有待立足实践从整体层面上建立现实中基层社区共同治理美丽环境的关键路径。

在低碳社区的建设过程中，仅靠政府引导和政策要求是行不通的，因此，能否将低碳社区的建设从自上而下的指挥转变成自下而上的富有活力的民众自发性行为对于低碳社区建设能否成功十分关键，而在其中，基层社区的治理水平至关重要。福兴村是如何在短短 8 年时间内整合起大量社会资源、盘活基层社区治理活力，成功打造近零碳示范社区的？这将为我们带来怎样的新时代基层社区绿色低碳发展的现实路径参考？这一过程的内在机制又该如何理解？为此，本团队结合福兴村的低碳试点实践，从协同治理的角度进行切入，研究福兴村共建共治共享发展模式下低碳社区的建设成果，试图总结多元主体在打造近零碳社区的过程中实现协同共治的实践经验，分析社区协同共治引领近零碳排放社区建设的形成逻辑，为基层社区绿色低碳发展奠定实践基础和提供建设性政策建议。

2 理论基础与分析框架

2.1 理论基础

2.1.1 空间生产理论及其适用性

空间政治学诞生于 20 世纪 70 年代西方国家资本主义生产方式变革的社会背景中，其核心是对空间资本化的深刻批判与反思。随着城市化、全球化的快速推进，西方国家城市内部空间矛盾与冲突层出不穷，空间商品化、空间剥夺、空间隔离、贫民窟等城市危机不断蔓延，弱势群体的空间居住权利、普通公众的公共空间使用权等受到严重挤压和剥夺，城市空间矛盾日益突出，形成了空间政治学的诞生温床。在我国，自改革开放后一系列空间生产实践与经济社会发展方式转型同频共振，随之而生的城市空间治理困境也是我国面临的发展难题，由此构成了空间政治学引入我国的社会基础。

空间生产理论属于空间政治学发展的元理论，也是空间政治学的核心研究对象，强调空间的本体性。这一理论着重回答"空间为什么能以及如何进行生产"的根本问题，诸多学者主张空间相对于土地、劳动力等生产要素，日益成为一种特殊而重要的生产要素和统治工具，能够生产新的价值和社会关系，并由此进行社会生产。具体可表现为：一是空间作为生产资料参与生产过程并被赋予商品属性，能够进行生产力的生产；二是空间以土地所有制等形式呈现，能够进行新的生产关系和社会关系的生产；三是空间可以是消费空间的生产，为市场经济的发展提供流动空间；四是空间可以作为反抗的工具进行政治空间的生产，是公众进行民意表达的渠道；五是空间还可以是空间观念的生产，能为城市各主体的生产活动提供思辨空间。

而在空间政治学视域下的"空间"并非简单空洞的物质实体，而是被社会建构和生产出来的，是社会生产实践的产物。有学者认为权力、阶级和资本等政治经济要素是城市空间生产的主导力量，并以此建构出"制度结构—社会行动—资本流动"三种机制与空间互动互构的理论框架。也有学者提出权力、资本以及生活逻辑是我国城市空间生产的主导逻辑。总体看来，权力、资本是空间生产的主导力量，这是国内外学者的共识。而在国内近年来的研究中，"阶级""社会行动""生活逻辑"等各种不同表述的实质内涵被普遍归纳为"权利"。而国外主流文献普遍缺席的"技术"要素近年来也开始受到国内部分学者的重视。综而述之，权力、资本、权利及技术四个要素构成的现代空间生产具有不同的实现机制、目标导向，生产出来的空间形态也不尽一致。

Lucie Middlemiss 等人提出低碳社区的建设内容应包括：技能性、组织性、制度性以及文化性四种要素，本研究所探讨的低碳社区建设，实质上是城市空间的再生产过程，是将已有的空间资源经过不同逻辑机制，再造为绿色、宜居、乐业的城市空间资源，能最大程度上激活城市发展潜力，实现城市社区的可持续发展。福兴村的低碳实践经历体现了多种建设逻辑与机制，涉及政府、企业、社会组织和公众等多元主体以及众多影响因素，其建设过程亦反映出不同空间逻辑面临的冲突与协调。综上所述，以空间生产理论作为研究基础，能为理解城市生态环境建设过程中各个环节和空间属性之间的协同关系提供思考锚点。可以认为，采用空间生产理论与本研究的分析问题与研究思路较为匹配。

2.1.2　行动者网络理论及其适用性

"行动者网络"（ANT）由法国社会学家拉图尔（B. Latour）、卡隆（M. Callon）、劳（J. Law）等人共同提出，旨在全方位考察理想社会网络模式成功建构的成因。行动者网络主要由行动者（Actor）、异质性网络（Heterogeneous Network）和转译（Translation）三个部分组成，转译为其理论联结的核心，包括问题呈现（Problematization）、利益赋予（Profit Sharing）、征召（Enrollment）、动员（Mobilization）和异议（Dissidence）5 个基本环节（谢元等，2018）。该理论并非行动者的简单组合，而是一种在异质性网络中克服"异议"，重新界定不同行动者的角色、利益、功能使各行动者的利益不断平衡而产生共鸣，形成联盟的动态过程。其中，"强制通行点"（Obligatory Passage Point，OPP）是一种平衡各主体利益的阶段性共识目标，它直接关系着利益网络联盟的顺利构建（吴莹等，2008）。

在本案例中，福兴村的绿色低碳试点项目围绕政府、社会组织、企业和公众等多元行动者的交互关系展开，过程涵盖项目资金的筹集和投入、基础设施的规划和建设、规则制度的设计与宣传、社区居民的领导与动员、治理成果的验收与评估等多个环节，涉及众多人类与非人类行动者的利益协调与平衡过程。因此，行动者网络理论的适用有利于更加深刻地理解绿色低碳试点项目推行中各行动主体的利益诉求与关系互动（赵强，2011），具体分析不同利益相关方的行为动机及利益诉求。探究如何有效协调不同利益相关方的诉求与构建有效的集体认同，关系着行动者网络的顺利联结，进而构建系统且全面的分析框架与调适模型。综上，从福兴村低碳试点工程的整体运行过程来看，社会环境治理问题的解决符合行动者网络的基本特征。

2.1.3 协同治理理论及其适用性

20世纪80年代，随着社会公共事务日益复杂化、动态化和多元化，部分学者开始反思传统的"线性治理"模式，并在实践中探索跨部门协同的管理模式，协同治理理论应运而生。该理论是协同理论和治理理论的深度耦合，指围绕社会公共问题治理目标，利益相关者为了实现共同愿景，通过互动、协商、合作、确立认同等方式治理公共事务的过程，强调系统从无序到有序时的共同特征，形成多主体"协同"和"共治"的协同治理成效（田培杰，2002）。在协同治理理论谱系中，SFIC是一个相对具有代表性的理论模型，它是由加州大学伯克利分校的学者Ansell和Gash（2008）在调查分析了137个协同治理案例的基础上构建的协同治理分析模型，并确定了影响协同治理效果的四个关键要素：初始条件（S），设定了社会资本和信任程度的初始值，是促进利益相关者参与协同治理的关键动因；促进型领导（F），在协同过程中发挥推动和调节作用；制度设计（I），设定了各主体间协作的基本行动准则，既考虑政府法律法规制度是否完善，立法过程是否公正透明，也考虑协同过程规则的明确性和参与广泛性；协同过程（C），若干要素间呈现出非线性闭环特征，在协同治理中起着核心作用。

在本案例中，福兴村生态环境的治理活动既不是一般意义上的合作，也不是简单的协调，而是合作与协调在一定程度上的延伸，是比合作与协调更高层次的集体行动（姬兆亮等，2013），突出了协同治理的适用性。目前在生态环境和区域合作领域是协同治理理论研究的重要方向，而零碳社区建设仍处于实践探索阶段，"多主体如何协同"和"多主体如何共治"仍是多方需要共同解决的问题。在低碳试点项目建设过程中，涉及政府、企业、社会组织和公众等多元主体以及众多影响因素，与基层社区的协同治理实践需求较为契合。上述内容说明，以处理好治理主体间的相互信任和沟通协调，是基层社区治理水平提升的关键与核心要素，深刻体现出社区生态环境建设过程中各个环节和主体之间的协同关系，为我们理解科层组织间的上下互动和各个主体间的横向互动提供了思考锚点。因此，采用协同治理理论与我们的案例分析问题较为匹配。

2.2　分析框架：一个"主体—工具—价值"的治理模型

随着我国社会资本的重构和发育，社会治理正从传统的政府监管转向协同治理。中共十九届四中全会提出"建设人人有责、人人尽责、人人享有的社会治理共同体"。构建基层社区多元主体协同共治属于政策话语体系的重要范畴，具有重要的理论价值与实践意义。在基层社区协同治理行动的构建过程中，多元行动者的责任界定构建了共同体的运行框架，并通过外部制度、资源、技术、法律等工具支撑（刘琼莲，2013），打破传统科层制的壁垒与纵向层级限制的藩篱，重塑不同主体间的关系，形成具有异质性多元主体间的关联网络。而责任与权利的嵌入，客观上要求多元行动主体共担治理职责、共享治理成果。因此，分析部分基于协同治理理论、行动者网络理论和嵌入理论，构建了"主体—工具—价值"分析框架，阐释在追求"人人有责、人人尽责、人人享有"的价值理念过程中呈现出的社区协同共治现实图景。

具体而言，在本案例中，福兴村治理场域中的社区多元行动主体如果要达成"人人有责、人人尽责、人人享有"的治理目标，必须在制度、环境、资源、行为规范等要素的基础上，通过民主协商、科技支撑和法律保障等治理工具实现多元主体的信任关系和价值引领，嵌入责任和权利，绘制社会治理共同体网络，充分发挥各主体的作用，建立起党建引领、政府负责、社会组织协同、企业支持和公众参与的运行机制，重构不同主体的功能定位，转变基层社区治理的逻辑架构，实现社会支持、社会协同、社会监督与社会动员的有机结合，营造"一核多元"的基层社区治理态势（徐艳红等，2018）。结合当前社会治理的价值范式，以人民为中心始终是基层社区治理工作的出发点和立足点，基层社区协同共治模式的建构同样是践行"为了人民""依靠人民""人民共享"这一公共性目标（文宏、林仁镇，2022）。概言之，基层社区多元主体协同共治的构建需要在行动者网络的基础上嵌入责任和权利，实现治理主体、治理手段和治理目标的有机融合。接下来，我们将在该分析框架下，结合福兴村的低碳试点工程调研案例，从不同维度揭示多元主体协同共治的模式机制。

3 案例选择与案例介绍

3.1 研究方法

本研究采用单案例研究法和深度访谈法，并结合文献分析、实地调研、问卷调查与数据分析等多个社会调查方法，充分展示了福兴村共建共治共享的低碳社区建设经验。个案研究是当前实证类研究的主流研究方法，它能够通过微观细致的事件过程分析，来揭示不同社会要素之间的联系与机制，甚至反映某种制度环境或社会整体性的变迁（渠敬东，2019）。本研究的资料来源主要来自团队多次前往福兴村进行实地调研的实践历程，以及在此期间与福兴村低碳社区建设相关人员的多次访谈，通过线下线上多次访谈获取了第一手调研资料。同时，关于福兴村低碳社区建设成果的多个事实报道为本团队提供了大量的图文材料。依托实地调研获取的第一手访谈材料、会议纪要、正式文件，以及相关网络报道等资料，满足了单案例研究所需的翔实性要求，能够对多元主体共同参与、共建共治共享低碳社区的发展模式产生清晰的认识，并对其展开深入的分析论证。

3.2 案例选择

选择福兴村作为考察案例，具体研究基层社区如何实现绿色低碳建设，主要原因在于以下三个方面：

3.2.1 福兴村的低碳工程契合国家大政方针与时代背景

面对全球气候变化，亟需世界各国协同降低或控制二氧化碳排放。自 2003 年以来，我国即采取了一系列应对气候变化的工作，其中就包括开展低碳省区、低碳城市、低碳园区、低碳社区、低碳商业、低碳产品 6 类试点示范项目，而低碳社区是此 6 类试点示范项目中非常重要的一项。2014 年国家发改委发布了《关于开展低碳社区试点工作的通知》，明确提出"全国开展的低碳社区试点争取达到 1000 个左右，择优建设一批国家级低碳示范社区"。

3.2.2 福兴村的治理是一个典型的城市基层社会治理问题

Z 市 X 镇位于珠江三角洲中部的城乡接合地带，是粤港澳大湾区的重要交通支点，外来人口远超于本地人口，是典型的"人口倒挂"地区。尤其在 Z 市城镇化的迅速推进的背景下，使得福兴村由一个传统的农村，"空降"为兼具城市和农村特征的"城中村"，各种社会矛盾和利益冲突集聚在社区内部，治理结构非常复杂，社区秩序比较混乱，整治难度很大。福兴村可以说是传统农村在城镇化过程中的一个缩影。20 世纪 90 年代末，X 镇进行建华花园开发，原来居住于此的本地居民，便安置到旁边到福兴村内。该村落内的别墅，由开发商统一修建，于是整条村外观上如城市小区一般整齐划一。但和城市小区不同的是，这里没有物业、没有围墙，600 多户常住人口仍然按照原有的方式生活。

3.2.3　福兴村的治理实践非常具有示范性与代表性

X 镇创新绿色发展新路径，以典型的农村与社区的结合体的福兴村为试点，打造近零碳排放乡村样板。X 镇低碳发展促进中心从 2014 年底开始，通过整合政府、居委会、企业、居民等多方面资源，结合当地的特色低碳设施，推进了低碳驿站、垃圾分类、社区农园、光伏发电、新能源汽车充电站、厨余堆肥、雨水回收等一系列低碳设施在福兴村的落地与完善使用，建立了较为完善的公众参与机制与环境管理体系，形成了政府引领、企业联动、居民参与、素质培育、居委会兜底的"共建共治共享"的低碳社区建设模式，使福兴村在短短 8 年内实现了近零碳排放。

4　治理模型建构："多元共治"推进社区低碳建设的内在逻辑

从"主体—工具—价值"的框架视角来看，X 镇福兴村打造近零碳排放社区试点项目中的主体涉及政府部门、社会组织、企业和社区居民等多元行动者，行动过程体现了协同治理的运行模式以及协同过程中各环节、工具和主体之间的协同关系，与姜秀敏、李月（2021）在 SFIC 协同治理理论框架基础上结合"一核多元"理论引入外部环境（E）调适构建的"SFICE"框架相匹配，对于多元"共治"到底如何实现基层社区绿色低碳发展的问题具有重要参考价值。

通过实践调研与理论升维，本文初步勾勒出"人人有责、人人尽责、人人享有"理念嵌入下福兴村近零碳排放社区试点项目建设的协同共治行动轮廓。以下具体结合多元主体协同共治引领福兴村近零碳排放社区试点项目建设的实践经验，在"主体—工具—价值"的框架逻辑基础上，从外部环境、起始动因、制度设计、协同行动和协同效果五个重要维度聚焦论述"多元共治"引领绿色低碳社区建设的生成逻辑，以期为推进新时代基层社区绿色低碳发展贡献理论势能。

4.1　共识框定：异质性多元主体的利益驱动

在外部环境的驱动下，异质性多元主体的利益差异或冲突是否容易调和，以及资源依赖程度和最初的信任程度如何，对各主体达成共识具有重要影响。

在福兴村的低碳建设案例中，低碳中心在双碳战略与政策试点的外部环境支撑下组织成立，基于多元主体的实际需要开展协同合作，多元主体利益诉求以及资源依赖程度的识别可以为共治创造参与动机，并最终促成协同共识的框定。

4.1.1 外部环境：双碳战略与政策试点的巨大优势

任何组织间的协同行动都会受到外部环境的制约或影响。组织所处的外部环境包括政治、经济、社会文化、科技、军事外交等因素，基于中国特色社会主义制度的国情背景，影响我国绿色低碳发展的主要环境因素是政治和社会文化环境，即国家的政策导向。在我国，双碳战略与高质量发展的要求是影响绿色低碳转型最重要的外部环境因素。碳达峰、碳中和战略事关中华民族永续发展和人类命运共同体的构建，为中国绿色发展开启了新篇章，具有重大深远意义。"双碳"战略是党中央经过深思熟虑作出的重大决策，需要全国上下共同努力。自党中央提出"双碳"战略目标以来，建设绿色低碳社区作为一种内生发展机制，为地方政府指明了绩效导向，为"双碳"战略目标的实现提供重要抓手。我国政府对绿色GDP的日益重视也促使地方干部在追求经济发展的同时，尤为强调生态文明建设。政策试点是中国特色的政策制定方式，也是中国国家治理的常态性工具（Heilmann，2008）。"Z市是国家第三批低碳试点城市之一，试点就促使地方干部把将绿色低碳建设作为优先考量的治理目标，做好这个低碳社区试点项目的积极性也随之提高。同时福兴村也在2017年底入选了广东省发展和改革委员会确定的四个全省首批近零碳排放区示范工程试点项目。"（访谈记录：20220816ZX06）政策试点环境为地方干部指明了行政目标，同时提供了充足的行政资源和财政支持，充分调动了地方干部的积极性。2010年，广东省成为全国首批低碳试点省，陆续开展了碳排放权交易、低碳城镇、低碳园区、低碳社区、碳普惠制、低碳产品认证等试点示范工作，为实施近零碳社区示范工程奠定了良好的工作基础。

4.1.2 起始动因：利益诉求与资源依赖的内驱动力

协同治理涉及多个主体，包括政府、社会组织、企业和居民等。由于参与协同方之间存在迥异的行为动机，协同各方拥有的资源与素养也不同，导致资源和权力方面的不平等，也构成了协同治理各方合作的内在激励和约束机制。因此，有效识别和分析多元主体的利益差异或冲突是否容易调和以及资源依赖程度，有利于创造参与动机，并最终促成协同合作。

其一是政府部门的利益诉求与资源供给。作为一个具体单位，政府部门有自己小团体的利益（周国雄，2007）。公共选择理论坚持政治领域的人性"自利"假定，认为任何社会个体都是以自身利益最大化作为其行为选择的根本驱动力，无论从政府组织整体的角度，还是从公职人员个体的角度，都是具有行为理性的"经济人"。这里的自身利益既包括物质利益，也包括精神利益；既包括狭义的个人利益，也包括个人所归属的组织利益；既包括对利益的追逐，也包括对危险的规避。在压力型体制下，政府要践履上级政府的行政意志，贯彻顶层设计理念（李景鹏，1996），完成上级给出的打造近零碳排放社区试点项目的任务。与此同时，政府作为理性经济人具有自利倾向，近零碳排放社区试点项目的成功无疑会为政府绩效考核画上浓墨重彩的一笔。政府公职人员的责任担当意识与服务意识也成为他们落实近零碳排放社区建设工作的重要动力。因此，基于相应利益诉求，政府及其公职人员会尽一切所能统筹调配资源以执行政策。另一方面，政府作为社会资源最强有力的调控组织，在资源供给上起到了极为重要的作用。诸如财政优惠、税务减免、土地供给、行政审批等政策支持与专项基金、预算拨付等资金支持，都是试点工作有序推进的重要动力。

其二是社会组织的利益诉求与资源供给。社会组织作为重要的治理主体，在公共服务、社会建设和公民培养方面对于社会治理有重要的意义，在培育社区社会资本、提供社区公共服务、促进社区公民参与、培育社区文化等方面发挥着重要作用。社会组织是社会系统不可或缺的组成部分，不以盈利为创建目的，与谋求经济利润的企业、追求政治绩效的政府不同，社会组织更着重追求社会影响力，天然对社会治理参与有着高度的责任感与充分的积极性，驱使其参与到社会治理中（徐林等，2015）。福兴村依托低碳发展促进中心进行碳技术研发与技术成果的转化，促使当地环境治理效能得到有效提高，中心通过诸如保护生态环境、强化社会道德准则等行为取得良好绩效来扩大影响范围，提高组织与成员的社会声望，从而促使组织目标的顺利达成。诸多社会组织依托其社会性与协作性，在资源供给中往往不直接提供资源，而是通过整合多方供给的技术与资源进行投入和利用。这种作用机制在多元主体协同治理的大语境下往往起到"润滑剂"的作用，能有效形成治理协同力，使得各种资源能有效协调促进试点工作的进行。

其三是企业组织的利益诉求与资源供给。促使企业参与生态文明建设最为关键的因素是经济效益，在诸多行政支持与巨大的市场份额下，低碳经济有着极大的利润空间，为此企业愿意积极参与环境治理，自发生产、竞争以及提供相关绿色能源设备。Z市诸多企业为福兴村近零碳排放社区的打造提供光伏发电装置、太阳能路灯等设备装置，扎实低碳社区建设的物质基础。例如社区的新能源汽车充电站便由Z市某电子设备有限公司提供。此外，依托社会进行生产、竞争、盈利的企业也承担着社会责任。"新能源企业他们跟这个方向就对口。然后他们也想就是回馈一下社会，尽一下企业的责任，发挥他们企业责任感，所以他们也有参与到其中。"（访谈记录：20220816ZX09）依靠市场机制运转的企业，凭借其在社会生产中的独特地位，供给资源的方式往往是最有效率的。通过企业有效地为试点工作的进行提供设施设备支持，能为试点工作提供坚实的物质基础，从而促使试点工作快速实施、有效实施。

其四是社区居民的利益诉求与资源供给。居民是社区的主体，是推进社区建设、促进社区发展，增强社区治理效能最关键的主体，如果居民缺位，仅仅依靠政府和社区居委会的努力无法建设成绿色、开放、包容的现代城市社区。居民作为与环境质量关联程度最大的群体，环境治理的优劣直接关系到其切身生活环境与生活质量，其对环境治理有着天然的关切，以满足其对美好生活的期望（Kelly，1990）。社会认同理论认为，个人的群体认同程度与个人参与群体活动和行动有正相关关系（周亚越等，2019）。一个具有高度群体认同的人，更倾向于在群体间的冲突中卷入维护本群体利益的集体行动中，而低度群体认同者则致力于提高个人的身份。因此，社会认同心理也会给予社区居民参与低碳社区建设的动力。近零碳排放社区试点项目的实施得到了大多数居民的认可，原本立场动摇甚至不配合的人易产生从众趋向，从而有利于疏通障碍形成协同力。居民作为直接使用土地资源与直接占有人力资源的群体，任何公共工程都无法脱离居民开展。而低碳试点作为涉及全体居民利益，牵连全体居民关切的重大公共工程，居民天然具有供给资源的积极性，因此往往是试点工作进行的有力把手。

4.2 工具网络：促进型协同互动的支撑保障

合理的制度设计能够保障协同程序的正当性，为协同行动的展开的提供秩序规范以及公开透明程度，提前设置一个公平公开的规则，将有助于取得多元主体的理解和信任，从而推进协同进程。

4.2.1 制度设计：多元主体协同行动的规则保障

行政原则作为划定执行主体、职权划分、责任归属等诸多工作要点的组织设计，构建行之有效、权责明晰的行政原则是推动试点工作的组织基础，可以最大程度地促使试点工作有条不紊地推进。以 Z 市生态环境局项目"碳达峰背景下广东省光伏碳普惠推广"的招投标过程为例，其通过大数据、互联网、动态直播等数字化方式，实现了招标全程公开、全民监督、全社会参与。项目建设保障、资金使用、进度公示等情况及时明晰地公开，减少了居民对试点工作的心理反感，避免了不必要的纠纷和矛盾，提高了试点工作的执行效率。承担福兴村改建项目的低碳发展促进中心在进驻社区后，邀请社区居委会普通居民、政府部门工作人员、专业技术人员等代表性广泛的主体积极参与，面对面交流，积极通过开放空间、座谈会、动员会等多样化形式，及时告知居民项目推进情况，回应居民利益诉求，了解居民深层愿望，实现了全过程公开、全要素公示，不排斥任何利益主体进入，减少沟通成本，有效降低了低碳社区试点项目的阻力，充分提高了环境治理效能。

4.2.2 催化领导：多元主体协同治理的领导主力

催化领导是由起始动因和制度设计通向协同过程的连接桥梁，考验组织者和领导者的协同能力，协同的实现需要一个能够在多元主体之间穿梭协调、牵线联络的领导主力整合资源，打破多元主体的合作壁垒，协调各主体的利益，以利于协同过程的顺利推进与持续。在本案例中，低碳发展促进中心的进驻是推进 Z 市 X 镇近零碳排放社区试点项目的核心领导力量，在政府政策与专项资金的支持下承担 X 镇近零碳排放社区的设计、建设、运营和基础设施维护的大部分工作，通过对社区情况的考察了解，与当地居委会、居民达成共识，凝聚多元主体合力，争取场地资源，积极联络相关企业参与项目建设以获取相应能源设备，不断寻求利益相关方的桥梁。"我们与社区形成了一个很紧密的合作。因为做这种基层工作来说还是很需要社区的一个支持跟配合的。当时我们就跟社区的工作人员形成工作小组，他会帮我们去宣传推广。"（访谈记录：20220816ZX16）低碳促进中心整合能力、组织领导能力以及先进理念的引进对于推动近零碳排放社区试点项目的顺利实施起到了关键性作用，为协同创造了良好条件，为社区建设注入动力。

4.3 价值赋予：共享型价值重塑的成果实现

协同行动是多元主体实现双向互动、共享协同效果的核心和关键，是多元主体基于共识与资源依赖，为实现共同利益进行的良性互动，包括主体联结、建立信任、协商沟通、达成共识以及采取集体行动。经过前期的沟通与寻求利益共识，通过"共建共治共享"理念的价值赋予，在低碳发展促进中心的积极协调下，各利益主体展开集体协同行动。

4.3.1 协同行动：多元主体共同参与的行动模式

多元主体正式联结建立信任，进行双向互动，并实现对话达成共识，采取行动进行人力、信息、资金、技术等资源投入，最终实现协同过程的顺利进行。在福兴村近零碳排放社区建设过程中，低碳发展促进中心作为具有高度自治性的组织，在各主体的良性协调方面起到了关键作用。政府提供的政策与资金支持为其行动提供了足够扎实的物质基础，使得其能在绿色低碳社区建设中更好地发挥作用。中心在政府政策、资金支持下进驻福兴村，与社区形成了紧密合作，以社区居委会作为沟通居民的桥梁，促使居民参与到低碳社区建设当中。中心也与相关企业进行合作，获取相关能源设备支持，企业通过其市场化的运转模式，与中心进行了有效的协调互动，以符合市场效率的生产方式有效带动了绿色低碳产业的发展。政府为社区提供了体系化、常态化的治理服务，企业为社区治理的持续改良提供了技术支持，社会组织的进驻与协调更是社区治理效能提高的有力把手。而社区也在与政府、企业、社会组织的多方协调联动中，为其提供了人力、民意、土地、信息等诸多关键资源，有效地带动绿色低碳产业发展，促进绿色低碳社区建设，在协同治理中有效推动了试点项目的落实。

4.3.2 协同效果：多元主体共治社区的成果共享

经过多元主体的协同推进，X镇福兴村低碳改造的先行"实验"取得成功，其以减碳、增汇以及培育居民低碳生活意识三个方面为着力点，通过建立碳排放管理机制、配备可再生能源设备、推广垃圾分类源头减量、建立低碳科普展示基地、开展多种形式的低碳宣传活动及碳普惠核证自愿减排等六类模式，成功打造了近零碳排放示范社区，于2021年入选国家生态环境部应对气候变化司发布的2021年绿色低碳典型案例，同时被评为广东省近零碳排放示范社区和广东省绿色社区。目前，福兴村闲置土地低碳化改造达3000平方米，每年减排二氧化碳约100吨，智能垃圾回收机每月平均投放量近400公斤，每户减量15%，可回收物达到8.5吨，社区的可再生能源利用率达21.5%，比项目实施目标高1.5%，社区居民的生活水平和生活环境显著提升。此外，试点项目更是促进了Z市乡村低碳经济的发展，显著完善了Z市乡村低碳经济发展模式，使得其经济发展更具可持续性，点亮了"美丽城市"的地区名片。放眼全国，Z市低碳社区试点项目的成功打造了近零碳排放社区的优秀范本，为新时代基层社区绿色低碳发展树立了标杆和典范，对于实现我国经济可持续发展、健康化发展、高质量发展无疑起着极为重要的促进作用。

5 从利益纠葛到协同共治：基层社区环境治理的实践转向

5.1 完善顶层设计，推动低碳社区持续发展

5.1.1 强化组织领导，完善监督考核

一是坚持实事求是，基于当地经济发展水平，加快低碳发展新增长点的建

设与布局。积极明确政府等相关部门在近零碳排放社区中的职责，努力解决项目实施过程中与经济建设可能存在的矛盾与冲突。政府应定期对示范工程进行检查，推动各项任务全面落实；并加强与生态环境部气候司、省发改委等部门沟通协调，落实相关政策。二是严格遵守相关规定，在近零碳排放社区建设和审批的过程之中严格遵循国家方针、政策与相关法律法规要求，做到有法必依、执法必严、违法必究，最大限度保障制度体系建设的专业性与规范性，保证低碳社区建设方向的正确性与可持续性。三是构建有效的监督机制，明确负责人员的职责，通过加强监督考核来优化增效管理模式，防止出现"不作为、乱作为"的情况。市发改委、财委对政府补贴资金的使用全程监督，对工作不力或未按规定履行职责的，责令整改并追责，同时积极发挥新闻舆论的监督作用。

5.1.2　加大资金投入，拓展融资渠道

一是加快专项资金建设，要建成可持续发展的近零碳排放区，合理发展低碳经济必不可少。因此有必要加快专项资金的建设，将近零碳示范项目纳入财政资金优先支持范围，统筹利用国家低碳发展、绿色建筑、节能环保等专项资金，对于符合要求的近零碳排放区示范工程按规定予以支持。二是加快拓展投融资渠道，缓解政府财政压力，注重社会资金、民间资金和信贷资金的有效结合，提高相关主体在近零碳排放社区建设中的参与热情，充分发挥以多元化主体为依托的建设效能，促进政府与企业的合作，为公共服务提供与设施建设提供相应保障。政府可以增加与金融机构的合作，通过绿色金融等衍生工具来提供相应的信贷资金，改善当前的金融环境，充分发挥市场与政府的协同作用。三是提高资金使用效率，结合当前 X 镇福兴村近零碳排放社区的建设情况，制定相应的管理办法以及透明的监督机制，防止资金滥用等问题。政府可以成立工作小组对示范区的资金使用进行定期检查，咨询专家给予投资建议，做到专款专用，提高使用效率，增强近零碳排放社区的建设活力。

5.2　实施关键策略，筑牢低碳社区技术基础

5.2.1　引入碳汇交易，探索发展路径

一是完善能效检测机制，针对碳排查体系与碳排放制度评估机制的问题，应该积极建设能效监测平台，与第三方合作，详细核算社区家庭能源、个人公共交通的使用情况与相关碳排放量。采取政府与社区、企业合作的监测模式，政府强制性排查，社区、企业自查，即"自查+第三方盘查"相结合，对碳足迹和碳排放量有一个全面、细致的了解与把控，以便更好地采取进一步实现近零碳排放目标的措施。二是参与碳汇市场交易，积极推动建设碳普惠平台，发展

国家级 CCER 和省级 PHCER 项目，以低碳社区光伏发电为抓手，为用户提供额外创收，激励参与主体积极申报光伏等项目，盘活存余碳资源，将碳经济化（新碳经济、低碳经济、零碳经济和碳政治经济），探讨应对气候变化的策略，分析其"成本—收益"，推动一系列碳交易项目发展（Gibbs，2006）。三是完善保障措施，进一步完善可再生能源开发与利用政策，落实可再生能源优先上网机制，有效解决可再生能源的消纳问题。将近零碳排放区建设作为我国应对气候变化国际合作的重点内容，通过合作交流，逐步解决我国示范区建设面临的运营管理与资金技术等挑战。

5.2.2 借鉴成功模式，强化技术支撑

一是学习成功经验，低碳社区的发展不应闭门造车，借鉴其他地区的成功经验、引入先进技术是必要的。以垃圾分类为例，某集团曾中标 S 市西渡街道生活垃圾分类服务项目，为 S 市首个三年整体垃圾分类第三方服务项目。该项目根据街道实际情况紧扣"分类减量"主题，以"城区减量化、社区智能化"为总体目标，建立健全垃圾智能分类系统，扎实推进生活垃圾源头分类投放，助力全民推行垃圾分类，真正实现垃圾减量化、资源化、无害化，成为一个具有代表性的成功案例。低碳社区的建设可以有针对性地向成功案例学习，哪里有短板就补哪里，少走弯路，提高发展效率。

二是引入先进技术，在对成功案例进行经验分析后，低碳社区可以有选择地引入国内外先进技术与理念，提高发展效能。我们团队联系了某集团的赵女士并进行了访谈，获得了有关项目的技术资料。比如该公司的农村垃圾回收管理模式使用了"二级四分法"，即将垃圾通过保洁员进行二次分类，使效果更加精确；将家庭信息生成二维码，建立分类档案，进行溯源管理等。分类出来的"好卖的"垃圾由保洁员自行卖给回收商，提高了其工作的积极性。某集团还将"二级四分法"与"互联网+垃圾智能分类运营系统"相结合，形成了分类投放、分类收运、分类处理的完整链条，打造了城区、村镇全覆盖的垃圾分类"中航模式"。对福兴村项目来说，也可参考"中航模式"的"二级四分法"，提高保洁员的工作积极性，建立福兴村的分类档案，进一步利用互联网赋能福兴村的低碳设施，逐步打造垃圾分类的"福兴模式"。

三是组建专家库，地方政府和低碳社区可以加强与高校、研究机构、行业协会等智库机构的密切合作，组建近零碳排放技术专家库，运用大数据和云计算等技术，实现对各类信息的有效整合及汇总，通过数据分析及处理明确工程建设的现状及未来发展趋势。同时加大对零碳技术研发创新的支持力度，完善产学研体系建设，推动人员队伍建设，为低碳社区建设提供有力支撑。

5.3 完善协同机制，助力低碳社区行稳致远

5.3.1 凝聚多元主体，协同共创未来

一是协调多元主体利益，根据上文的"主体—工具—价值"理论框架逻辑，低碳社区的建设离不开多元主体全方位、多层次的资源供给以及合作配合，异质性多元主体存在不同的利益驱动与差异，其冲突是否容易调和，对各主体达成共识具有重要影响。以低碳发展促进中心为代表的社会组织是示范区建设的核心力量，其应继续发挥"润滑剂"的作用，在多主体之间穿线联络、协调统筹，凝聚多元主体力量，共助低碳社区发展。二是坚持以人民为中心，积极建立党建引领、政府负责、社会组织协同、企业支持和公众参与的运行机制，发挥各主体的主观能动性，坚持建设低碳社区的实践发展为了人民，围绕人民的根本利益开展活动，逐步实现治理主体、治理手段和治理目标的有机结合，推动实现"人人有责、人人尽责、人人享有"的治理目标。三是强化协同治理效能，低碳社区的建设是多元主体协同行动的结果，未来，低碳社区应继续保持参与主体的开放性、行政过程的公开性和基本原则的清晰化等特点，通过合理的制度设计为协同治理提供秩序规范及公开透明的合作空间，促进多元主体互相取得理解与信任。打造"多元主体协同行动"的合作框架，推动多元主体共担治理职责，共享治理成果，在实践中强化协同治理效能，共创低碳美好未来。

5.3.2 积极宣传推广，低碳未来明朗

一是拓展宣传与交流渠道，打造低碳发展公众教育宣传平台，深入开展多层次、多样化的宣传活动，如举办低碳主题系列展览、近零碳技术发展论坛、出版专业书籍等。举办城市间近零碳示范区研讨与交流会，如与广州、深圳等城市交流低碳发展经验。设置区域展馆介绍科普应对气候变化相关知识，展示国家重点推广的低碳技术，宣传近年来近零碳排放区绿色低碳发展成果。二是提高相关主体认识水平，针对各地在推动近零碳排放社区建设面临的常见问题及认识误区，要进一步加强宣传引导，推动地方政府和相关主体提高认识水平，将示范社区建设与当地经济社会发展结合起来，通过项目带动形成绿色低碳新增长点、新动能，实现控制减碳增汇与经济发展的双赢，为实现经济高质量发展提供有力支撑。三是推动近零碳产业化进程，以研讨交流会、主题展览会和技术发展论坛等活动为契机，实现各个企业、社会团体和个人的交流互动，针对近零碳排放区示范区建设中的问题进行探讨，以加快社区项目的建设步伐。邀请国内外著名低碳企业参展，提供合作交流平台，鼓励各企业在实践中应用低碳新技术，促进 Z 市绿色低碳产业发展。推动通过示范带动，形成可复制、

可推广的有效经验，不断培育并形成新的经济增长点，为我国应对气候变化中长期目标的完成提供有力的产业和经济支撑。

6 结束语

Z市福兴村的近零碳排放社区建设，是在全球可持续发展潮流下，在中国开启"双碳"时代后，Z市深入践行习近平生态文明思想，贯彻新发展理念的生动实践，诞生的一场波澜壮阔的绿色革命。福兴村始终坚持以人民为中心的发展思想，以居民最关心的环境问题为导向，凝聚共识、攻坚克难，推动X镇近零碳排放社区试点项目顺利落地，努力打造文明、有序、美观、和谐的人居环境。福兴村成功打造了近零碳排放社区的优秀范本，为新时代基层社区绿色低碳发展树立了标杆和典范，为经济可持续发展、高质量发展提供了现实路径。

本文尝试应用"主体—工具—价值"的框架视角，以Z市X镇福兴村近零碳排放社区为研究对象，探讨福兴自开展低碳改造的先行"实验"以来所建立的环境管理体系和公众参与机制，初步勾勒出"人人有责、人人尽责、人人享有"理念嵌入下福兴村近零碳排放社区试点项目建设的协同共治行动轮廓，尝试探讨多元主体协同共治引领福兴村近零碳排放社区试点项目建设的实践经验，聚焦论述"多元共治"引领绿色低碳社区建设的生成逻辑，赋予福兴村近零碳社区的建设经验以推广价值，持续激发新时代基层治理和绿色发展的澎湃活力，进一步释放社会工作的制度势能。

参考文献

［1］姜秀敏，李月．基于SFIC模型的产业扶贫助力乡村振兴的路径探析——以养殖产业脱贫为例［J］．大连海事大学学报（社会科学版），2021，20（06）：101—110.

［2］姬兆亮，戴永翔，胡伟．政府协同治理：中国区域协调发展协同治理的实现路径［J］．西北大学学报（哲学社会科学版），2013，43（02）：122—126.

［3］李景鹏．试论行政系统的权力配置和利益结构的调整［J］．政治学研究，1996（03）：54—57.

［4］刘琼莲．国家治理现代化进程中社会治理共同体的生成逻辑与运行机制［J］．改革，2020（11）：147—159.

［5］渠敬东．迈向社会全体的个案研究［J］．社会，2019，39（01）：1—36.

［6］田培杰．协同治理：理论研究框架与分析模型［D］．上海交通大

学，2013.

　　[7] 文宏，林仁镇．多元如何共治：新时代基层社会治理共同体构建的现实图景——基于东莞市横沥镇的考察 [J]．理论探讨，2022 (01)：62—69.

　　[8] 吴莹，卢雨霞，陈家建，王一鸽．跟随行动者重组社会——读拉图尔的《重组社会：行动者网络理论》[J]．社会学研究，2008 (02)：218—234.

　　[9] 谢元，张鸿雁．行动者网络理论视角下的乡村治理困境与路径研究——转译与公共性的生成 [J]．南京社会科学，2018 (03)：70—75.

　　[10] 徐林，许鹿，薛圣凡．殊途同归：异质资源禀赋下的社区社会组织发展路径 [J]．公共管理学报，2015，12 (04)：122—130+159.

　　[11] 徐艳红，伍小乐．大数据时代的社会协同治理框架再造——基于"主体—机制—目标"的分析 [J]．理论导刊，2018 (01)：41—47.

　　[12] 赵强．城市治理动力机制：行动者网络理论视角 [J]．行政论坛，2011，18 (01)：74—77.

　　[13] 周国雄．论公共政策执行中的地方政府利益 [J]．华东师范大学学报 (哲学社会科学版)，2007 (03)：90—94.

　　[14] 周亚越，吴凌芳．诉求激发公共性：居民参与社区治理的内在逻辑——基于 H 市老旧小区电梯加装案例的调查 [J]．浙江社会科学，2019 (09)：88—95+158.

　　[15] Crawford J．，French W．，A Low-carbon Future：spatial Planning's Role in Enhancing Technological Innovation in the Built Environment [J]．Energy Policy，2008，36 (12)：4575—4579.

　　[16] Gash A. A．，Collaborative Governance in Theory and Practice [J]．Journal of Public Administration Research & Theory J Part，2008，18 (4)：543—571.

　　[17] Gibbs D．，Prospects for an Environmental Economic Geography：Linking Ecological Modernization and Regulationist Approaches [J]．Economic Geography，2006，82 (2)：193—215.

　　[18] Heilmann S．，Policy Experimentation in China's Economic Rise [J]．open times，2008，43 (1)：1—26.

　　[19] Kelly，C．，Social Identity and Intergroup Perceptions in Minority-Majority Contexts [J]．Human Relations，1990，43 (6)：583—599.

　　[20] Middlemiss I．，Parrish R. D．，Building Capacity for Low-Carbon Communities：The role of Grassroots Initiatives [J]．Energy Policy，2010，38 (12)：p. 7559—7566.